Dieter-Jürgen Löwisch

Johann Heinrich Pestalozzi:
Meine Nachforschungen über den Gang der Natur
in der Entwicklung des Menschengeschlechts

Die 'Werkinterpretationen pädagogischer Klassiker' richten sich vor allem an Pädagogikstudierende. Durch eine Kombination von Quellentext und texterschließender Interpretation führen sie in klassische pädagogische Originaltexte ein und geben Einstiegs- und Verständnishilfen für eine eigenständige Erschließung von Quellentexten an die Hand.

Die Werkinterpretationen widmen sich je nach Eigenart des Quellentextes dem Inhalt und der Absicht des Textes, den Erklärungen leitender Begriffe, der Erörterung des historischen und geistesgeschichtlichen Kontextes, der Herausarbeitung der das Werk leitenden Ideen, gegebenenfalls der Wirkungsgeschichte und der gegenwärtigen lebensweltlichen Bedeutung des Werkes.

Herausgegeben von Dieter-Jürgen Löwisch

Dieter-Jürgen Löwisch

Johann Heinrich Pestalozzi: Meine Nachforschungen über den Gang der Natur in der Entwicklung des Menschengeschlechts

Wissenschaftliche Buchgesellschaft

Einbandgestaltung: Neil McBeath, Stuttgart.

Die Deutsche Bibliothek – CIP-Einheitsaufnahme
Ein Titeldatensatz für diese Publikation ist bei
Der Deutschen Bibliothek erhältlich.

Gedruckt auf säurefreiem und alterungsbeständigem Papier
Printed in Germany

Besuchen Sie uns im Internet: www.wbg-darmstadt.de

ISBN 3-534-15196-8

Inhalt

Johann Heinrich Pestalozzi:
Meine Nachforschungen über den Gang der Natur in der Entwicklung des Menschengeschlechts

Interpretation

Johann Heinrich Pestalozzi: Meine Nachforschungen über den Gang der Natur in der Entwicklung des Menschengeschlechts*

* Der an einigen Stellen gekürzte Text der ›Nachforschungen‹ ist entnommen dem Band XII von Johann Heinrich Pestalozzi: Sämtliche Werke: Kritische Ausgabe, begründet von A. Buchenau, E. Spranger, H. Stettbacher; Berlin 1938. Die Vorlage ist ohne stilistische und philologische Eingriffe zum Abdruck gekommen. Die Rechtschreibung der Vorlage wurde weitgehend einer neueren angeglichen. – Weitere zitierte Texte Pestalozzis orientieren sich ebenfalls an der Kritischen Ausgabe.

Zuschrift
an
einen edlen Mann,
den ich aus Ehrfurcht nicht nenne,
der es aber zu fühlen vermag, daß ich Ihn, nur
Ihn im Auge hatte.

Herr!

Zwei Männer in einem Lande suchten Wahrheit fürs Volk. –

Der eine, hochgeboren, durchwachte seine Nächte und opferte seine Tage, dem Lande, in dem er herrschte, Gutes zu tun. –

Er erreichte sein Ziel. –

Sein Land war durch seine Weisheit gesegnet. –

Lob und Ehre krönten sein Haupt. –

Seine Edlen trauten auf ihn. –

Und das Volk gehorchte ihm schweigend. –

Der andere, ein Müdling[1], erreichte sein Ziel nicht, jede seiner Bemühungen scheiterte. –

Er diente seinem Lande nicht. –

Unglück, Leiden und Irrtum bogen sein Haupt, sie entrissen seiner Wahrheit jede Kraft und seinem Dasein jeden Einfluß. –

Die Edlen im Land kennen ihn nicht, und das Volk spottet seiner. –

Welcher von beiden, meinst du, Herr, hat die Wahrheit fürs Volk wirklich gefunden?

Die Welt wird augenblicklich antworten:

Der Müdling ist ein Träumer, und die Wahrheit ist auf der Seite des Hochgebornen. –

Aber dieser urteilte nicht also. –

Da er von dem unabläßlichen Forschen des Müdlings nach der Wahrheit fürs Volk hörte, ging er in seine Hütte und fragte ihn: was hast du gesehen?

Da erzählte dieser dem Edlen den Gang seines Lebens, und der Edle entwickelte jenem den Zustand vieler Verhältnisse, die dieser nicht kannte. –

Der Müdling ließ dem Edlen Gerechtigkeit widerfahren, und der Edle gönnte den Erfahrungen des Müdlings seine Aufmerksamkeit. –

[1] Müdling ist ein Provinzialausdruck, der einen Mann bezeichnet, der in irgend einer Anstrengung seines Lebens ohne Erfolg ermüdet worden.

Stiller Ernst war auf der Stirne von beiden, als sie schieden, und auf beider Lippen lagen die Worte:

Wir meinten es beide gut. –

Und wir irrten beide. –

Die Widersprüche, die in der menschlichen Natur zu liegen scheinen, wirkten vielleicht auf wenige Sterbliche so gewaltsam als auf einen Menschen, dessen Lage und Umstände auf eine seltene Art zusammen trafen, die Gefühle eines zwanglosen und ungebogenen Naturlebens mitten durch eine nicht anspruchslose, aber äußerst gehemmte – und in einem hohen Grad unbefriedigende Tätigkeit bis an sein nahendes Alter lebhaft zu erhalten.

Jetzt sitze ich endend und ermüdend nieder und freue mich, wiewohl gekränkt und in meinem Innersten verwundet, des Kindersinns, mit dem ich mich selbst frage:

Was bin ich, und was ist das Menschengeschlecht?

Was hab ich getan, und was tut das Menschengeschlecht?

Ich will wissen, was der Gang meines Lebens, wie es war, aus mir gemacht hat; ich will wissen, was der Gang des Lebens, wie er ist, aus dem Menschengeschlecht macht.

Ich will wissen, von was für Fundamenten mein Tun und Lassen und von was für Gesichtspunkten meine wesentlichsten Meinungen eigentlich ausgehen und unter den Umständen, unter denen ich lebe, eigentlich ausgehen müssen.

Ich will wissen, von was für Fundamenten das Tun und Lassen meines Geschlechts und welchen Gesichtspunkten seine wesentlichsten Meinungen eigentlich ausgehen und unter den Umständen, unter denen es lebt, eigentlich ausgehen müssen.

Der Gang meiner Untersuchungen kann seiner Natur nach keine andere Richtung nehmen als diejenige, die die Natur meiner individuellen Entwickelung selbst gegeben, ich kann also in derselben in keinem Stück von irgend einem bestimmten philosophischen Grundsatz ausgehen, ich muß sogar von dem Punkt der Erleuchtung, auf welchem unser Jahrhundert über diesen Gegenstand steht, keine Notiz nehmen. Ich kann und soll hier eigentlich nichts wissen und nichts suchen als die Wahrheit, die in mir selbst liegt, das ist, die einfachen Resultate, zu welchen die Erfahrungen meines Lebens mich hingeführt haben; aber eben darum werden diese Nachforschungen einem großen Teil meines Geschlechts einen ihrer Art und Weise, die Sachen dieser Welt anzusehen, nahestehenden Aufschluß über ihre wesentlichsten Angelegenheiten erteilen.

Vom Throne bis zur Leimhütte nimmt die Geschäftswelt, wie ich, weder von der Philosophie der Vorzeit noch von derjenigen der Gegenwart irgend eine Kunde; aber das Unrecht der Menschen und ihre Torheiten führen allenthalben eben die Erfahrungen, eben die Gefühle und eben die Leiden herbei – die meiner individuellen Anschauungsart der Dinge die Richtung gegeben, die sie genommen.

Ich bin überzeugt, der größte Teil der lebenden Menschen trägt die Fundamente meiner Wahrheit und meiner Irrtümer, mit meinen Gefühlen belebt, in seinem Busen – und die Welt im großen steht den Gesichtspunkten nahe, von denen meine wesentlichsten Meinungen eigentlich ausgehen. Ich bin überzeugt, meine Wahrheit ist Volkswahrheit, und mein Irrtum ist Volksirrtum. Das Volk spricht freilich die Grundsätze nicht aus, bei denen ich hier stehe – aber auch ich sprach dieselben nicht aus, da sie schon längst zu sichern Gefühlen in mir gereift waren. – Ich trug die Frage: Was bin ich? jahrelang schwankend im Busen, bis mir endlich nach langem und langem Suchen folgende Sätze den Faden zu enthalten schienen, an welchem ich den Pfad der Natur in jeder Entwicklung des Menschengeschlechts mit Sicherheit nachspüren und ihn von seinem Anfang an bis zu seiner Vollendung verfolgen könnte.

Die Grundlage meiner Nachforschungen

Der Mensch kommt durch die Unbehilflichkeit seines tierischen Zustandes zu Einsichten.

Seine Einsichten führen ihn zum Erwerb.

Der Erwerb zum Besitzstand.

Besitzstand zum gesellschaftlichen Zustand.

Der gesellschaftliche Zustand zum Eigentum, zur Macht und zur Ehre.

Ehre und Macht zur Unterwerfung, zur Beherrschung.

Unterwerfung und Beherrschung zum Adel, zum Dienste und zur Krone. –

Alle diese Verhältnisse rufen einen gesetzlichen Rechtszustand herbei.

Das gesetzliche Recht ruft der bürgerlichen Freiheit.

Der Mangel dieses Rechts führt die Tyrannei und die Sklaverei herbei, das ist, einen Zustand, in welchem die Menschen ohne gegenseitig bindende Gesetze dennoch gesellschaftlich vereiniget leben. Ich folge dem Gang der Natur weiter, ich finde in mir selbst ein Wohlwollen, bei dessen Dasein Erwerb, Ehre, Eigentum und Macht mich in meinem Innersten veredeln, und durch dessen Mangel alle diese Vorzüge meines gesellschaftlichen Daseins auf Erden mich in meinem Innersten entwürdigen.

Ich forsche der Natur dieses Wohlwollens nach und finde dasselbe in seinem Wesen sinnlich und tierisch; aber ich erkenne auch eine Kraft in mir selbst, dasselbe in meinem Innersten zu veredeln, und heiße dieses also veredelte Wohlwollen Liebe. Aber auch die Liebe gefahret durch mein Lechzen nach eigener Behaglichkeit, sich in meinem Innersten zu verlieren; wenn dieses geschehen, so finde ich mich in mir selbst verödet und wüste: dann suche ich mich durch die Kraft meines Ahndungsvermögens über die Grenzen alles hier möglichen Forschens und Wissens zu der Quelle meines Daseins zu erheben und bei ihr Handbietung und Hilfe gegen die Übel und Schwächen meiner Natur zu suchen.

Ich frage mich jetzt, ist die Reihe dieser Vorstellungen richtig, geht die Natur in der Entwicklung des Menschengeschlechts diesen Weg? – und faßte dann jeden Hauptbegriff dieser Sätze einzeln ins Auge.

Die Kenntnisse, das Wissen des Menschen

Der Mensch labet sich an der Quelle seines Wissens mit reinem Wasser, und wann er sich weiter wagt, wann er die großen Wellen der ewigen Meere durchbricht und über ihre unergründlichen Tiefen daher schwimmt, so erhebt sich sein Herz im schwellenden Busen. Einer trinkt dann auch wohl in der Brandung am Felsengestad giftigen Schaum; einer wagt sich in Untiefen, die er nicht kennt, ein anderer in den Strom, wo er Gebirge mit sich in seinen Schlund reißt – sie gehen alle dem Tod entgegen; aber das Grab der Menschheit sind die weiten Ebenen, wo eingezwungene Wasser zum stehenden Sumpf werden, du findest in ihrem weiten Raum keine Stelle zum Trinken, keine zum Schwimmen, keine zum Baden, aber du sinkest mit jedem Schritt in ihren unergründlichen Kot.

Die menschliche Erkenntnis entspringt aus der Unbehilflichkeit unserer Natur in ihrer tierischen Freiheit, diese führt unser Geschlecht zur Vereinigung seiner Kräfte, und der erste Zweck dieser Vereinigung ist, die Genüsse des Lebens, die unsere Natur fordert, uns selber leichter, sicherer und befriedigender verschaffen zu können, als dieses uns ohne Vereinigung unserer Kräfte mit andern möglich wäre.

Der ursprüngliche Zweck des menschlichen Wissens ist seiner Natur nach mit dem Zweck der menschlichen Vereinigung der nämliche; aber es ist nichts desto weniger gewiß, daß die gesellschaftliche Menschheit sich durch ihr Wissen immer mehr von diesem Zweck entfernt – daß unsere Kenntnisse immer mehr auf einer schwärmenden Neigung beruhen, uns den Kopf mit fremden, uns gar nicht mehr berührenden Gegenständen anzufüllen. Daher eine Menge Menschen mit den ausgebreitetsten Kenntnissen dennoch in ihren wesentlichsten Angelegenheiten handeln, als wenn sie nichts wüßten, und, verführt durch die Ausartung ihrer Kenntnisse, dahin kommen, Träumer, Bettler und Schurken zu werden.

Gott sprach zum Menschen in Eden: du sollst die Früchte des Baums der Erkenntnis nicht mit tierischer Rohheit an dich reißen – tust du es, so wird deine Erkenntnis eine unversiegliche Quelle des Todes für dich sein, wirst du dich aber, deiner Pflicht getreu, zum ruhigen Beschauen seiner Früchte erheben, so wirst du glücklich leben auf Erden, ich selber will mit dir in deinen Gefilden wohnen. Aber der Tiersinn des Menschen wand sich wie eine Schlange um den Baum der Erkenntnis – und sagte zum lüsternen Geschlecht: warum solltest du sehen, was wahr und gut ist, und nicht mit aller Macht, die in deiner Hand ist, darnach greifen? Da riß seine tierische Begehrlichkeit mit weibischer Schwäche die verbotene Frucht von den Ästen des Baumes – jetzt war seine Unschuld dahin – die Scham blieb ihm übrig – er suchte jetzt Feigenblätter gegen die Wahrheit seiner Natur und ein Recht gegen seinen Verführer. – So war es im Anfang, und so ist es immer.

Erwerb

Er entspringt, wie die Erkenntnis, aus der Unbehilflichkeit meines Geschlechts im Verderben seines Naturstands – diese führt uns durch die Vereinigung unserer Kräfte zu den unzähligen Einrichtungen, Verträgen, Vorkommnissen und Gesetzen, durch welche wir im gesellschaftlichen Zustand den Endzweck zu erzielen suchen, uns unter einander unsere Lebensgenüsse leichter, sicherer und befriedigender machen zu können.

Der Erwerb geht also ebenfalls von meiner Selbstsorge aus und soll mich, seiner Natur und seinem Zweck gemäß, einfach und gerade zur Befriedigung meiner selbst in meinen nächsten Verhältnissen hinführen.

Das Recht des Erwerbs ruhet daher auf dem Zweck der gesellschaftlichen Vereinigung. Aber der Mensch dehnt im gesellschaftlichen Zustand das Recht des Erwerbs weit über den Zweck dieser Vereinigung aus; daher gibt ihm derselbe bald allgemein die verschobene Richtung, daß er den Zweck desselben nicht erzielet, wohl aber durch die Schwerfälligkeit seiner Anstrengung die wonnevolle Behaglichkeit des Naturlebens in sich selbst auslöscht und die wohlwollende Gemütsstimmung ganz verliert, die das wesentliche Kennzeichen seiner innern Befriedigung und seiner Kraft ist, seine Nebenmenschen in irgend einer Sache durch sich selbst freundlich und froh befriedigen zu können.

Eigentum–Besitzstand

Sein Zweck und sein Recht muß ebenfalls von meiner Selbstsorge ausgehen und mich zur Befriedigung meiner selbst in meinen nächsten Verhältnissen hinführen. Aber der gesellschaftliche Mensch genießt dieses Recht und erkennt diesen Zweck nicht; im Gegenteil, das Eigentum ist in seiner Hand Pandorens Büchse geworden, aus der alle Übel der Erde entsprungen. Es ist durch die Nahrung, die es der Selbstsucht unserer tierischen Natur gibt, das große Hindernis des gesellschaftlichen Zwecks geworden und hat den Menschen bald allgemein dahin gebracht, daß er dasselbe entweder wie ein beladener Esel auf wundem Rücken herumträgt oder wie ein spielendes Kind als ein nichtiges Ding versplittert.

Eine ursprüngliche Rechtmäßigkeit des Besitzstandes oder eine Möglichkeit, den ursprünglich rechtmäßigen von dem ursprünglich unrechtmäßigen Besitzstand zu sondern, vermag ich mir nicht zu denken.

Der Besitzstand ist geheiliget, weil wir gesellschaftlich vereiniget sind – und wir sind gesellschaftlich vereiniget, weil der Besitzstand geheiliget ist. Welchen Ursprung er auch immer gehabt habe, das geht uns weiter nichts an, wir müssen ihn respektieren, weil er ist und größtenteils wie er ist, oder unsere Bande alle auflösen. – Aber wie er gebraucht wird und wie er gebraucht werden dürfe, das geht uns unendlich viel an. Je größer das gesellschaftliche Eigentum, je mehr ist es mit den Rechten vieler anderer, die auf nähere oder entferntere Art daran Teil haben, belastet, und kann folglich dem Zweck der gesellschaftlichen Vereinigung nur in soweit ein Genüge leisten, als die an demselben teilnehmenden Mitnutznießer derselben, in ihren Rechten gesichert, sich durch dasselbe einen befriedigenden Ersatz ihrer Naturrechte verschaffen können. Die Beschränkung der Nutznießung des Eigentums muß daher nach dem Grad seiner Ausdehnung immer steigen, und nach dem Grad seiner Einschränkung muß die Nutznießung immer abnehmen. Die Natur führt uns allgemein auf diese Bahn. Der Mann mit beschränktem Vermögen zieht, mit gleicher Tätigkeit und mit gleichen Kenntnissen, Nutzen aus denselben, dem sich der große Reichtum nie nähern kann.

Auch ruhet dieser Grundsatz ganz und gar nicht auf willkürlichen Voraussetzungen, sondern auf der Natur der gesellschaftlichen Rechtmäßigkeit des Besitzstands selber. Wann dieser nicht als der fortdauernde Genuß aller Folgen meiner bloß tierischen Kraft soll angesehen werden, so muß seine Benutzung notwendig so weit in gesetzliche Schranken gelenkt werden, daß es dem untergeordneten Nutznießer des großen Besitzstands immer möglich bleibt, im gesellschaftlichen Zustand durch diese Nutznießung diejenige Befriedigung zu finden, um deren willen er das bürgerliche Joch beruhiget am Halse trägt. Hier schlägt also natürlich die Frage ein: Was ist in einem Staat das Verhältnis der Eigentümer gegen die Nichteigentümer, des Besitzstandes gegen die Menschen, die keinen Teil an der Welt haben? – Gehört diesen unseren Mitmenschen, die, mit gleichen Naturrechten wie wir geboren, uns, den Besitzern der Erde, mit gleichen Ansprüchen ins Angesicht sehen – gehört diesen Staatsbürgern, die jede Last der gesellschaftlichen Vereinigung siebenfach tragen, keine ihre Natur befriedigende Stellung in unserer Mitte? – Fürchtet euch nicht, Besitzer der Erde – es ist hierin wahrlich mehr um Grundsätze als um Almosen, mehr um Rechtsgefühl als um Spitäler – mehr um Selbstständigkeit als um Gnaden zu tun. –

Aber wenn ich frage: Kennst du, Welt, diesen Grundsatz, findet der Mensch, der keinen Teil an der Welt hat, in den bestehenden Einrichtungen der Staaten einen wirklichen Ersatz aller Naturansprüche, findet er in denselben sichere Bildung und Mittel, sich dieselbe verschaffen zu können?

Wann ich das und dergleichen frage, so kann ich mir nicht verhehlen: das erleuchtete Jahrhundert kennt diesen Grundsatz nicht – je aufgeklärter unsre Zeiten werden, je weniger lassen die Staaten solche Fragen an sich kommen. Unsere Gesetzgebungen haben sich zu einer solchen Höhe geschwungen, daß es ihnen unmöglich ist, an den Menschen zu denken. – Sie besorgen den Staat und machen alle Kronen glänzend – indessen ist der, so keinen Teil an der Welt hat, zum voraus von ihnen vergessen – man steckt ihn aber unter das Militär oder erlaubt ihm, sich selber darunter zu stecken. – Zu Zeiten macht man auch eine Lotterie, darin jeder sein Glück mit wenigen Kreuzern probieren kann.

Gewiß ist es, daß der große Besitzstand in der Welt nicht einmal in einem realen Verhältnis mit dem kleinen belastet ist und daß man die Reichen ihre Fonds täglich mehr auf eine Art anhäufen läßt, die die Welt mit elenden, tief verdorbenen Menschen voll macht. Auch das ist wahr, wenn die Folgen dieses Volksverderbens sichtbar werden, so wirft man immer mehr die Schuld auf diejenigen, die verdorben worden sind, und nicht auf diejenigen, die verdorben haben und immer fortfahren, mit ihrem Vorteil tausend Umstände zu veranstalten, unter welchen das Volk notwendig schlecht werden muß. Man sieht ihnen nach, im Gefühl dessen, was sie sich unterstehen dürfen, werfen sie ein beati possidentes zu ihrer Rechtfertigung hin – und schicken die andern mit einem habeant sibi vor die Türe.

Gesellschaftlicher Zustand

Bis die Macht das Wort ausspricht, sie wolle, daß der gesellschaftliche Zustand als ein nur auf ihrer List, auf ihrer Gewalt und auf ihrem Glück ruhender Zustand angesehen werde, nimmt der Mensch allgemein an, sie wolle, daß dieser Zustand als gesellschaftlich rechtmäßig angesehen werde, und handelt auf der ganzen Erde, wie er ohne diese Voraussetzung nicht handeln würde und nicht handeln könnte.

Er legt mit der trägen Gutmütigkeit seiner sinnlichen Natur das Unrecht, aus welchem der Besitzstand und die bestehende Gewalt entsprungen sein mag, allenthalben gerne in ewige Vergessenheit und begnügt sich mit der schwankenden Hoffnung, daß das fernere Beieinanderwohnen der Staatsbürger vor Gewalttätigkeit und Unrecht gesichert werde. Sowohl das Eigentum als der gesellschaftliche Besitzstand wird durch den Anspruch an Rechtmäßigkeit etwas, das er vorher und in seinem Ursprung nicht war, nämlich ein auf einem stillen aber wahren Vertrag ruhender Besitzstand, dessen erste Bedingung ist, alles Unrecht ihres Ursprungs zu vergessen, aber dasselbe für die Zukunft unmöglich zu machen. Wenn es also schon wahr ist, daß die Staaten sich nicht durch einen gesellschaftlichen Vertrag gebildet, so ist dennoch auch wahr, daß die Menschen nicht ohne den Geist eines solchen Vertrags in der bürgerlichen Gesellschaft leben und daß Recht und Gerechtigkeit, auf welche alle Staaten ihre Einrichtungen zu gründen sich rühmen – nichts anders sind, als ein lautes Anerkennen des allgemeinen Bestehens eines solchen Vertrags, der ihre Verwalter zu dem Wesen desselben, zu Recht und Gerechtigkeit, als zu ihrer Pflicht, hinlenkt.

Indessen sagen die Erfahrungen aller Zeiten, daß der Mann am Platz jeden Verein zwischen sich und seinen Untergebenen zuerst zu seinen Gunsten motivieren, stilisieren, zu Zeiten auch radieren und variieren läßt und dann noch das wenige, was nach allen diesem den Untergebenen noch dienen könnte, als der Herrschaft lästige Eingriffe erklärt, die als bloße Gnadensachen gar nicht nach dem Buchstaben, sondern nach dem Befinden der Herrschaft erklärt werden müssen.

Allenthalben wendet der Mensch im Besitz der Macht alles mögliche an, um ohne wirkliche Anerkennung des Gesellschaftsrechts in der bürgerlichen Gesellschaft doch Meister zu sein. Die Ursachen davon liegen so tief in unserer tierischen Natur, daß wir uns darüber gar nicht verwundern sollen.

Alles gesellschaftliche Unrecht ist in seinem Wesen immer eine Folge des freien Spielraums, den meine tierische Natur im gesellschaftlichen Zustand – gegen den Zweck der gesellschaftlichen Vereinigung findet. Alle Maßregeln der gesellschaftlichen Ordnung sind daher nichts anders als gesellschaftliche Einrichtungen, diesen Spielraum meiner tierischen Natur zu Gunsten des gesellschaftlichen Zwecks einzuschränken; und der gesellschaftliche Vertrag selber ist nichts anders als der sichere Willen gesellschaftlich vereinter Menschen, der diese Einschränkung zu Gunsten des gesellschaftlichen Zwecks gebietet. Der Geist dieses Vertrags soll mich sichern, das nicht zu entbehren, was ich vermög meiner Natur im gesellschaftlichen Zustand immer wollen muß, und das nicht zu leiden, was ich in demselben nicht wollen kann.

Macht

Die Macht kann dem Vertrauen, das die gutmütige Schwäche meines Geschlechts allenthalben in sie setzt, als Macht nicht entsprechen. Wann ich in ihrem Besitz Löwenkräfte in meinen Gebeinen fühle, was soll mir das Recht der kleinen Tiere und der kindische Wahn, sie haben mich zum Löwen gemacht? Gehen ihre Scharen zu Grunde, ich bin der Löwe, meine Zähne und meine Klauen sind mein. Also denke ich im Besitz der Macht, nicht weil ich ein Narr bin oder ein Sonderling oder ein vorzüglich ungerechter Mann, ich denke also, weil ich den Kopf gern in den Lüften trage und am milden Strahl der Sonne gern der Vergangenheit und der Zukunft vergesse.

Aber muß sich der Mensch der Macht in diesem Sinne unterwerfen, muß er ihre Ansprüche, die einfache Folge ihrer tierischen Begierlichkeit sind, als solche anerkennen?

Er tut es.

Soweit die Erde rechtlos ist, hat sie auch den Begriff und die Vorstellung von ihrem Recht verloren.

Der Mensch steht in dieser Lage vor dem Bild seines eigenen Rechts wie ein Verschnittener vor dem Bild der Göttin, die er bedient, er hat sie gesehen, denkt an sich selber, schüttelt den Kopf und geht von ihr weg zu seinem Reistopf. Aber ist eine solche Unterwerfung unter den Tiersinn der Macht Pflicht der Menschen? – Als man Jesum Christum dieses fragte, nahm er einen Pfennig und sagte: wes ist das Bild und die Unterschrift? Sollte er mit diesen Worten mehr gesagt haben, als der Mensch müsse sich, vermög seiner Natur, notwendig dem unterwerfen, der Gewalt über ihn hat? Sollte er damit mehr gesagt haben, als die Pflicht der Menschen in dieser Lage sei seine Not und was Gott und ihr gutes Herz aus dieser Not herauszubringen vermögen?

Einmal eine gesellschaftliche Pflicht, das ist: eine Folge des gesellschaftlichen Rechts, kann eine solche Unterwerfung nicht sein. Der Mensch tut in der bürgerlichen Gesellschaft nicht einseitig auf sein Naturrecht Verzicht; die Macht tut es wie der Mensch – wann nun diese ihr Wort bricht und ihrerseits das bluttriefende Recht der Naturverwilderung aufstellt, so tritt sie mit diesem Schritt unwidersprechlich in den Naturstand und probiert ihre Tierkraft außer allen Schranken des Rechts; was soll dann das Volk, was ist sein unwillkürliches allgemeines Wollen in dieser Lage? Im Innersten seines Gefühls ist sein Vertrag mit der Macht gebrochen, woher soll ihm jetzt das bindende Gefühl seiner Pflicht kommen? Durch was für Mittel muß es in seine Seele hineingebracht werden? Die Macht habe nicht bloß Gewalt, sondern auch ein Recht gegen das allgemeine unwillkürliche Naturwollen des Volks. Entweder schüttelt das Volk beim Fühlen des allgemeinen Unrechts wie der Verschnittene den Kopf, oder es erwachen in ihm die lebhaften Gefühle der Selbsterhaltung.

Ein dritter Fall ist möglich: Ein Mensch, aber nicht ein Volk, höher als sein Geschlecht, entweicht dem Unrecht einer solchen gesellschaftlichen Zerrüttung und stirbt in lauter Verehrung von Pflichten, die höher sind als die gesellschaftlichen, ihnen zum Zeugnis einen Tod, der wenigen Sterblichen zu sterben vergönnt ist. Aber die gesellschaftliche Menschheit ist auf der ganzen Erde fern von dieser Höhe; und das gesellschaftliche Recht nimmt von ihr keine Kunde. Das menschliche Geschlecht teilt sich beim Leiden des äußersten Unrechts nur in zwei Teile; entweder greift es nach seinen Erdäpfeln oder nach seiner Keule.

Das ist nicht meine, das ist die Meinung meiner Natur, deren hohen ewigen Gang die Meinungen der Zeit weder viel fördern noch viel hindern.

Möge deine Gesetzgebung noch so eine weißgetünchte verkleisterte Wand sein, möge der Tiersinn der Macht sich hinter ihrem Blendwerk auch noch so menschlich gebärden, ewig unterwirft sich der Mensch mit wahrem freiem Willen nie einer Ordnung, die irgend jemand das Recht gibt, ihm in den Verirrungen seines Tiersinns die Haut über die Ohren herabzuziehen. Das Verhältnis der Menschen im Staat gegen einander ist ein bloß tierisches Verhältnis. Der Mensch als Geschlecht, als Volk, unterwirft sich dem Staat gar nicht als ein sittliches Wesen; er tritt nichts weniger als deswegen in die bürgerliche Gesellschaft, damit er Gott dienen und seinen Nächsten lieben könne. Er tritt in die bürgerliche Gesellschaft, seines Lebens froh zu werden und alles das zu genießen, was er als ein sinnliches tierisches Wesen unumgänglich genießen muß, um seine Tage froh und befriediget auf dieser Erde zu durchleben.

Das gesellschaftliche Recht ist daher ganz und gar kein sittliches Recht, sondern eine bloße Modifikation des tierischen.

Inzwischen liegt der Macht freilich alles daran, daß ich ein sittlicher Mensch sei und sie nie in den Fall komme, daß mein Tiersinn sich an dem ihrigen reibe. Sie leitet es deswegen auf der ganzen Erde dahin, dem Menschengeschlecht das Verhältnis zwischen ihr und dem Volk, und zwar einseitig, als ein sittliches in die Augen fallen zu machen. Aber die Neigung der Macht, sich für ein sittliches Verhältnis auszugeben, ändert die wahre Lage ihres Verhältnisses gegen das Volk nicht, und wann das Personale der Macht diese Neigung, von innerer Unsittlichkeit gereizt, nur für eigenen Vorteil nähret und sie nur zum Deckmantel ihrer bürgerlichen Gesetzlosigkeit und ihres gesellschaftlichen Unrechts braucht, so tut sie hierin nichts anders, als was der Wolf und der Fuchs, wann sie könnten, auch tun würden, um das Schaf und die Henne zu einem unbedingten Zutrauen zu bewegen. Indessen tut die Henne wohl, wenn sie des Nachts auf den Bäumen schläft, und das Schaf, wenn es trotz allem, was der Wolf sagt, sich an den Hirten hält.

Wahr ist indessen doch auch, wann die Macht durch persönlichen Edelmut freiwillig oder durch die Weisheit der Gesetze gezwungen in den Schranken einer gesetzlichen Rechtlichkeit fest steht, so ist ihre desfallsige Meinung, wenn sie sich schon auf Irrtum gründet, in diesem Fall dem Staat oft ganz unschädlich, sie kann ihm unter gewissen Umständen sogar vorteilhaft sein. Wann sie aber, aus welchen Ursachen es auch immer sein mag, dahin versunken ist – Volksdummheit und Volkssittlichkeit in ihren Begriffen mit einander zu verwechseln und beide als Polster ihrer tierischen Behaglichkeit und als Mittel anzusehen, sich selbst im Besitz jedes gesellschaftlichen Unrechts soweit zu sichern, daß sie weder durch die Kraft der Gesetze noch durch diejenige des Volks im Genuß derselben beeinträchtiget werden, sondern in Sardanapalischer Sorglosigkeit jede noch so unrechtmäßige Handlungsweise ohne einige Gefahr forthin als rechtmäßig behaupten kann; in diesem Fall ist dann die Neigung der Macht, ihr Verhältnis gegen das Volk als ein sittliches Verhältnis in die Augen fallen zu machen, gewiß nicht unschädlich und noch weniger wahrhaft nützlich.

Indessen wird sie in jedem, so auch in diesem Fall dich allemal mit der Miene der Unschuld fragen: Wie sollte ein Staat bestehen können, dessen Gesetzgebung nicht auf Sittlichkeit gegründet ist? Sie sollte zwar freilich diese Frage nicht tun, um den Verirrungen ihres eigenen Tiersinns einen Anstrich zu geben. Aber es begegnet ihr in diesem Fall, was dem Menschen überhaupt begegnet, wann er seinen Leidenschaften unterliegt. Sie kommt mit sich selbst in Widerspruch und glaubt auf der einen Seite wirklich, der Staat müsse auf Sittlichkeit gegründet sein, auf der andern Seite führt sie ihre Bürger selber zu hundert und hundert Verhältnissen, Umständen und Genüssen, die alle Fundamente der Sittlichkeit in unserm Geschlecht auslöschen und im Gegenteil dem Tiersinn des Volks eine gesellschaftliche Verhärtung, Schlauheit und Verwegenheit erteilen, daß das Zwischenspiel der mitten durch alle diese Umstände angepriesenen Sittlichkeit selbst zu dem frommen Betrug nicht mehr dienen kann, zu dem es eigentlich bestimmt ist. Wann es also der Macht schon zu verzeihen ist, daß sie das Verhältnis des Volks gegen sich selbst als ein sittliches ansehe und anpreise, so darf ein Gesetzgeber sich von diesem Irrtum nicht täuschen lassen, er darf weder den König noch das Volk sittlich glauben und muß die Rechte und Pflichten aller Stände im Staat also bestimmen, daß der allgemeine Tiersinn unserer Natur bei dem ersten Bürger wie bei dem letzten nicht zum Nachteil der andern in seiner bürgerlichen Lage Nahrung und Begünstigung finde.

So sehr also die Macht wünscht, daß ich ein sittlicher Mensch seie, so darf sie es als Macht nicht von mir fordern.

Die Macht darf nur in soweit von mir fordern, daß ich ein sittlicher Mensch seie, als sie selbst sittlich, das ist, als sie nicht Macht ist, nicht als Macht handelt. Sie darf es nur in soweit von mir fordern, als sie in der Göttlichkeit ihrer Kraft lebet und wallet, nicht daß ihr gedienet werde, sondern daß sie diene und ihr Leben gebe zur Erlösung für viele. Das ist der Stein in der Krone der Fürsten, der ihr Recht göttlich macht.

Wo er glänzt, da kniet das Volk und begehret kein Recht, aber wo er mangelt und falsch ist, da hat es ein Recht nötig.

Die Macht, als Macht, ist auf der ganzen Erde gesetzlos, und die gesetzlose Macht ist wie das Schlagen der Welle im Sturm, die selber vergeht, indem sie eine andere verschlingt.

Wer will das Recht dieser Welle, dieses Verschlingens, dieses Vergehens ansprechen?

Herr, verzeihe ihnen, denn sie wissen nicht, was sie tun!

Ehre

Wann der Wilde in seine Haut wie in ein hölzernes Brett schneidet, wann er sich Farben anstreicht, die schlechter sind als er selber, wann er sich Nase und Ohren durchsticht, damit etwas an ihm hange, was glänzt, so tut er mit allen diesem weniger und macht sich weniger Plage als der Europäer zu gleichem Zweck.

Der Schmuckkasten der Otaheitin ist von dem Schmuckkasten des europäischen Weibs nicht sehr verschieden, und der Beinorden des Südländers ist mit allen Orden unsers Weltteils die nämliche Sache.

Allenthalben führt der Trieb zur Auszeichnung den tierischen Menschen dahin, daß er die Schleppe seines Kleides und einen Ring an der Nase mehr achtet als sich selber und für Branntwein, Glaskorallen und Bänder sein eigen Geschlecht für einen jeden totschlägt, der dahin gekommen, um Mord und Unterdrückung seines Geschlechts durch Glaskorallen, Branntwein und Orden anzuzetteln und bezahlen zu können.

Unterwerfung

Der Grund der Unterwerfung ist nichts weniger als ein unserm Geschlecht natürlicher Dienstwille; es ist keine Spur eines solchen Willens in unserer tierischen Natur.

Der Grund der Unterwerfung ist Selbstsorge.

Das gesellschaftliche Recht kann also die Grundsätze der Unterwerfung auf kein anders Fundament bauen als auf dasjenige, auf welches unsere Natur sie selber gebauet hat. Auch kann die äußere Form, in welcher der unterworfene Mensch den tierischen Trieben seiner Selbsterhaltung und Selbstversorgung entgegen zu streben genötiget ist, das Wesen seines gesellschaftlichen Rechts auf keine Weise verändern. Er soll durch Unterwerfung nichts weniger als den Zweck der gesellschaftlichen Vereinigung, den Ersatz seiner Naturansprüche, verlieren, er soll ihn vielmehr durch dieselbe sicher stellen. Er hat als unterworfener Mann vorzüglich Anspruch an eine weise Organisation des bürgerlichen Erwerbs, an gesetzliche Sicherstellung der niederen Rechte des untergeordneten Eigentums, an gesicherte und allgemeine Volksbildungsanstalten, an Schutz eines jeden dem Armen möglichen Erwerbs, an gesetzliche Beschränkung der Reichen in jeder gemeinschädlichen Benutzung ihrer Fonds.

Eine andere Frage ist: Genießt der unterworfene Mann in den wirklich bestehenden bürgerlichen Einrichtungen sein gesellschaftliches Recht? Oder ist im Gegenteil wahr, daß die Unterwerfung in den Jahrbüchern des Menschengeschlechts allgemein bloß als ein Zwang- und Notstand zum Vorschein kommt, in welchem die Schwäche unsers Geschlechts, von aller Sicherheit des Rechts soviel als gesetzlich ausgeschlossen und in den wesentlichsten Bedürfnissen des Lebens beeinträchtiget, sich in Lagen versetzt siehet, die ihm nicht einmal erlauben, sein Leben anders, wenn auch nicht mühsam und elend, doch in seinen ersten Gefühlen gekränkt und durch Rechtlosigkeit und Ehrlosigkeit erniedriget zu durchserben? Eben diese Jahrbücher aber sagen dann auch, daß das Menschengeschlecht unter diesen Umständen allgemein neidisch, tückisch, diebisch, niederträchtig, untreu und verräterisch werde, daß sein Innerstes sich gegen jede größere gesellschaftliche Kraft und gegen einen jeden Menschen, der in einer gesellschaftlich bessern Lage ist, empöre.

Die tierische Selbstständigkeit, die meine Natur fordert, findet nur in der gesellschaftlichen Selbstständigkeit einen befriedigenden Ersatz.

Die Grundgefühle meiner tierischen Natur sind alle wider die Unterwerfung, sie stößt in ihrem Wesen an den gewaltsamen Trieb, in den Angelegenheiten meiner Selbsterhaltung unabhängig und selbstständig zu sein oder wenigstens mich unabhängig und selbstständig machen zu können, und gegen das mit so vieler Kraft in mir liegende Mißtrauen gegen alles, was diese Selbstständigkeit entreißen oder erschweren kann.

Das Gefühl meiner rechtlosen unsichern Lage im gesellschaftlichen Zustand tötet alle Grundlagen des menschlichen Geistes, durch welche die Veredlung der Nation allein möglich gemacht wird. Die Geschlechter der Menschen versinken durch bürgerliche Erniedrigung in jedem Staat zur möglichen Schlechtigkeit herab und erheben sich durch gesellschaftliche Selbstständigkeit zu jeder bürgerlichen Tugend. Daher der Unterschied zwischen dem Edelmut des ungarischen Adels und der Kriecherei des ††schen und ††schen; daher der Unterschied zwischen Helvetiens Bergbewohnern und den polnischen Bauern, und eben so der Unterschied zwischen einem gesetzlich gesicherten Handlungsstand und tief erniedrigten reichen Fabrikknechten, zwischen einem ehrenfesten bürgerlichen Arbeitsstand und ehrlosem Fabrikgesindel.

Beherrschung

Wesentlich von der Regierung verschieden, ist sie eine bloße Folge des Privateigentums, der Privatbedürfnisse und der Privatrechte. Die Regierung hingegen ist eine bestimmte Folge des allgemeinen Eigentums, der allgemeinen Bedürfnisse und Rechte.

Sowohl Beherrschung als Regierung müssen den Grund ihres Rechts beiderseits in dem Zweck der gesellschaftlichen Vereinigung suchen. Die Beherrschung muß ihr Recht mehr als die Regierung auf diesen Zweck, in so ferne er durch die Bedürfnisse und Neigungen der Individuen im Staat bestimmt wird, gründen. Die Regierung hingegen muß dasselbe mehr als die Beherrschung auf diesen Zweck, in so ferne er durch die Abstraktion der allgemeinen Bedürfnisse und des allgemeinen Willens bestimmt ist, gründen.

Es liegen aber sowohl in der Natur der herrschaftlichen als der Regierungsrechte so viele Reize gegen diese beiden Grundgesichtspunkte, daß es unmöglich zu erwarten ist, daß dieselben den Menschen, die im Besitz sowohl der einen als der andern gesellschaftlichen Vorzüge stehen, von selbst auffallen. Sowohl im einen als im andern Fall ist seine ganz tierische Stellung dagegen, er faßt sie also nicht.

Es ist nicht möglich, es kann im Besitz großer gesellschaftlicher Kräfte nie mein tierischer Wille sein, mich im Gefühl meiner Rechte durch allgemeine oder durch Privatbedürfnisse und Neigungen eingeschränkt und gehemmt zu sehen.

Es kann im Besitz der Macht nie mein tierischer Wille sein, den Zweck der gesellschaftlichen Vereinigung gegen mich selbst anzuerkennen und im Gefolg dieser Anerkennung nicht anders als gesellschaftlich rechtmäßig zu regieren.

Dieser Wille bestehet in einem jeden Staat nur in soweit, als die Weisheit und Kraft der Gesetzgebung die Ansprüche unserer tierischen Natur in den Teilhabern der gesellschaftlichen Vereinigung allgemein mildert, indem sie die ursprünglich ungesellschaftliche und gesellschaftliche unrechtmäßige Ungleichheit aller gesellschaftlichen Kräfte durch eine mit dem Endzweck der gesellschaftlichen Vereinigung übereinstimmende Organisation des Gebrauchs derselben rechtmäßig zu machen und durch Vorsorge für die Menschenrechte deren, die keinen Teil an der Welt haben, den Geist des gesellschaftlichen Vertrags in ein Geschlecht hinein zu bringen sucht, bei welchem die Natur den Hang zu allem gesellschaftlichen Unrecht mit solchem Reiz verwoben. Es ist gewiß, der reine gesellschaftliche Wille besteht in einem jeden Staat nur in so weit, als die Gesetzgebung das ganze Wirrwarr des im namenlosen Chaos des Zufalls wie in Macbeths Kessel gekochten Undings unsers Reichtums und unserer

Armut, unserer Rechte und unserer Rechtlosigkeit, unserer Ansprüche und unserer Niederträchtigkeiten in eine solche Ordnung zu bringen sucht, die auch der Schwäche unseres Geschlechts die Möglichkeit offen läßt – durch den gesellschaftlichen Zustand wirklich gesellschaftliche Rechte zu erhalten und durch dieselbe unter den Schranken der bürgerlichen Vereinigung wahre Befriedigung zu finden.

Freilich geschiehet das alles nicht – unsere Gesetzgebungen lassen der Hexe ihren Kessel, und wir leben in dem Unding, dass sie uns gekocht hat wie die Frösche im Sumpf, unbesorgt für die, so der Storch frißt. – Der alternde Weltteil hat die Grundsätze der wahren gesellschaftlichen Ordnung wie aus dem Gedächtnis verloren.

Die Masse des Volks hat keinen Begriff von seinem gesellschaftlichen Recht – also auch keinen gesellschaftlichen Willen; und Verkleisterungsmittel unserer bürgerlichen Entmannung sind weder ein Ersatz des mangelnden bürgerlichen Rechts noch ein Fundament einer wahren gesellschaftlichen Ordnung – und die Gewaltsordnung, die die Macht nicht für das Menschengeschlecht, sondern für ihren Dienst einrichtet, ist noch schlimmer als das Unding, das uns die Hexe gekocht hat.

Indessen ist das, was geschiehet, um deswillen nicht das, was geschehen soll.

Der herrschaftliche Stand ist gar nicht durch seinen Ursprung, sondern nur durch das Gesetz rechtmäßig, das Gesetz aber darf den Grund seiner Rechte weder in den Gewaltgelüsten übergroßer Herren noch in den demütigenden Niederträchtigkeiten überschwacher Knechte suchen. Es muß ihn in dem Zweck und dem Wesen der gesellschaftlichen Vereinigung suchen. Aber die meisten Staaten tummeln sich in den barocken Formen des Unrechts, dem sie die Gestalt des Rechts und der Ordnung wie dem Esel die Löwenhaut über die Ohren herumziehen. Wenn wir indessen von herrschaftswegen Genüsse und Rechte fordern, die den Zustand derer, die sich um unser Eigentum bewerben, um unsers größern Vorteils willen abhängig, ehrlos und rechtlos machen, so handelten wir, wenn auch die ganze Welt das gleiche tut, hierin nicht nach den Gesetzen des gesellschaftlichen Rechts, sondern nach denjenigen unserer tierischen Selbstsucht – und die Folgen, die diese Handlungsweise dann haben mag, sind in jedem Fall nicht Folgen unserer gesellschaftlichen Rechtlichkeit, sondern des Gegenteils.

Gesellschaftliches Recht

Ich sahe unter allen vorstehenden Abschnitten den entscheidenden Einfluß meiner selbstsüchtigen Natur auf das allgemeine Zugrundrichten des gesellschaftlichen Zwecks im gesellschaftlichen Zustand.

Die ersten Bedürfnisse der gesellschaftlichen Menschheit rufen deswegen gebietend einer Kraft, die den Vergehungen meiner Selbstsucht in diesem Zustand allgemein und wirksam Einhalt zu tun im Stande sei.

In dem Gefühl dieser Bedürfnisse liegt der Ursprung aller gesetzlichen Einrichtungen unsers Geschlechts.

In der Übereinstimmung dieser Einrichtungen mit dem gesellschaftlichen Zweck liegt das Wesen des gesellschaftlichen Rechts.

Im Mangel dieser Übereinstimmung hingegen liegt das Wesen des gesellschaftlichen Unrechts – oder die Quelle der Übereinstimmung derselben mit dem Gelüsten derer, die das physische Übergewicht der Gewalt, die in ihrer Hand ist, zum Fundamente legen und vermöge ihrer Natur nicht anders können und nicht anders wollen, als dieses Übergewicht zum Fundament dieser Einrichtung zu machen.

Der Mensch kann und will als tierisches Geschöpf nicht anders als selbstsüchtig handeln; er ist in dem freien Spielraum seiner Naturtriebe allenthalben zur Gesetzlosigkeit geneigt und lebt als Tyrann und Sklave nach den gleichen Grundsätzen seiner tierischen Gefühle; und wenn er jetzt im öffentlichen Getümmel des Aufruhrs wütet – so schlich er vorher in trügender Staatsruh der Rechtlosigkeit wie ein stilles grundfressendes Wasser einher.

Man muß daher das letzte Unglück des Staats nie ohne Rücksicht auf den Einfluß ihres früheren Verderbens ins Auge fassen. Nur Betrüger und Betrogene berühren die Ursachen nicht, wenn von Wirkungen die Rede ist.

Adel

Meine tierische Natur bindet mich durch meine Ehre wie durch mein Gut an mein Kind – ich muß, vermöge derselben, notwendig dahin lenken, jeden Lebensgenuß, den ich in meine Hand gebracht, in der Hand meines Kindes fortdauernd zu machen – also liegt Anspruch an erbliche Ehre in dem Grundgefühl meiner tierischen Natur wie der Anspruch an erbliches Eigentum.

Der Grad der Kultur und des Bedürfnisses, die wesentlichste Eigenheit des Besitzstands – kurz, der bestehende Fuß aller Dinge entscheidet an jedem Ort und in jedem Zeitalter über die Schicklichkeit oder Unschicklichkeit eines jeden Mittels, unser Geschlecht dem Endzweck der gesellschaftlichen Vereinigung näher zu bringen.

Der Adel war in der Feudalform der Vorzeit als der Mittelpunkt des allgemeinen Besitzstands ein Mittel zu diesem Zweck: Es ist wahr – das Mittel fraß den Zweck – der Adel stellte den Fortschritt des Menschengeschlechtes still wie die Priester – er haßte das Recht der Welt wie die

Könige – er war selbstsüchtig wie die Reichen und gewalttätig wie die, die Gewalt haben. Aber sein Unrecht lag offen und schreiend vor den Augen der Welt. Es ward ihm selbst zur Last und geriet ihm selbst zum schnellen Verderben – da hingegen das Unrecht der Könige und Großreichen, in deren Händen das Unrecht, in deren Seelen die Irrtümer des Adels hinüber gegangen, ihnen nicht so leicht selber zur Last fallen und nicht so leicht zum schnellen Verderben gereichen werden.

Die Welt wird große Mühe haben, über das Unrecht und die Ungesellschaftlichkeit unserer Souveränitäts- und Finanzanmaßungen das zu gewinnen, was sie über das Unrecht und die Ungesellschaftlichkeit des Feudaleinflusses wirklich gewann. Die Welt, die in der Feudalform der Vorzeit wie in eisernen Banden still stand – ist jetzt durch die Koalition der Gewaltsrechte des Throns mit allen Schlüpfrigkeiten des Geldeinflusses zu einer Tontine gemacht worden, wo endlich niemand und nichts bleibt, was es ist und was es war.

Indessen hat die Handlung, die jetzt auf den Trümmern des Adels und durch die Finanzlücken der Höfe ihr allmächtig gewordenes Haupt emporhebt, nirgends als in England einen in das Wesen der Regierung eingewobenen großen Geist, wie das Feudalsystem der Vorzeit einen solchen hatte.

Jetzt ist die Welt in der Hand der Hofjuden, und die Hofjuden in der Hand der Minister, deren Volk einen wesentlichen Kredit hat. Indessen flattert der Besitzstand, vom Boden losgemacht – wie ein verscheuchter Vogel auf demselben herum. Vor altem saß der Adler in seinem Nest, und wenn er sich ungebührlich hielt, so fand ihn der Jäger, so hoch auch sein Nest war; jetzt glauben die Kabinetter, die kleinen Vögel legen mehr Eier, und zerstören alle großen Nester, um das ihrige, das allein heilige – das allein freie – in das Gold der Welt einzufassen. Aber dieses Gold wird verschwinden, und wir werden nach einigen Erfahrungen, die nahe sind, wieder froh sein, unser Eigentum, wie vor Alters, an Grund und Boden anzuketten. Wenn man indessen die Formen der Vorzeit für den Geist unserer Tage zu eng findet, so werfe man dennoch kein Mittel, das unser Geschlecht einmal wirklich weiter gebracht hat, mit unbedingter Sorglosigkeit weg.

Der Barbar lebt nur unter der willkürlichen Gewalt gesellschaftlich – und welche Form der Besitzstand auch immer in einem Staat haben mag, so ist dieses gewiß, wenn der Endzweck der gesellschaftlichen Vereinigung in demselben erzielt werden soll, so muß man dem Bürger in demselben immer einen seinem Eigentum verhältnismäßigen gesetzlichen Wert und Einfluß erteilen.

Das Eigentum regiert immer besser als der Mensch.

Ich glaube wenigstens, es sei nur durch den Geist von Gesetzen, die diesen Gesichtspunkt zum Fundament haben, möglich, den alternden Weltteil vor der gedoppelten Gefahr zu bewahren, in allen seinen Abteilungen entweder von den Anmaßungen der Krone verschlungen – oder den Anmaßungen des Sansculottism zerrissen zu werden.

So lebhaft uns auch die Irrtümer und das Unrecht des Adels vor Augen stehen, so sollen wir doch nicht vergessen, daß das Eigentum immer der Fuß unseres gesellschaftlichen Daseins ist und sein muß – und daß also der Naturkampf zwischen dem Eigentümer und dem Nichteigentümer im gesellschaftlichen Zustand ewig nicht aufhören kann. – Wir dürfen das alte Heiligtum des Pflugs und seinen ewigen Vorzug vor allem Judenwesen ohne Gefahr für die Pflanzschule aller Staatskräfte und für die gute Beschaffenheit des Volks nicht aus den Augen verlieren. Man mache einen Unterschied zwischen dem Recht des Adels als Eigentümer und den Anmaßungen dieses Stands, die keinen Grund im Recht des Eigentums haben; man überlasse die letztern dem Zahn der Zeit, der so kraftvoll an ihrem Irrtum nagt, und unterwerfe die ersten den Grundsätzen, ohne welche das Eigentum kein gesellschaftliches Recht sein kann; so scheint mir der Streit gehoben, der, indem er in unsern Tagen ohne Edelmut und ohne großen gesetzgeberischen Geist geführt worden ist, nicht anders konnte, als das Wohlwollen des Menschengeschlechts unter einander, weit mehr als es gut und nützlich gewesen ist, zu stören.

Kronrecht

In seinem Ursprung schwankend zwischen den Gefühlen des Privatrechts oder vielmehr der Privatanmaßungen in dem Besitz der unverhältnismäßigen gesellschaftlichen Kräfte und den Ansprüchen des öffentlichen Rechts und des öffentlichen Bedürfnisses. Einzig durch seine Übereinstimmung mit dem gesellschaftlichen Zweck und dem gesellschaftlichen Recht gesellschaftlich – und nur in soweit rechtmäßig.

In der Hand der Individuen als solcher – bloße tierische Kraft und in soweit in seinen Wirkungen nicht bloß wie das Eigentum, die Macht und die Ehre allgemeine Nahrung unsers tierischen Sinns und aller Verirrungen, zu welchen dieser Sinn uns hinführt – sondern die bestimmte höchste Stufe, das bestimmte non plus ultra aller möglichen Attentate gegen alle Fundamente der gesellschaftlichen Wahrheit und des gesellschaftlichen Rechts.

Könige können Anbetung verdienen, aber es ist gleich wahr – der Begriff des Kronrechts, als ein allgemeiner Begriff, erregt beim sinnlichen, selbstsüchtigen Menschen eben die Gefühle, welche die Wörter Freiheit und Gleichheit beim französischen Sansculotten erregt haben.

Freiheit

Unser Geschlecht hat eine allgemeine und starke Neigung, in dem Genuß seiner Lebensansprüche unabhängig und selbstständig zu sein. Naturfreiheit ist Genuß dieser Selbstständigkeit in vollem Leben meiner tierischen Kraft. Bürgerliche Freiheit ist Ersatz der Naturfreiheit, Besitz gesellschaftlicher Selbstständigkeit. Das Recht der Naturfreiheit ruhet auf dem allgemeinen, unwillkürlichen und unwandelbaren Gefühl des Bedürfnisses meiner Selbstständigkeit im Naturstand.

Das Recht der bürgerlichen Freiheit ruhet auf dem eben so allgemeinen Gefühl des Bedürfnisses eines Ersatzes dieser Naturfreiheit im gesellschaftlichen Zustand.

Der tierische Reiz dieses Gefühls ist eine einfache Folge der Eigenheiten der Tierart meines Geschlechts. Ich bin vermöge desselben kein trauliches kraftloses Haustier, das unter den Füßen eines Stärkern ruhig gaukelt und frißt; im Gegenteil, ich gehöre vielmehr zu den gewaltsamen, unruhigen, den Genuß selbst der Sicherheit vorziehenden Raub- und Waldtieren. Es ist freilich auch wahr, meine Neigung zur Selbstständigkeit wird durch meine Trägheit, und mein Hang zur Sicherstellung meines Rechts durch denjenigen zum Genuß in mir selbst geschwächt, und es ist unstreitig, man kann mich durch sichern Sinnengenuß unter allen Umständen zum schwächlichern Haustier umbilden – aber von Natur bin ich kein solches, ich will da immer lieber herrschen als dienen.

Das Mittel zwischen Herrschen und Dienen, Selbstständigkeit, ist Bedürfnis meiner Natur. Das Herrschen ist Bedürfnis überwiegender tierischer Kräfte oder wenigstens der Einbildung davon. Das Dienen ist Bedürfnis verlorner oder geschwächter tierischer Kräfte oder wenigstens der Einbildung davon. Auch gemäßigte tierische Kraft spricht in ihrem gesunden Zustand Selbstständigkeit an. Dieser Anspruch ist in meinem Geschlecht eine unwillkürliche Folge der Unverdorbenheit meines Bluts und des freien Spieles meiner Säfte in Hirn und Herz. – Ich verlange sie, weil dieses Herz in mir wie in einem Mann schlägt, weil dieses Hirn nicht vom Schlag getroffen in einem ohnmächtigen bettlägrigen Kopf stockt – ich verlange sie, weil mein Blut in Jünglingsfarbe meinen Geist in jeder Ader frei und froh ohne Gift nährt. Also beschaffen, muß ich sie verlangen, weil ich bin, was ich bin, und ich höre auf zu sein, was ich im gesunden tierischen Zustand notwendig bin, wenn ich aufhöre, tierische Selbstständigkeit zu verlangen.

Im bürgerlichen Leben ist alles Tun und Lassen des gesellschaftlichen Menschen ein ewiges Haschen nach Selbstständigkeit – freilich ein ohnmächtiges und fast immer mit der Kränkung des Fehlgreifens gebrandmarktes Haschen. Es läßt sich gar nicht leugnen, es gelingt ihm in diesem

Zustand selten, von Gesetzen abzuhangen, die auf dem Recht ruhn, das in seiner Brust schlägt und das er sich selber gegeben.

Bald hängt er allgemein von der Willkür der Gewalt ab, die immer nur darnach trachtet, unser Geschlecht auf den Ruinen seiner zertrümmerten Selbstständigkeit als ein neugeschaffenes, menschheitloses und menschheitleeres Wesen – bloß zu regieren, demselben alle Kraft und alles Recht seiner Natur zu rauben und dann, wann dieses geschehen, in ihm die also erniedrigte Menschheit zu beglücken und zu begnaden.

Armes Geschlecht, das höchste Ziel deiner Gesetzgebung geht dahin, dich entwürdigt zu füttern, und der alternde Weltteil lobt seine Weisheit, wann du von diesem Futter nur fett wirst.

Tyrannei

Tyrannei ist Kränkung meiner Selbstständigkeit ohne und wider den gesellschaftlichen Zweck. Es gibt eine barbarische und eine zivilisierte Tyrannei. Unter der barbarischen blute, unter der zivilisierten schmachte ich; ihr Wesen ist in beiden Fällen das nämliche, Gebrauch der Macht ohne Respekt für ihre Bestandteile und ohne Rücksicht auf ihren Zweck. Sie ruhet allgemein auf dem Tiersinn meiner Natur, der im Vollgefühl unverhältnismäßiger Kräfte nicht anders kann, als die Schwäche meines Geschlechts zu erniedrigen und zu mißbrauchen.

Sie ist nichts anders als die Unterdrückung des bürgerlichen Rechts durch die Naturfreiheit der Macht.

Wer diese Unterdrückung leiden muß, ist Sklave.

Wer sie nicht leiden muß, ist frei.

Wer sie leiden macht, ist Tyrann.

Wer sie leiden machen kann, kann Tyrann sein.

Wer das nicht kann, kann nicht Tyrann sein.

Völker, deren Fürsten nicht Tyrannen sein können, haben ein Recht.

Völker, deren Fürsten Tyrannen sein können, haben kein Recht.

Fürsten, die Tyrannen sein können und nicht sind, sind Engel oder Schatten.

Der Anspruch an Tyrannei ist nicht Bosheit, er ist Menschennatur. Nur der Schafskopf spricht sie nicht an, wenn er kann. Der wahrhaft Reine, Tugendhafte freilich auch nicht – aber es ist von reiner Tugend nicht die Rede, wenn man vom gesellschaftlichen Recht und von der öffentlichen Einrichtung des bürgerlichen Verhältnisses als solchen spricht.

Aufruhr

Das Wimmern des Menschengeschlechts unter dem Druck des gesellschaftlichen Unrechts und der gesetzlosen Gewalt ist nicht Aufruhr. Auch lauter Tadel der öffentlichen Unordnung ist an sich nicht Aufruhr. Das Streben des Menschengeschlechts, die Maßregeln der öffentlichen Ordnung und des gesellschaftlichen Rechts, wo sie mangeln, einzuführen und, wo sie geschwächt sind, zu stärken – dieses Streben liegt im Innersten meiner unentwürdigten Natur – jedes Volk, dem es mangelt, ist in tiefe niedere Schlechtheit versenkt worden. Hin bist du, Name Vaterland! wenn dieses Streben in der Brust deiner Bürger tot ist, deine entwürdigten Menschen sind Staatsbürger geworden.

Und auch du, meine Menschlichkeit, bist hin, wenn ich ohne Interesse für das öffentliche Recht und ohne Abneigung gegen das öffentliche Unrecht und gegen seine Quelle, die willkürliche Gewalt, in der bürgerlichen Gesellschaft lebe. Aber wie kann man das Interesse für die Angelegenheiten des Vaterlands bei den Individuen im Land also lebhaft werden lassen und dabei den Staat auf jeden Fall vor Aufruhr sicher stellen?

Also fragt ein Zeitalter, das nie einfach und gerade hin recht tun, aber sich bei allem Nichtrechttun selber bestens gesichert wissen will.

Ich weiß auf diese Frage, wie sie gestellt ist, keine Antwort. Ich weiß gegen die Ausartung keiner einzigen menschlichen Kraft und keiner einzigen menschlichen Tugend auf jeden Fall Mittel. Aber das weiß ich doch, daß keine Kraft und keine Tugend in meiner Seele deswegen ausgelöscht werden soll, damit sie nicht ausarten könne, und daß die lebendige Anhänglichkeit des Bürgers an das Recht seines Landes eben so wenig zu einer Kraftlosigkeit, in der sie gar kein gesellschaftliches Übel mehr veranlassen könne, versenkt werden darf. Gewiß ist wenigstens, um dem Aufruhr vorzubeugen, muß ich doch nicht die menschliche Seele ändern, daß sie zu allen Phantasien der Willkür und zu allem Unflat der Rechtlosigkeit passe.

Wann aber eine Regierung aus Gründen, die sie nicht protokolliert, die Grundfrage des bürgerlichen Rechts und der bürgerlichen Selbstständigkeit nicht mehr will oder nicht mehr darf an sich kommen lassen, dann bleibt gegen den Aufruhr, das ist, gegen die beim Volke unter diesen Umständen notwendig erwachenden lebhaften Gefühle von der Unsicherheit und Unrechtmäßigkeit ihrer Lage, freilich kein Mittel übrig als der Gebrauch physischer Kraft, ratio ultima regum – und dieses wirket dann auch so viel sicherer, wann man im Fall ist, mit ganz verstockter Stille zu Werke zu gehen. Das aber weiß ich freilich dann auch nicht, wie dieses auf jeden Fall möglich ist, ohne das Volk noch schlechter zu machen, als es durch den Aufruhr selber kaum hätte werden können.

Wenn ich indessen schon zweifle, ob die Lagen und Umstände, unter denen der Mensch zum Giftmischen geneigt werden kann, denen vorzuziehen seien, durch die wir gereizt werden, mit Kains Keule zu morden, so billige ich das Totschlagen mit der Keule so wenig als das Giftmischen.

Und wenn ich schon zweifle, ob das Volk durch den Aufruhr schlechter werde als durch politische Täuschung, so billige ich den Aufruhr so wenig als die falsche Gewalttätigkeit der Staatskunst. Das Verderben des gesellschaftlichen Zustands führet uns offenbar zu zwei Extremen, die unser Geschlecht auf ungleichen Wegen, aber beiderseits gleich zu Grund richten, und diese sind Ruchlosigkeit und Erschlaffung. Wir dürfen aber um der Gefahren willen, welche die Ruchlosigkeit und ihr äußerstes Verderben, der Aufruhr, über unser Geschlecht verhängt, diejenigen nicht verkennen, welche die bürgerliche Erschlaffung im gesellschaftlichen Zustand veranlaßt. Und wenn auch mein Zeitalter, durch Umstände verführt, der letzten allgemein das Wort redet oder wenigstens über sie hinschlüpft wie über glühendes Eisen, ich werde es nie tun. Sie ist gänzlicher Mangel des Glaubens an bürgerliche Tugend, gänzliche Gleichgültigkeit für das Wesen des gesellschaftlichen Rechts. Wer durch sie entwürdigt ist, verachtet sich selber und hasset den, der es nicht tut.

Wenn vom Recht die Rede ist, so spricht er, wir haben ja zu essen und zu trinken und schöne Häuser; wenn vom Volk die Rede ist, so fragt er: was ist das? Das Menschengeschlecht, meint er, sei die Geldkiste, Freiheit alles, was einträgt, und alles, was wohltut, Sklaverei alles, was kostet, und alles, was wehtut.

Mein Geschlecht verbindet in diesem Zustand die ekelhafteste Großsprecherei mit der tiefsten Niederträchtigkeit. Belastet mit Fluch des bürgerlichen Jochs, ohne bürgerliche Kraft, entblößt von irgend einem stärkenden Gefühl einer befriedigenden Selbstständigkeit, tanzet er dann, den Ring an der Nase, um Brot, bückt sich, kniet und purzelt vor dem Mann, der ihn diesen Diensttanz mit Prügel in der Hand gelehrt hat. Der Mensch trägt in diesem Zustand nicht einmal die Kraft und die Ruhe des stärkern Viehs in seiner Brust, das Herzklopfen des Schwächsten wird dann sein Teil. Von jedem Reiz gelockt und von jeder Drohung geschreckt, meint er dann, alles, was er tut, sei Sünde, und tut doch alles, was er meint, das Sünde sei. Er ist ohne Wohlwollen gegen sein eigen Geschlecht; wann von der Not seiner Kinder die Rede ist, so sagt er, sorgen sie auch, ich habe auch müssen sorgen, und eben so wenig rührt ihn die Nachwelt, sein Geschlecht und sein Volk.

Die Frage, ob der Mensch durch eine solche Erschlaffung nicht schlechter werden könne als durch den Aufruhr, ist also, so Gott will, keine verfängliche Frage.

Staatsrecht

Es ahndete mir jetzt, alle Wonne des Lebens scheitere an den öffentlichen Einrichtungen des gesellschaftlichen Zustands, ich mußte mich fragen: was ist das Staatsrecht? Aber unwillkürlich stand mir Goethes Lied vor der Seele:

Edel sei der Mensch,
Hilfreich und gut,
Denn das allein
Unterscheidet ihn
Von allen Wesen
Die wir kennen.
Heil den Unbekannten
Höhern Wesen,
Die wir ahnden,
Ihr Beispiel lehr uns
Jene glauben.
Denn unfühlend
ist die Natur.
Es leuchtet die Sonne
Über Böse und Gute;
Und dem Verbrecher
Glänzet wie dem Besten
Der Mond und die Sterne.
Wind und Sturm,
Donner und Hagel
Rauschen ihren Weg
Vorübereilend
Und ergreifend
Einen um den andern.
Auch das Glück
Tappt unter die Menge,
Faßt bald des Knaben
Lockige Unschuld,
Bald auch des kahlen
Alten schuldigen Scheitel.

Nach ewigen ehrnen
Großen Gesetzen
Müssen wir alle
Unseres Daseins
Kreise vollenden.
Nur allein der Mensch
Vermag das Unmögliche,
Er unterscheidet,
Wählet und richtet,
Er kann dem Augenblick
Dauer verleihen.
Er allein darf
Den Guten lohnen,
Den Bösen strafen,
Heilen und Retten,
Alles Irrende, Schweifende
Nützlich verbinden.
Und wir verehren
Die Unsterblichen,
Als wären sie Menschen,
Täten im Großen,
Was der Beste im Kleinen
Tut oder möchte.
Der edle Mensch
Sei hilfreich und gut,
Unverändert schaffe er
Das nützliche Rechte,
Sei nur ein Beispiel
Jener geahndeten Wesen.

Warum steht dieses Bild meiner Natur vor meiner Seele, wenn ich mich frage, was ist das Staatsrecht? Ist es, weil wir alle nach ewig ehernen, großen Gesetzen unsers Dasein Kreise vollenden, also kein Recht, folglich auch kein Staatsrecht statt hat? Oder ist es, weil jedes Recht meines Geschlechts, folglich auch das Staatsrecht, wesentlich dahin wirken soll, das, was den Menschen von allen Wesen, die wir kennen, unterscheidet, in ihm seiner möglichsten Entwicklung näher zu bringen? Unstreitig würde die Staatskunst, wenn sie sich die Entwicklung der menschlichen Kräfte als ihre Bestimmung vorsetzte, mehr leisten, als die Welt bis jetzt von ihr empfangen zu haben scheint. Aber kann sie sich diesen Zweck vorsetzen, würde sie durch Anerkennung derselben in der Hand der Gewalt, in der sie immer sein muß, dadurch das Menschengeschlecht nicht mehr verhunzen, als selbiges durch alle Not und den unsäglichen Drang, zu welchen es ihre Fundament- und Rechtlosigkeit seit einem Jahrhundert hingeführt hat, wirklich verhunzt worden ist?

Aber ich wollte mit dieser Frage: was ist das Staatsrecht? eigentlich nicht so viel wissen; sie war eine bloße Folge der Ahndung: alle Wonne des Lebens scheitere an den öffentlichen Einrichtungen des gesellschaftlichen Zustands, und wollte in Verbindung mit den Gefühlen, welche die Gegenstände, die ich bis jetzt ins Auge faßte, in mir rege gemacht, eigentlich so viel sagen: Ist die Staatskunst gesellschaftlich rechtmäßig, wenn der Mensch in und zu ihrem Dienst durch sein Wissen und seine Kenntnisse zum Träumer, zum Schurken und zum Bettler gemacht wird? Wenn das Eigentum, vorzüglich durch ihre Einmischung, in und zu ihrem Dienst zu Pandorens Büchse wird, aus der alle Übel sich über die Erde verbreiten?

Hat sie ein Recht gegen das allgemeine unwillkürliche Naturwollen des Volks und gegen den Geist des gesellschaftlichen Vertrags, der auf diesem Naturwollen ruht? Hat sie ein Recht, den gesellschaftlichen Zustand auf die List, die Gewalt und den Betrug der Macht zu gründen? Ist sie gesellschaftlich rechtmäßig, wenn sie selber die Auswahl der Bürger durch die Verirrungen der Ehre bis dahin entmenschlichet, daß diese ihr eigen Geschlecht auf den Wink eines jeden totschlagen, der so weit gekommen, über Glaskorallen, Branntwein, Likörs, Edelsteine und Ordensbänder disponieren zu können? Darf sie meinem Geschlecht durch Unterwerfung den Ersatz seiner Naturansprüche entreißen und für den herrschenden Stand diesen Ersatz in Genüsse verwandeln, die ihn zu aller Sinnlichkeit und zu aller Gewalttätigkeit des Naturlebens herabwürdigen müssen? Darf sie die Unverdorbenheit meines Bluts und das freie Spiel meiner Säfte in Hirn und Herz mir zu Grund richten und wider meinen Willen und wider mein Recht mich dahin bringen, daß dieses Herz in mir nicht mehr wie in einem Mann schlägt, daß dieses Hirn wie vom Schlage getroffen in meinem ohnmächtigen Kopfe stockt und mein Blut in Todesfarbe umwandle, meinen Geist in jeder Ader vergifte? Ist sie gesellschaftlich rechtmäßig, wenn sie mein Geschlecht dahin erniedriget, dasselbe als ein bloßes Mittel, den Tiersinn der Macht zu befriedigen und allmählich zu verfeinern, anzusehen? Ist sie gesellschaftlich rechtmäßig, wenn sie mein Geschlecht durch Rechtlosigkeit und Ehrlosigkeit zum Gesindel macht und zur Erhaltung der Staatsruhe die Leiber und Seelen der Menschen dahin entnervt, daß sie zu allen Phantasien der willkürlichen Gewalt und zu allem Unflat der Rechtlosigkeit passen? Hat sie ein Recht, das Ebenmaß der bürgerlichen Stände aufzuheben, welches bestehen muß, wenn die Menschen nicht in einem ewigen Krieg miteinander sich selber auffressen oder zu einer solchen bürgerlichen Erschlaffung versinken sollen, daß es denn selber einem Duc d'Alba keine Freude machen könnte, dasselbe noch ferner zu drücken? Ist sie gesellschaftlich rechtmäßig, wenn sie die Privatangelegenheiten ihrer Günstlinge, die Ausschweifungen der Staatsehre, die Staatshoffart, die Staatseitelkeit und die Staatsgemächlichkeit eine Richtung nehmen läßt, die, indem sie bei dem Personale der Menschen, die auf die Sitten des Landes den größten Einfluß haben, Anmaßungen, Bedürfnisse und Gelüste erzeugt, die, da sie mit dem wirklichen Fundament des Staats kein Verhältnis haben, dahin wirken müssen, der arbeitenden und erwerbenden Klasse der Bürger die Gewohnheiten, Sitten und Lebensart und selber den bürgerlichen Spielraum zu rauben, der wesentlich ist, sie im Stand zu erhalten, die gesellschaftlichen Rechte und Vorzüge, die sie von ihren Vätern geerbt, ihren Kindern nicht als ein bloßes Schattenwerk, sondern wirklich zu hinterlassen? Ich gehe weiter. –

Wohlwollen

Harmlose Behaglichkeit ist die Mutter meines bloß tierischen Wohlwollens. Du findest dasselbe beim unmündigen Kind und beim behaglichen Wilden wie beim Hirten, der seine Weiden nicht verzinset und mit seinen Nachbarn nicht market, du findest es allenthalben, wo der Sinnengenuß des Menschen erquickend und leicht ist.

Aber so wie es Anstrengung erfordert, so wie er durch Sorgen und Angst unterbrochen, so wie er mit Gefahr und Kränkung begleitet ist, so wie meine tierische Natur keine harmlose Befriedigung mehr findet, also mindert sich dieses Wohlwollen in derselben. So wie das Kind das Übel empfindet, so wie es weint, so wie es leidet und mangelt, also mindert sich bei ihm diese tierische Quelle des Wohlwollens, seine Harmlosigkeit. Also auch beim Wilden, so wie ihm Behaglichkeit mangelt, so wie seine Sonne nicht mild ist, so wie er sich des vergangenen Übels erinnert, das zukünftige fürchtet und vom gegenwärtigen leidet, also mindert sich sein Wohlwollen.

Da, wo seine Haut vom Frost erstarrt und er beschneites Moos mit seinem magern Rentier teilt, da wird er falsch und hart wie der Bauer, der den unbezahlten Pflug auf rohem Land treibt, und der mühselig lebende Bürger. Auch der Hirt, wenn er hinter magerm Vieh auf dürren Heiden flucht und jeden Zuber Milch hinter Schloß und Riegel verwahrt, ist ohne dieses Wohlwollen. Es verliert sich allenthalben da, wo der Sinnengenuß meiner Natur für mein Geschlecht mühsam ist und Anstrengung fordert:

und dieses ist bald auf der ganzen weiten Erde der Fall, nur selten gönnt ein ewiger Frühling den flötenden Hirten einen immerwährenden Scherz mit seinen Herden und mit seinem Geschlecht.

Aber es ist für den gesellschaftlichen Menschen wirklich gut, daß es so ist, das Menschengeschlecht bildet sich durch eben die Hemmungen, durch welche sein tierisches Wohlwollen verloren geht, und es ist für diese Ausbildung wesentlich wichtig, daß der Boden, den er baut, Geld kostet. Er soll sich freuen, wenn er für Weib und Kind Milch bekommt von der Kuh, die nicht sein ist, und Brot von dem Acker, den er für einen fremden Mann bauet. Demnach ist behagliche Wonne das allgemeine Ziel meines tierischen und meines gesellschaftlichen Daseins auf Erden.

Alle Kunst des Eigentums ist nichts anders als das Streben meines Geschlechts, die Behaglichkeit auf den Fleck zusammen zu bringen, auf dem ein jeder lebt.

Alle Kunst des Staats ist nichts anders als das Streben meines Geschlechts, die Behaglichkeit der ganzen Erde auf den Fleck zusammen zu bringen, auf welchem die Menschen leben, für die er sorgt.

Der Mensch setzt, so wie ihm dies gelingt, sich selbst in eben die Lage, in welcher der harmlose Südländer die Gutmütigkeit mit sich ins Grab trägt, die die belasteten Völker nur mit sich auf die Welt bringen, und der Staat tut, in soweit er seine Bürger in eine harmlose Lage setzt, in Rücksicht auf diejenigen, die er also setzt, die nämliche Sache. Das Wohlwollen der Paläste ist daher im allgemeinen nichts anders als die Wirkung einer solchen Südseeluft und einer solchen Südseefülle.

Zürnet nicht, gute Töchter von Menschen, deren Amtleute hart sind, wenn ich die Liebe zu eurem Papagei und zu eurer Tante für nichts anders erkläre! Wenn ihr mitten in Genüssen, die auf dem Unrecht vollendeter Staatsverhärtung ruhen, wie die schuldlosen Südländerinnen empfindet, so ist euer Wohlwollen nichts anders als der Selbstbetrug der tierischen Neigung zur harmlosen Behaglichkeit, die auch den rohesten Mann dahin bringt, daß es ihm lieb ist, wenn ohne seinen Abbruch andere Leute essen, trinken und schlafen können.

Diese Neigung zur Behaglichkeit ist die allgemeine Triebfeder unsers tierischen Daseins. Du dankest ihr deine Betriebsamkeit, aber wenn du aus Unbetriebsamkeit verfaulest, so geschiehet es aus gleicher Neigung. Um ihretwillen bist du barmherzig, aber auch um ihretwillen zerfleischest du unser Geschlecht. Um ihretwillen fronest du der Meinung des Volks, aber auch um ihretwillen höhnest du das Urteil deines Geschlechts. Um ihretwillen bauest du der Ehre Altäre, und um ihretwillen gründest du den Sitz der Thronen auf die Ehrlosigkeit des Menschengeschlechts. Um ihretwillen erscheinst du unter deinem Geschlecht gern als gepriesene Mutter der Gnaden, aber auch um ihretwillen zertrittst du das Recht deines Geschlechts. Sie ist es, die zum Heldensinn der Freiheit erhebt, aber sie ist es auch, was dich jedes Joch der Knechtschaft zu ertragen gewöhnt.

Liebe

Wenn der Mensch in aller Gedankenlosigkeit seiner sinnlichen Natur sein Dasein an der Sonne verträumt und in allem Nebel des Tiersinns mit seinem schweifenden irrenden Wissen weit von sich weg fliegt, die Not der Seinen bricht ihm doch das Herz, er wirft die Afterkrone seines Wissens zu ihren Füßen und legt seiner Wirtschaft ob, ihr Leben zu retten.

Wenn vom ewigen Reiben des Eigentums seine Hand hart wird wie der Fuß des schwerfälligsten Tiers, das Sinnengefühl seiner tierischen Teilnehmung erhält ihm dennoch sein Herz noch weich. Der Mann, der an seinem Pult für die Ordnung eines Kreuzers unerbittlich ist, gibt dem Elenden unter seiner Türe ungezähltes Geld.

Wenn du im Besitz der Macht mit unermeßlichem Tiersinn den Nacken der Völker unter deinem Fuß fühlst, dieser Sinnengenuß hält dich zurück, daß du mit deiner Ferse weniger hart auftrittst auf den Nacken der liegenden Völker. Und wenn dir der Atem fast stille steht vor dem Gefühle der Ehre und du das Blut und den Hohn der Unschuld nicht achtest, damit ein Weichling dir lächle und tausend Narren deinen Namen nennen, dieses Sinnengefühl bringt dich zu dir selber: daß das Lächeln des Schwächlings dir den Mord der Unschuld und den Hohn des Elends weniger vergütet, und die Tausende, die deinen Namen kennen, dir nicht mehr wert sind, um ihretwillen mit dir selber im Streit und ein Schurke zu sein vor deinem eigenen innern Richter.

Das tut die Liebe in der Hülle des tierischen Wohlwollens, aus dem sie entkeimt. Noch ist sie nicht Liebe! – Sie ist es nur, wenn sie sich zum Göttersinn einer zuverlässigen Treue zu erheben vermag. Aber wo findest du diesen Göttersinn der zuverlässigen Treue? – Ich habe sie auf Erden gesucht und nirgend anders gefunden als gepfropft auf Gehorsam und Furcht. Zeitalter! ich danke es dir nicht, auch ich warf in deinen Fluten Zwang und Furcht als ein lästiges Gewand weg, wie deine Jünglinge alle. Die Nachwelt wird sie wieder suchen, die heilige Furcht und den frommen Gehorsam, auf dem so menschliche Früchte gedeihen.

Sie weilen nicht ewig auf dem Stamm, dem sie entkeimten. Wenn dem Menschen auf Weisheit gegründete Furcht und auf Liebe ruhender Gehorsam zur zweiten Natur geworden, so finden die gereiften Früchte an dem Stamm, dem sie entkeimet, keine Nahrung mehr, und das große Werk, das der Mensch in sich selbst erschafft, seine zuverlässige Treue, wird dann frei.

So allgemein das tierische Wohlwollen, so selten ist die Liebe. Wo du sie suchst, da findest du Untreue, und wo du einen Menschen treu glaubst, da findest du ihn kraftlos.

Aber der Trug des Wohlwollens und die Lügen seiner Schwächen sind noch verachtenswürdiger als die Kraft des lieblosen Mannes.

Die Armseligkeit des tierischen Wohlwollens untergräbt alle Fundamente des gesellschaftlichen Lebens, seine Schwäche ist gedankenlos und fahrlässig, jeder Erwerb entschlüpft der ohnmächtigen Hand, die es mit der ganzen Welt wohl meint. Undank überlebt den armseligen Mann, dieser hat von jeher das gedankenlose Wohlwollen mit Verachtung bezahlt; auch endet der Mensch diese Laufbahn so oft damit, daß er entweder ein Narr wird oder ein Menschenfeind.

Selber die Macht geht durch den Trug dieses Wohlwollens zu Grund, sie kann nicht anders, ihr Wesen ruhet auf kraftvoller Erhaltung ihrer tierischen Stellung. Auf die Liebe macht sie zwar selten Anspruch, aber ihre Neigung zur Behaglichkeit reizt sie zuweilen, nach dem Sinnengenuß des harmlosen Wohlwollens zu gelüsten, dann verdirbt sie sich selber; eben so die Ehre. Schande ist die ewige Gefährtin aller bloß tierischen Harmlosigkeit.

Religion

Das kühnste Wagstück deiner Natur, o unbegreiflicher Mensch, die Erhebung deines Ahndungsvermögens über die Grenzen alles hier möglichen Forschens und Wissens – auch dieses ist in seinem Ursprung ein Kind deiner tierischen Neigung zur Behaglichkeit.

Kronen und Szepter, den Göttern gleich werden, sitzen auf Thronen, weder hungern noch dürsten, weder Frost noch Hitze dulden, mit erwünschten Leuten schmausen, alle diese Bilder zeigen, daß sie aus dem Hirn deiner nach Harmlosigkeit schmachtenden Natur entsprungen sind.

Aber sei mir auch in aller Schwäche deines Ursprungs, sei mir auch im Lallen deiner kindlichen Selbstsucht ehrwürdig, göttliche, weit angebetete Mutter meines Geschlechts.

Wenn ich dich in der Hülle deines Entstehens für tierisch erkläre, so setze ich das Ziel deiner Vollendung gar nicht in die Grenzen der Hülle deines Entstehens.

Ich achte das Innere deines Wesens für göttlich wie das innere Wesen meiner Natur; aber wie dieses in meinem tierischen Leib ruhet und aus dem Moder seines Todes entkeimt, so entkeimst und wallest auch du in meinem tierischen Leib und in dem Moder seines Todes.

Wenn der Mensch einen Baum oder eine Blume pflanzet, so gräbt er die Erde um, er legt Mist an die Wurzeln und deckt sie wieder mit Erde. Was tut er mit allem diesem für das innere Wesen des Baums und der Blume?

Der Stoff, durch den sich jeder Keim entwickelt, ist in der ganzen Natur unendlich geringer an Wert als der Keim selber.

Darum seid meine Richter, ihr freundlich Guten, die ihr in der Weihe des himmlischen Funkens göttlicher lebt als unser Geschlecht. Seid meine Richter, verdunkle ich damit der Sonne Licht, wenn ich sage, alle Wärme der Erde entkeimt aus dem Boden dieser Erde; oder wenn ich sage, der Säugling müsse nach tierischen Gesetzen entwöhnt werden, behaupte ich damit, es gebe gar kein sittliches Gesetz in meiner Natur?

Nenne es Abtötung, nenne es Wiedergeburt, dieses kühne Wagstück deiner Natur, diesen salto mortale außer dich selbst, in sofern du nur sinnliche Natur bist.

Es ist die höchste Anstrengung deines ganzen Wesens, den Geist herrschen zu machen über das Fleisch, eine in meiner Natur lebende bessere Kraft, die selbst mein tierisches Wesen entflammt gegen mich selbst und meine Hand aufhebt zu einem unbegreiflichen Kampf.

Der Mensch findet in seiner Natur keine Beruhigung, bis er das Recht seiner tierischen Sinnlichkeit in sich selbst verdammt hat gegen sich selbst und gegen sein ganzes Geschlecht. Aber er scheint die Kraft nicht zu besitzen, diesem Bedürfnis seines Wesens ein Gnüge zu leisten. Die ganze Macht seiner ganzen tierischen Natur sträubt sich gegen diesen ihr so schrecklichen Schritt. Aber er setzt die Kraft seines Willens der Macht seiner Natur entgegen.

Er will einen Gott fürchten, damit er Recht tun könne; er will einen Gott fürchten, damit der Tiersinn seiner Natur, den er an sich selber verachtet, ihn nicht länger in seinem Innersten entwürdige. Er fühlt, was er in dieser Rücksicht kann, und macht sich nun das, was er kann, zum Gesetz dessen, was er soll. Diesem Gesetz, das er sich selber gibt, unterworfen, unterscheidet er sich von allen Wesen, die wir kennen.

Ihm allein mangelt die Schuldlosigkeit des Instinkts, durch dessen Genuß das Vieh beruhiget auf dem Punkt bleibt, den dieser ihm anweist.

Er allein vermag es nicht, auf diesem Punkt stehen zu bleiben, er muß sich entweder über denselben erheben oder unter denselben versinken. Er hat eine Kraft, getrennt vom Instinkt, Überlegung und Gedanken in sich selbst wollen zu lassen, auch gegen den Instinkt.

Er hat eine Kraft, in sich selbst den Gedanken herrschen zu lassen über den Instinkt. Er kann aber im Gebrauch dieser Kraft von dem gedoppelten Gesichtspunkt, entweder dessen, was er soll, oder dessen, was er gelüstet, ausgehen.

Wenn er im Gebrauch derselben von dem letzten ausgeht, so führt sie ihn dahin, ohne alle Aufmerksamkeit auf den Trug und das Unrecht seiner tierischen Natur zu handeln, sie führt ihn auf die Höhe des Tempels, zeigt ihm alle Reiche der Welt und lispelt ihm zu, das alles ist dein, wenn du nur willst.

Dann lebt der Mensch im Glauben an das Wort seiner tierischen Selbstsucht, unter seinem Geschlecht ein Verderber. Sein Auge glühet gegen den Mann, der sein will, was er ist, auf seiner Lippe ist Hohn gegen die Wahrheit und gegen das Recht seines Geschlechts, er liebt die Trägheit, die Gewalttätigkeit, die Galeeren, die Monopole, die Schikane, den Eigensinn und die gesellschaftliche Kraft des Eigensinns, die willkürliche Gewalt. – Wenn er aber im Gebrauch dieser Kraft von dem ausgeht, was er soll, so führt sie ihn zu einer Gemütsstimmung, in der der Trug und das Unrecht, die Trägheit, die Gewalttätigkeit, die Galeeren, die Schikane, die Monopole, der Eigensinn und die willkürliche Gewalt von ihm verachtet werden, in der er tief fühlend, mit der ganzen Fülle seines Wesens strebend nach dem Besten, Edelsten, das er zu erkennen vermag, nur innere Vollkommenheit sucht und nichts anders.

Und es ist in der Weihe dieses Strebens, daß er seine Traumkraft über die Grenzen der sinnlichen Wahrnehmung erhebe, damit er finde das Bild eines Gottes, das ihm Kraft gebe gegen den Tiersinn seiner Natur. Sollte der Mensch dieses nicht tun, sollte er die Handbietung seiner sinnlichen Natur, sollte er sein Ahndungsvermögen über die Grenzen alles hier möglichen Wissens nicht benutzen? Sollte er der Wahrheit um der Wahrheit und dem Recht um des Rechts willen getreu sein? Fordre das nicht von ihm, bis ers kann, und denke nicht, daß ers könne, so lange er ein Tier ist, und eben so wenig, daß er anders als tierisch dahin gebracht werden könne, ein Mensch sein zu wollen.

Störe also das Werk deiner Natur, die tierische Einlenkung in das Gebiet der Sittlichkeit, nicht durch die Anmaßungen deines Tiersinns selber. Hätte der Mensch die sinnliche tierische Ahndung einer Hoffnung über das Grab nicht, so wäre Recht und Wahrheit von der Erde verbannt, es würde sichs dem tierischen Menschen um der Seifenblase einer nichtigen Meinung willen nicht lohnen, sich aus Wahrheit und Recht, wie er solche in diesem Zustand zu erkennen vermöchte, vieles zu machen.

…

Ohne der Gottesfurcht sinnliche Handbietung ist Wahrheit und Recht meinem Geschlecht nur Täuschung und Schein.

Entwürdige ich damit das Heiligtum meiner Natur? Ich meine nein! Wie bei der Treue und dem frommen Gehorsam die Früchte der Gottesfurcht nicht mehr am Stamm, dem sie entkeimen, angeheftet bleiben; Engel tragen sie dann in heiligen Händen.

Alles Äußere der Religion ist innigst mit meiner tierischen Natur verwoben.

Ihr Wesen allein ist göttlich.

Ihr Äußeres ist nur gottesdienstlich.

Ihr Wesen aber ist nichts anders als das innere Urteil meiner selbst von der Wahrheit und dem Wesen meiner selbst. Es ist nichts anders als der göttliche Funken meiner Natur und meiner Kraft, mich selbst in mir selbst zu richten, zu verdammen und loszusprechen.

Das Äußere der Religion ist jede in die Sinne fallende Wartung und Pflege dieses Funkens.

Die Wahrheit der Religion ist die Übereinstimmung dieser Wartung mit ihrem Wesen.

Offenbarung: jede Führung zu irgend einer Wartung dieses Funkens, die sich meiner Vorstellungskraft als von höhern Wesen herrührend dargetan hat.

Glaube: eine auf reiner Neigung zu innerer Vervollkommnung ruhende Vorliebe für die Wahrheit von Geschichten, Meinungen und Lebensregeln, die sich meiner Vorstellungskraft als von höhern Wesen herrührend dargetan haben.

Andacht: jede an solche Geschichten, Meinungen, Lebensregeln angekettete Erhebung meiner Seele, die zum Zweck hat, den Reiz meiner tierischen Sinnlichkeit durch die Kraft dieser Vorstellungen zu schwächen.

Alle äußeren Folgen der Erhebung meiner Traumkraft über ihre tierischen Grenzen, Gebet, Andacht, Glauben usw. sind an sich nicht göttlich, sondern nur gottesdienstlich und vermöge ihres Ursprungs mit sinnlichen Vorstellungen und tierischen Begierden innigst verwoben, also in ihrem Wesen allgemeine Nahrung meines tierischen Sinns und aller Verirrungen, zu welchen dieser Sinn uns alle hinführt. Deswegen auch die Erfahrungen aller Zeiten und aller Weltteile laut sagen, die Religionen geben dem Menschengeschlecht allgemein die verschobene Richtung, daß ihre Wirkungen wie die Wirkungen des Eigentums, der Macht und der Ehre in den Jahrbüchern der Welt fast immer nur als schaudernde Denkmäler unsers kalten, selbstsüchtigen und blutdürstigen Tiersinns und aller List, alles Betrugs und aller Windbeutelei derselben zum Vorschein kommen.

Es ist nichts anders möglich, wo immer dein Geist, ehe er vom innern Wesen der Religion geheiligt ist, an irgend einem Bild deiner Traumkraft verweilet, da findest du im Bild deines Gottes das Bild deiner selbst.

Bist du dann dumm, dein Gott lohnt die Dummheit mit dem ewigen Leben und den Menschenverstand mit der ewigen Verdammnis.

Bist du ein Tyrann, dein Gott kennt keine Tugend als Untertänigkeit, und seine Engel bücken sich vor seinem Thron wie deine Sklaven vor dir.

Bist du gefräßig, du legest die Fette der Stiere auf den Altar deines Gottes, und deine Knechte machen das Recht deines Bratens zur ††† des Menschengeschlechts.

Verschobener Menschenverstand macht sich dann zum Lehrer des Volks:

Es ist diesem dann nicht genug, daß man bloß unwissend sei:
Bloße Unwissenheit läßt dem Menschensinn noch Spielraum.

Es erfordert dann Hörsäle, Akademien, Edikte, Seminare und militärische Gewalt, den verworfenen Menschenverstand gehörig, sicher und allgemein zu verschieben.

Die Guillotine des Wahns wird dann notwendig, Menschenfresser braten dir dann dein Herz und skalpieren dir deinen innern Schädel.

Beklage dich nicht, ohne das könnte die Macht die Welt nicht mit den Priestern teilen, und dein König könnte nicht an einen Gott glauben, der die Wahrheit so schwachköpfig fürchtet und das Recht so starrköpfig hasset wie er.

Ohne das würde die Menschheit ihr größtes Verderben nicht auf den Thronen vergöttern und den vergötterten Elenden noch edler und reiner finden als seinen obersten Priester, dessen Vestalin dem Schönsten aller Schönen an einem schmutzigen Kreuz liebäugelt, und dessen Mönche die ersten Grundsätze des gesellschaftlichen Rechts für Verbrechen der beleidigten Majestät erklären.

Bild des Menschen, wie es sich meiner Individualität vor Augen stellt

Ich sehe den Menschen in seiner Höhle, er wandelt in derselben als ein Raub jeder Naturkraft dahin, das stärkere Tier zerreißt ihn, das schwächere vergiftet ihn; die Sonne trocknet seine Quelle auf, der Regen füllet seine Höhle mit Schlamm; Flüsse durchfressen den Damm seiner Wohnung, und er findet in sandigen Ebenen sein Grab; die Glut der Winde wehet ihn blind; das Gift der Sümpfe raubt ihm seinen Atem, und wenn er drei Tage keinen Fisch und keine Ratte findet, so stirbt er.

Dennoch erhält er unter allen Himmelsstrichen sein Dasein und siegt allenthalben über alle Übel der Erde.

Sein Leichtsinn ist unaussprechlich, wo ihm nichts mangelt, da schläft er, wo er nichts fürchtet, da sonnet er sich, wo er sich nicht sonnet, da geht er auf Raub aus.

Allenthalben trieft er von dem Blut seines Geschlechts, er schützt seine Höhle wie ein Tiger und tötet sein eigen Geschlecht, er spricht die Grenzen der Erde als sein an, er tut unter der Sonne, was er will.

Er kennt kein Recht, er kennt keinen Herrn; sein Wille ist sein einziges Gesetz, und von der Sünde fragt er, was ist sie?

Aber wie sehr sie ihn auch reizt, die bluttriefende Freiheit der Erde, er kann sie nicht tragen, er erschlafft unter dem sonnigen Palmbaum: wo er Überfluß findet, da tötet ihn eine Mücke, wo er Mangel leidet, da tötet ihn selber sein Ingrimm.

In allen Lagen sehnet er sich nach einem bessern Recht als nach dem Recht seiner Keule.

In allen Lagen wird er müde des Kriegs mit seinem Geschlecht; in allen Lagen sehnet er sich nach der Vereinigung mit den Menschen, die er mordet.

Aber trotzend und furchtsam wagt er unter dem eisernen Norden Jahrtausende den Schritt nicht, gefroren wie seine Erde ist ihm sein Herz im Busen erstarrt, ehe er ein Mensch ist, und unter der glühenden Sonne verzehrt sich sein Hirn in der Wut ob dem Unrecht und ob dem Elend wieder, ehe er ein Mensch ist.

Auch unter dem mildesten Himmel fürchtet er sein eigen Geschlecht, fliehet vor dem Mann, der jenseits des Gebirgs lebt, und tötet den Fremden, vor dessen Volk er sich fürchtet.

Dennoch bietet er seinem Geschlecht unter einem solchen Himmel früher die Hände.

In der Harmonie der höchsten tierischen Befriedigung ist größere Ruhe in seinem Geist, als wo die Natur ihn erschöpft und leicht preisgibt.

Schüchtern, aber nicht wild, geht er unter einem milden Himmel aus seiner Höhle, ein Stein ist ihm zu schwer, ein Ast ist ihm zu hoch, er fühlt: wenn noch ein Mensch bei mir wäre, ich höbe den Stein, ich pflückte den Ast; jetzt sieht er einen Mann neben dem Stein, unter dem Ast; es drängt ihn ein Gefühl wie der Hunger und der mächtige Durst; er muß zu dem Mann neben dem Stein und unter dem Ast; jetzt steht er neben dem Mann, in seinen Augen strahlt ein Blick, der noch nie darin strahlte, es ist der Gedanke, wir können uns dienen; im Auge des Nachbars strahlt der nämliche Blick; ihre Busen wallen, sie fühlen, was sie noch nie fühlten; ihre Hände schlingen sich in einander, sie heben den Stein, sie pflücken den Ast; jetzt lachen sie ein Lachen, das sie noch nie lachten; sie fühlen, was sie vereinigt vermögen.

Sie genießen ihre Erkenntnis, ihre Kraft wächst mit ihrer Erkenntnis, ihr Genuß mit ihrer Kraft, die Zeichen ihrer Vereinigung vermehren sich, der Laut ihres Mundes wird Sprache.

Sie reden.

Jetzt ist es geschehen, wie das Meer am Felsengestade, also findet die bluttriefende Freiheit meines Geschlechts am Wort des Menschen ihr Ziel.

Denn öde war sie und wüste, ehe der Hauch seines Mundes, ehe das Wort des Menschen über die Erde schwebte.

Aber mit dem Hauch seines Mundes baut der Mensch seinen Weltteil, und mit seinem Wort bauet er sich selber.

Er ist stumm, er ist ein Vieh.

Er redet, er ist ein Mensch geworden.

Unkunde und Mißtrauen, Mangel und Furcht verlieren jetzt ihre entsetzliche Allmacht und ihr grimmiges Allrecht.

Der Mensch erkennt jetzt in seinem Wort den Grund seines Rechts und den Grund seiner Pflicht.

Er hat jetzt der bluttriefenden Freiheit seiner Natur entsagt gegen sich selbst und gegen sein ganzes Geschlecht.

Er ist durch sein Wort Mensch geworden, dem Gesetz unterworfen, das in ihm selbst liegt und das er sich selber gegeben.

Darum macht er auch alles aus seinem Wort, er will, daß es ewiglich lebe, er gräbt es in steinerne Tafeln, er gießt es in ewiges Erz, und Barden preisen in hohen Gesängen das Recht, das er sich selber gegeben, und das sein Recht ist und keines andern.

Aber wie? Die Freiheit meiner Natur war also bluttriefend, ehe sie ein Recht kannte, ich war ein Vieh, ehe ich redete? Unkunde und Mißtrauen gingen auf dieser Erde der Liebe, dem Zutrauen, der Erkenntnis vor wie Dorn und Distel der angebauten und gedüngten Feldfrucht, und ein grimmiges Tierrecht befleckte die Erde, ehe Menschentreue und Menschenrecht sie wieder mit ihren Opfern versöhnte?

Also ist es nicht wahr, daß der Urmensch friedlich lebte auf Erden, es ist nicht wahr, daß er die Erde ohne Gewalt, ohne Unrecht und ohne Blut verteilt hat; es ist nicht wahr, daß der Ursprung des Meins und des Deins in meinem Gefühle der Billigkeit und des Rechts zu suchen ist.

Es ist im Gegenteil wahr, das Menschengeschlecht teilte die Erde, ehe es sich auf ihr vereinigte, der Mensch riß an sich, ehe er etwas hatte, er frevelte, ehe er arbeitete, er richtete zu Grunde, ehe er etwas hervorbrachte, er unterdrückte, ehe er versorgte, er mordete, ehe er antwortete, der Hauch seines Mundes atmete Wortbruch, ehe der Laut eines Worts, auf seiner Zunge gebildet, ein Recht verlangte.

Ich war tierisch verdorben, ehe ich menschlich gebildet wurde, die Zeit meiner tierischen Unschuld ging wie ein Augenblick vorüber, mein tierisches Verderben war plötzlich da und dauerte lange, und ich schmiegte mich nur durch das Elend seiner Folgen gebeugt ins Joch des bildenden gesellschaftlichen Lebens.

Aber es ist geschehen, aller Kot der Erde hat nun seinen Herrn, rühre ihn nicht an, wenn er nicht dein ist; der Vogel in der Luft und der Fisch im Wasser hat seinen Meister; wenn du schon dürstest, wälze den Stein nicht von der Quelle, die nicht dein ist; wenn du schon hungerst, reiß keine Frucht von dem Baum; brich keine Ähre ab vom Halme; erlege das Wild nicht, das dir aufstößt.

Sie werden dich hängen – schaudere nicht, du hast dich selber dem Gesetz unterworfen; und die Erde wäre Wüste geblieben, ein Wohnsitz der Tiere, und dein Geschlecht das unbehilflichste in der ganzen Wildnis, wann du es nicht getan hättest.

Aber du hast es getan, nun wird deine Höhle ein Haus; dein Haus trennt dich von der Erde, bindet dich an das Deinige, und das Deinige vereiniget dich wieder mit deinem ganzen Geschlecht. Du bist jetzt Eigentümer; du dehnest deine Sorge aus über Geliebte und Mitarbeiter; du sorgest über dein Grab hinaus, dein Sohn ist dein Erbe, dein Bruder schützt deine Witwe, und dein Freund erzieht dein unmündiges Kind. Was hast du verloren?

Du findest auf Millionen Wegen Mittel, durch Anstrengung, Ordnung und Kenntnisse mit der Würde des Rechts, das du dir selber gegeben, menschlich zu benutzen, was du tierisch ungenutzt ließest.

Auf unübersehbaren Heiden wachsen im freien Gemisch namenlose Pflanzen; du tötest sie alle und bauest auf den unabsehbaren Heiden ein nützliches Korn.

Du schlägst die Krone der Berge und bauest auf ihren Hügeln einen einzigen Strauch.

Du türmtest dein Geschlecht aufeinander wie Wind und Wellen nichtigen Sand. Völker wohnen aufeinander wie Heringe in einer Bucht und Ameisen auf einem handbreiten Haufen. Du schließest Nationen mit einem Riegel ein. Am Morgen öffnet sich ein Tor, und eine Welt durchwallet die Erde, du sprichst zu dem Abgrund, reiß du den Sand, der Jahrtausende dein Eigentum war, nicht ferner vom Ufer.

Du pflanzest das Wasserrohr in dürren Heiden und die Sonnenröte des Krapps in der Tiefe der Sümpfe.

Du missest die Kreise der Sterne und irrst in dem Schatten der Welten in tausend Jahren um keine Stunde.

Einer bauet eine Strecke des Landes, auf der Hunderte wohnen können, ein anderer nährt sich auf einem Raum, der kaum etwas größer ist als seine Grabstätte.

Ein Mann redet ein Wort, und die Erzeugnisse der Weltteile wechseln sich wie die Erzeugnisse nachbarlicher Gärten.

Ein Handzug mangelt, und Tausende zittern für ihr Leben, das Brot der Menge hängt an diesem Handzug.

Der Mensch ist ein hohes Wunder im chaotischen Dunkel der unerforschten Natur.

In einem ewigen Wechsel tötet er sein Glück durch den Anspruch an sein Recht und sein Recht durch den Anspruch an sein Glück. So geht er elend und rechtlos dahin und trägt die Schuld seiner Erschöpfung in sich selber. Auf der Richtstätte blutet ein Weib edler und größer als das Geschlecht, unter dem sie lebte. In der Verbannung fühlt sich ein Bettler höher als sein König, der ihm sagte: weich du! und ihn nicht hörte.

…

Der Mensch ist schon in seiner Höhle nicht gleich; unter dem Dach, hinter Riegel und Wänden wächst diese Ungleichheit mächtig, und wenn er zu Hunderten und Tausenden zusammen steht, so ist er gezwungen, ob er will oder nicht will, er muß zu dem Starken sagen, sei du mein Schild, zu dem Listigen, sei du mein Führer, und zu dem Reichen, sei du mein Erhalter.

Das ist der Ursprung der Macht, der tief in unserer Natur liegt und sich auf das wesentliche Bedürfnis der Entwicklung des ganzen Geschlechts gründet.

Aber freilich auch wie der Strom, der ganze Reiche wässert, oft ganze Provinzen verheert.

Nicht die Macht, der Mensch, der sie in der Hand hat, ist schuld an dem Verderben seines Geschlechts.

Alle Folgen der Macht sind heilig und gut, so lange der Mensch, der sie in seiner Hand hat, treu ist, und sein Wort ein biederes Wort, und seine Treue unbeweglich wie die unbeweglichen Sterne.

Aber wenn der Mensch sich nicht zum Göttersinn der Treue zu erheben vermag, wenn sein Wort ein Rohr ist, das der Wind bewegt, wenn er sich im Besitz der Macht nicht höher fühlt als das Geschlecht, dessen Recht in seiner Hand ist, wenn er untreu ist wie der Mensch, dessen Schwäche auch ihm zu Leib geht, so zertrümmert er mit der Kraft, die in seiner Hand liegt, das Recht des Menschengeschlechts, das aber nicht sein Recht ist, und düngt mit dem Blut der Menschen, denen er nicht Wort hält und kein Recht läßt, die Erde, die er verwüstet.

Aber auch im Kampf der Lügen und des Unrechts bildet sich unser Geschlecht und erhebt sich zum Gefühl jeder Würde und zum Besitz jeder Kraft, die in seiner Natur liegt.

…

Das Elend des alternden Weltteils ist unabsehbar. Nach ewigen, ehrnen, unwandelbaren Gesetzen lenkt sich der Sterblichen Wesen immer zum Übergewicht seines Tiersinns und seiner Tierkraft, und ewig sagt der Mensch, der mächtig und tierisch zugleich ist, zu der Schwäche seines Geschlechts: Du bist um meinetwillen da, und spielt dann über die gereiheten Scharen derselben wie über gereihete Saiten des Hackbretts, was achtet er das Springen der Saiten, es sind ja nur Saiten, so viel Männer im Land sind, so viel hat er ja Saiten, so viel ihrer zerspringen, so viel wirft er weg, so viel er wegwirft, so viel spannt er wieder über sein löcherichtes, klimperndes Brett, es sind ja nur Saiten.

Ha, es sind Menschen! Und sie werden in der namenlosen Erniedrigung eines rechtlosen Diensts wie die Pfoten an den Klauen des Bären, sie wissen gar nicht, was das murrende Tier will, das auf ihren Vieren steht, aber sie klammern sich fest in die Eingeweide eines jeden, gegen den es brummet.

Ha, es sind Menschen! Und ihr Geschlecht wird in der Erniedrigung eines solchen Diensts wieder, was es vorher war, ehe es die Macht aus dem Nichts rufte und zu der Stärke seines Geschlechts sagte, sei du mein Schild und mein König.

Wenn die Macht einmal zur Untreue versunken und das Unrecht des Wortbruchs mit kaltem Geschwätz zu übertünchen gelernt hat, so ist das Recht des Menschengeschlechts von der Erde gewichen.

...

An den Ketten der Macht, die kein Recht kennt gegen sich selber, sinkt der Mensch wieder zu aller Unbehelflichkeit und zu aller Gefühllosigkeit seines verdorbenen Naturstands hinab, dann nähert sich die Auflösung der Staaten durch das Allgemeinwerden der innern Gefühle des Sansculottism. –

Ehe dieses geschehen, werden die Könige auf ihren Thronen hart wie die eiserne Eiche, tiefes Entsetzen umgibt ihre Kronen wie die tote Natur in den Abgründen strauchloser Gebirge, ehlose Mönche und freudenlose Hagestolze werden dann die letzten Stützen der Staaten, bis auch diese sinken und die Völker sich im Elend der Anarchie, zu dem sie durch den Mutwillen der Rechtlosigkeit gebildet und erzogen worden, auflösen wie die Leichname der Menschen im Grab.

Die Staaten blühen und verderben wie der Mensch, sie sind nichts als der Mensch selber, wie er öffentlich blühet und öffentlich verdirbt, wie er vereiniget seine Kraft braucht zu seinem Wohl und zu seinem Verderben.

Ich will zur Vollendung des Bilds der Menschen einige Züge der nahenden Auflösung der Staaten entwerfen.

Die öffentliche Verwaltung spricht dann dem Geist aller Verfassungen Hohn, unter denen die Menschen ein selbstständiges, von der willkürlichen Gewalt nicht gekränktes, vom Gesetz wider die Macht geschütztes Leben führen könnten.

Das Gefühl des Volks wird dann in der Nutzung seines Eigentums, in seinem häuslichen Leben, in der rechtlichen Verwaltung seiner Dorf- und Stadt-Befugnisse ohne Not, wider Recht und wider die Übung väterlicher Sitten gekränkt.

Allenthalben wird dann das Mittel über den Zweck, der Schein über das Wesen, die Gewalt über die Treue, die List über die Rechtschaffenheit, die Glückseligkeit über das Recht, Empfindelei über die Vernunft, Kunst über die Wahrheit und der Dienst über das Verdienst erhoben.

In dieser Richtung der menschlichen Gefühle wird dann der Rang notwendig der einzige Maßstab der Achtung, und die Menschen erscheinen in diesem Zeitpunkt allgemein ohne schlichte Menschenstellung, ohne schlichten Menschensinn, zugeschnitten für eine Dienstform, für einen Dienstlärm und für einen Dienstglanz, der wider die Natur ist und der innern Veredlung meines Geschlechts unübersteigliche Hindernisse in den Weg legt. Die schlüpfrige Sittlichkeit reicher, behaglicher Menschen vereiniget sich dann mit den Ansprüchen der Macht, die erwerbenden Stände, in dem Fall, wo sie den Anmaßungen des Reichtums und der Gewalt im Wege stehen, allemal für Gesindel zu taxieren, und in dem Fall, wo sie diesen Anmaßungen nicht im Wege stehen, sie als Menschen zu gebrauchen.

Das Glück des Lebens und des Wallens auf Erden wird dann in die Kunst des Aufwartens auf Erden verwandelt, und die Selbstkraft des Volks, die nach einem dauernden rechtlichen Wohlstande strebt, geht dann in den trügenden Schimmer einer fundamentlosen Beruhigung bei allem, wie es nun einmal im gesellschaftlichen Zustand ist, über. Und wie die innere Kraft des Menschen, sich selber und seinem Geschlecht wahrhaft selbstständig und rechtlich zu nützen, aufgelöst wird, so tritt dann das öffentliche Bedürfnis ein, die Welt durch einen unverhältnismäßig großen Dienststand, wo nicht zu versorgen, doch in Ordnung zu halten.

Aber das, was bei einer solchen Erhöhung des Dienststands und des Dienstgeists herauskommt und herauskommen kann, ist nichts weniger als gesellschaftliche Ordnung. Es ist im Gegenteil eine künstliche Anwendung der Schlechtheit des Volks zu Gunsten einer täuschenden Staatsform, der das Wesen aller gesellschaftlich guten Ordnung vollkommen mangelt.

Du findest denn allenthalben im Lande Beamte, die an Ort und Stelle zu Strickreitern tauglich wären, die aber gleichwohl im Stande sind, das Verderben, das ihre Derbheit und ihre Arglist über das Land bringen, mit der Larve ihrer Diensttreue und ihrer Dienstkunst und oft noch gar ihrer Empfindsamkeit zu überkleistern.

Das Mark des Landes, der Mittelstand, wird denn allgemein verunglimpft, hintangesetzt und gedrückt.

Das Mißvergnügen schleicht sich in die Herzen von Menschen, die die einzigen im Lande sind, durch die es noch möglich wäre, die alte bürgerliche Tugend wieder zu beleben und den ersten Quellen des Verderbens im Lande wahrhaft Einhalt zu tun.

Indessen wird Wahrheit und Recht in diesem Zeitpunkt nicht sogleich mit Gewalt, beides wird aber durch Arglist und durch sogenannte Sitte (Etikette) erstickt.

Es schleicht dann eine Philosophie des Unrechts und der Lügen im Gewand des Anstands, der Weisheit und der Ordnung umher.

Die Verführerin eilt der unbefangenen Gutmütigkeit als die Unschuld selber in die Arme, sie erscheint allenthalben mit dem Anstrich des Edelmuts, der Rechtlichkeit und der Tugend, selber ihre Bedächtlichkeit hat gefallenden Anstand. Wo du auch immer hinsiehst, sie stellt alles um dich her in Schatten.

Du mußt sie lieben, bis du ihre Politik berührst, hier aber steht ihre Vernunft, ihr Edelmut und selber ihre Lebensart still wie der Fuß eines Pferdes, das plötzlich vor einem Wild scheu wird.

Ich will einige Züge ihres Benehmens in diesem Zeitpunkt entwerfen.

Wenn du von den Freiheiten deines Stands, deiner Stadt mit der Unschuld deiner Ahnen mit ihr redest, so wird sie die Grundsätze, die auf der Natur der menschlichen Seele ruhen, als exzentrisch, und wenn sie auf Vernunftschlüssen ruhen, als idealisch verwerfen.

Wenn du deine Gesichtspunkte auf Geschichte und Erfahrung gründest, so wird sie dir sagen, Geschichte und Erfahrung passen nicht auf deinen Fall, und wenn sie nicht ableugnen kann, daß sie darauf passen, so wird sie dir einwenden, deine Grundsätze streiten mit den höhern Gesichtspunkten der Philosophie und der Staatskunst und wohl auch, wenn du ein Mensch darnach bist, der Religion.

Also wird sie mit dir aber nur reden, wenn du als ein Fremder und ohne Interesse gegen ihr Unrecht vor ihr stehst, wenn du aber als ihr Untertan vor ihr erscheinest, so ist ihr Benehmen schon anders.

Dich entfernende Hoheit strahlt dann auf ihrer Stirn, glühender Argwohn in ihren Augen und drückende Verbissenheit herrscht auf ihrer Lippe. Wenn du als solcher ein Recht begehrst, so hast du Unrecht, weil du Ansprüche machst; du bist undankbar, weil du klagst, frech, weil du bittest. Sie wird deine ernste Sorge für das Wohl des Landes für bübische Einmischung in Sachen, die dich nichts angehen, erklären; weises Forschen nach den Fundamenten des gesellschaftlichen Rechts mit oberflächlichem Geschwätz über Sachen, die du nicht verstehst, und bescheidne Behauptung des gesellschaftlichen Rechts mit der unruhigen Zudringlichkeit einer gesetzlosen Neuerungssucht verwechseln.

Jedes Besorgnis für das Recht des Volks wird sie dir als Gespensterseherei und jede Aufmerksamkeit auf das Benehmen der Macht, wo nicht als Klubisten-Tand, doch als Mißtrauen in ihre Güte aufnehmen, sie wird die Ruhe der Regierung mit der Ruhe des Staats und deine Pflicht gegen den letztern mit deinen Attentionen gegen die erstere verwechseln.

Wenn du es wagst, der Ehrfurcht zu nahe zu treten, mit der sie für die Palliative ihrer Staatskunst Anbetung fordert, so wird sie dich, wo nicht des Sansculottism, doch sicher einer gefährlichen Neigung zu Grundsätzen, die zu demselben führen, comme il faut, bezichtigen. Eben so, wenn du den Aristokratism auf Grundsätzen gebaut wissen willst, die mit der Menschennatur und mit dem Zweck der gesellschaftlichen Vereinigung übereinstimmen, so entgehest du ihrer Nachrede, daß du ein Demokrat bist, unmöglich.

Freund der Wahrheit, denke nicht, daß es in diesem Zeitpunkt anders sein könne, die politischen Halbköpfe und Viertelsherzen desselben vermögen es nicht, irgend eine einfache Wahrheit, und noch weniger, den ganzen Sinn eines einfachen Mannes zu ertragen.

Sie vermögen es nicht einmal, die Festigkeit eines einzigen Grundsatzes als desjenigen des Machiavellism oder vielmehr ihres Halbmachiavellism zu ertragen. Wahrheit und Recht ist in ihren Köpfen allgemein den Bedürfnissen ihrer Routine und allen Elendigkeiten, diese Routine in alle Ewigkeit zu erhalten, untergeordnet.

Selbst die Religion ist in ihrer Hand nichts anders als ein elendes Dienstmittel ihrer Schiefköpfigkeit und ihrer Herzlosigkeit und ein Lückenbüßer ihrer elenden Polizei und ihrer Staatsmängel.

Eine jede Seele sei untertan der obrigkeitlichen Gewalt, dieser wahre Ausdruck der Gesinnungen der Unschuld und Rechtschaffenheit, dieser reine Sinne Jesu Christi, der seinem Vater und aller Ordnung der Welt gehorsam war bis zum Tode des Kreuzes, diese hohe Lehre der Sittlichkeit wird dann außer Verbindung mit dem wesentlichen Geist des Christentums dahin gemißbraucht, die Masse der gesellschaftlichen Menschheit als solche zu bereden, daß sie gegen die Willkür der Macht kein gesellschaftliches Recht habe.

Die Stelle: Fürchte dich nicht vor denen, die nur den Leib töten können, wird dann nimmermehr dahin erklärt, als ob du auch in Behauptung deines bürgerlichen Rechts als ein standhafter Mann zu handeln und der Wahrheit gegen jedes Unrecht Zeugnis zu geben schuldig seiest. Sie werden dir nicht sagen, daß du auch als Bürger Gott mehr gehorsamen müssest als den Menschen.

Sie werden dir nicht einmal das Benehmen Jesu Christi gegen die geistlichen und weltlichen Vorgesetzte seines Landes als ein Beispiel eines wahrhaft christlichen Betragens gegen heuchlerische und gewalttätige Landesbeamte anpreisen.

Die Priester stehen in diesem Zeitpunkt in jedem Streit der Macht gegen das Volk auf der Seite der ersten und sie können nicht anders, sie stehen in ihrem Dienst, sie essen in demselben denn immer ganz das Brot der Macht und nicht mehr das Brot des Volks, und was man auch immer mit vieler Höflichkeit dagegen einzuwenden beliebt, so bleibt, so lange die Welt steht, das Sprichwort: Wes Brot ich esse, des Lied ich singe, bei allen Menschen wahr, die gerne essen.

Wir müssen es ihnen also auf jeden Fall verzeihen, aber wir müssen es auf jeden Fall auch wissen. Ihr Benehmen ist dem Wesen des gesellschaftlichen Rechts um so gefährlicher, wenn sie in den Augenblicken, in denen sie zur Untergrabung deiner gesellschaftlichen Kraft alles mögliche beitragen, zugleich Menschlichkeit und Mitleiden für dich predigen.

Das non plus ultra ihrer Kunst, das Unrecht der Macht in den Schutz ihrer Kutte oder, wenn du lieber willst, in den Schutz ihrer Frömmigkeit zu nehmen, besteht in ihrer Manier, die ersten Fragen des gesellschaftlichen Rechts, das Interesse für die Freiheit selber und die einfachen, aber ersten Gesichtspunkte unsers Forschens über diesen Gegenstand unsern reichen behaglichen und unsern nach Behaglichkeit schmachtenden armen und armseligen Zeitmenschen ganz aus den Augen zu rücken, ihnen diese Gesichtspunkte als für ihre Glückseligkeit unbedeutend und sogar für ihre Sittlichkeit gefährlich in die Augen fallen zu machen und dabei den Ansehnlichen unter ihnen den Anteil, den sie an dem göttlichen Recht der Macht selber haben, zu relevieren und den Hoffartskitzel, den sie also in ihnen verstärken, durch den Wonnegenuß der Gnade und des Mitleids zu verfeinern, auch tiefen Argwohn und Unwillen gegen jeden Mann rege zu machen, der es wagt, ihr ruchloses Auslöschen der bürgerlichen Tugend durch den Trug einer wahrheitleeren Sittlichkeit und ihr Verscharren des Rechts in die Mistgrube der Gnade für das zu erklären, was es wirklich ist. Wenn du in diesem Zeitpunkt Gutes tust oder wenigstens das tust, was deine Väter Gutestun hießen, wenn du die Grundsätze der gesellschaftlichen Ordnung wider den Tiersinn der Macht ins Licht setzest und auf das Recht und die gute Ordnung deiner Väter dringest und gegen die Mißbräuche der Macht eiferst, so fürchte dich, denn sie trägt in diesem Zeitpunkt das Schwert zur Beschützung ihrer eignen tierischen Selbstsucht. Tust du aber Böses oder wenigstens das, was deine Väter Böses tun hießen, und hilfest du ihr dann die Menschheit entadeln, den rechtlichen Freiheitssinn in einen das Innerste der menschlichen Natur entwürdigenden tierischen Dienstsinn umzuwandeln, so wirst du Lob von derselben haben, denn sie ist in diesem Zeitpunkt ein Diener ihrer eigenen Selbstsucht.

Übergang zu dem Wesentlichen meines Buchs

Ich hätte also das Bild der Menschen und mit ihm das Bild der nahenden Auflösung der Staaten vollendet.

Es ist mir ganze Wahrheit, das heißt, es steht meiner Individualität so und nicht anders vor Augen. Es trägt darum aber auch das Gepräge, das die Natur meiner individuellen Entwicklung selbst gegeben, und steht folglich mit der ganzen Einseitigkeit da, mit welcher einige Gegenstände der Welt im Gang meines Lebens mit vielem Reiz verwoben, andere mit vielem Ekel umhüllt, einige mit großen Erfahrungen belegt, andere von dem Schatten der Erfahrungslosigkeit verdunkelt vor meinen Augen erscheinen. Es soll also sein. Mein Bild vom Menschen soll wie mein Buch nichts sein als die Wahrheit, die in mir selbst liegt, sonst wäre sie ein Gewebe von Lügen wider mich selbst und wider meinen Zweck.

Ich ging jetzt weiter und fragte mich: aber warum ist es also? warum geht mein Geschlecht im Jammer der Rechtlosigkeit und im Elend innerer Entwürdigung dahin, indessen einzelne Menschen sich zu einer merklichen Höhe bürgerlichen Wohlstands und sittlicher Veredlung erheben? Hier muß ich Licht finden, oder der Eindruck, den der Gang meines Lebens auf mich gemacht hat, bleibt bis an mein Grab ein Chaos vor meinen Augen.

Soviel sahe ich bald, die Umstände machen den Menschen, aber ich sahe eben sobald, der Mensch macht die Umstände, er hat eine Kraft in sich selbst, selbige vielfältig nach seinem Willen zu lenken.

So wie er dieses tut, nimmt er selbst Anteil an der Bildung seiner selbst und an dem Einfluß der Umstände, die auf ihn wirken. Ich suchte jetzt dieses Gemisch von Zufall und Freiheit, welches das Geschick meines Daseins auf Erden zu sein scheint, mir selbst näher zu entwickeln, und fragte mich zuerst, wie bin ich das, was ich wirklich bin? wie kommt der Mensch dahin, daß er wirklich ist, was er ist?

Ich fragte mich: geht auch ein Kind, wenn es nicht dazu gezogen und angehalten wird, am Morgen früh an seine Arbeit und macht ruhig und zufrieden sein Tagewerk, bis die Sonne sich neiget und die müden Glieder sich nach Ruhe sehnen, und der Bauer, wenn er sonst hätte, was er wollte, würde er den Tag hinüber und das Jahr hindurch in Holz und Feld schwitzen und frieren, wie er's jetzt tut? Also auch der Kaufmann und der Handwerker, würden auch diese den Tag über und das Jahr durch also an ihrem Pult und an ihrer Werkbank angeschlossen sitzen, wenn sie nicht sämtlich von Jugend auf mit Zwang dahin gebracht worden wären, in tausend Dingen anders zu empfinden, zu denken und zu handeln, als der Mensch ohne Zwang und Gewalt auf der ganzen Erde sonst allgemein empfindet, denkt und handelt?

Ich müßte mir antworten, alle diese Leute würden, wenn sie sonst hätten, was sie wollten, dieses alles nicht tun, im Gegenteil, sie würden in diesem Fall nur dahin trachten, ihrer Ruh zu pflegen, ihren Freuden nachzujagen, sich um niemand als um sich selber zu bekümmern und ihre Tage ohne Mühseligkeit und ohne Leiden und ohne Anstrengung zu durchleben suchen. Also ist der Mensch, was er ist, durch den Zwang und die Mühe, durch die er dahin gebracht wird, in seinen wesentlichsten Angelegenheiten anders zu empfinden, zu denken und zu handeln, als er ohne Zwang und Mühe empfinden, denken, handeln würde. Es ist aber offenbar, wenn der gesellschaftliche Mensch sich ohne diesen Zwang selbst überlassen würde, so würden alle Bande der Welt aufgelöst und namenloses Elend würde wie ein Engel des Todes über der zerrütteten Erde schweben.

Indessen muß ich mich dennoch, vermöge der ersten Grundgefühle meiner Natur, in dieser Lage notwendig fragen: muß ich also nicht mein Recht und mein Glück dahin geben, damit die Welt in einer Ordnung bleibe, von der ich im Grunde nicht weiß, ob sie gut oder böse ist?

Aber ich kann es mir selbst nicht verhüten, daß ich wirklich nicht zu wissen verlange, ob die Ordnung der Welt, durch die ich bin, was ich bin, gut oder böse sei. Ich kann mich unmöglich überreden, daß die Zwanglosigkeit, die meine Natur begehrt, für mein Geschlecht gut sein könnte, indem sie mich unwidersprechlich dahin führen würde, alles das zu versäumen, wodurch ich allein dahin gelangen kann, also zu leben, daß mich mein Weib lieben, daß mich mein Sohn ehren, daß mir mein Freund trauen, daß der Arme mich segnen und mein Land mir Dank haben könne.

Wenn ich denn aber alles dieses weiß, höre ich dann um deswillen auf, die zwanglose Freiheit meiner tierischen Natur mit der ganzen Gewaltsamkeit meiner tierischen Triebe zu fordern? Ich muß wieder antworten: nichts weniger! Ich kann auf der einen Seite freilich die Folgen selber nicht tragen, die es auf mich hat, wenn ich den tierischen Trieben meiner Natur gegen meine Überzeugung unterliege.

Auf der anderen Seite ist der Grad der Sinnengewalt, dem ich unterliege, meiner Natur wesentlich.

Ich kann die Grundgefühle meiner tierischen Natur nicht unentkräftet in meinem Busen tragen, ohne mich selig zu fühlen, wenn ich am milden Strahl der Sonne, der Vergangenheit und der Zukunft vergessend, meine Augenblicke träumend durchlebe.

Ich kann nicht mit den Tieren des Feldes die Ähnlichkeit haben, die ich habe, ohne meine Hand mit unbeschränkter Freiheit auszustrecken nach der Frucht des Feldes und des Weinbergs. Ich kann nicht sein, wer ich bin, und den Vorrat meiner Höhle gern und willig mit einem Mann teilen, der mir nicht half, sie zu sammeln. Und doch muß ich das und tausend Dinge, die dem gleich sind, als Bauer und Bürger, Handwerker usw. nicht bloß können, sondern auch wollen. Und wenn ich mich denn frage: warum bin ich Bürger, Bauer, Handwerker usw., warum will ich nicht lieber bloß Mensch sein?, so finde ich, ich genieße in allen diesen Verhältnissen Vorteile, die ich mir außer denselben nicht verschaffen kann und die meine tierische Natur auch für den ganzen Wert ihrer tierischen Zwanglosigkeit nicht geneigt ist, fahren zu lassen.

Es ist also mitten in den Einschränkungen meiner gesellschaftlichen Bildung dennoch mein tierischer Vorteil, folglich auch mein tierischer Wille, daß die Verhältnisse fortdauern, ohne deren Dasein ich die Vorteile derselben nicht genießen könnte. Wenn also schon die Grundlage meiner gesellschaftlichen Bildung wesentlich eine auf tierischen Zwang gegründete Einschränkung meiner Naturfreiheit und ihrer ganzen Wonne ist, so ist es gleich wahr, die Erfahrungen meines Lebens führen mich immer mit sicherm Schritt dahin, den Folgen meines tierischen Zwangs durch meinen Willen selbst Dauer zu verleihen. Unwissend und ohne Kunde dessen, was ich, durch Zufall und Erfahrung geleitet, aus mir selber machen werde, und eben so ohne vorzügliche Sorgfalt für das, was die Kunst meines Geschlechts aus mir machen möchte, setzte mich die Natur mit einer vorzüglichen Kraft auf die Erde, mein tierisches Dasein allenthalben durch mich selbst, ohne Zutun der Kunst meines Geschlechts, sicher stellen zu können.

In der Einfachheit dieser ursprünglichen Grundkraft meiner Natur, in meinem Instinkt, liegt das Wesen meines gesunden tierischen Empfindens, Denkens und Handelns.

Sobald ich aber mehr sein will oder mehr sein muß, als die Natur allgemein aus meinem Geschlecht gemacht hat, so muß ich mich zum Herrn über den einfachen Führer meines ungekünstelten und ungebildeten Daseins auf Erden emporheben.

Die Natur kann das nicht für mich tun.

Sie kann mich nicht mit dem Gesetz ihrer Allmacht zwingen, daß ich den Kopf nicht in den Lüften trage, daß ich nicht gern am milden Strahl der Sonne der Vergangenheit und Zukunft vergesse, eben so wenig, daß ich ohne mein Zutun und wider meinen Willen ein guter Schneider, ein guter Schuhmacher werde. Wenn sie das könnte und täte, so wäre ich nicht Mensch, die ganze Grundlage, durch die ich mich selber dazu machen muß, mangelte mir dann.

Sie konnte eben so wenig den Grad der tierischen Kraft, den der Mensch in der Unbehilflichkeit der ungebauten Erde unter allen Himmelsstrichen nötig hat, zu der Schwäche erniedrigen, daß es einem jeden Scherenschleifer und einem jeden Fürsten immer gar leicht sein müßte, sich bei allem Eigensinne, vor aller Sorge, aller Not und aller Schande zu bewahren. Auch das Dasein unsers Geschlechts würde in Gefahr gesetzt, wenn die Verirrungen unsrer Selbstsucht im gesellschaftlichen Leben nicht in den starken Gefühlen unsrer Selbsterhaltung ein Gegengewicht fänden.

Das ist so wahr, daß selbst die Dorfschulzen die Welt schon zur Wüste gemacht hätten, wenn die Gewaltsamkeit, mit der sie in den Rauchwinkeln ihrer Schenkstuben sich einer Allgewalt anmaßen, nicht in der Stärke der ersten Grundgefühle unsrer Natur ein allgemeines und sichres Gegengewicht finden würde.

Was die Schulzen mit den Schenkstuben, das probieren Könige mit dem Szepter, Eroberer mit dem Schwert, Pinsel mit Schwatzen, Pfaffen mit Klöstern, Edelleute mit Schlössern, Obrigkeiten mit Kammern, kurz ein jeder mit der Eigenheit der physischen Kraft, die in seiner Hand ist,

Das Unrecht der Welt endet daher allenthalben nur durch Gewalt.

Tierischer Unsinn weichet keinem Recht, und gesellschaftlicher Unsinn ist nichts anders als gesellschaftlich verstärkter und gesellschaftlich organisierter tierischer Unsinn.

Sollte um deswillen Wahrheit und Recht meinem Geschlechte gar nichts sein?

Sollte es unbedingt wahr sein, daß alle Vorfälle des Lebens für dasselbe allgemein nur Zauberauftritte seien, die ihm den innern Unterschied aller Dinge mit einem undurchdringlichen Nebel umhüllen?

Nein, auch dieses ist nicht so, wenn schon Wahrheit und Recht dem Menschen nicht von selbst in die Hand fallen, so ist es um deswillen doch nicht wahr, daß er Wahrheit und Recht gar nicht in seine Hand bringen kann.

Nein, das Modewort unsrer Zeit: was nützt alles Forschen nach Wahrheit und Recht, es kommt doch nichts dabei heraus, ist nicht Wahrheit, es ist nur ein Stoßseufzer unsrer Verlegenheit und unsrer Abneigung gegen Wahrheit und Recht, in soferne sie uns nicht dienet.

Auch wenn wir uns nur ein wenig umsehen, wer von jeher die Leute gewesen, die dieses Modewort unserer Zeit am meisten im Munde geführt haben, so zeigt sich allgemein, daß die meisten von ihnen sicher ihren Tisch ändern müßten, wenn man von dem, was sie notieren, enregistrieren, kontrollieren, ausfertigen, besiegeln, beloben, befehlen und predigen, etwas in der Nähe untersuchen dürfte, ob es weiß oder schwarz ist.

Aber solche Menschen sind in soweit alle zu den Lügen ihres Tiersinns eigen gestempelt. Ihre Stimme entscheidet deswegen in Rücksicht auf die Kraft des Menschengeschlechts für Wahrheit und Recht gar nichts.

Wir kennen ihr Lirumlarum, wir wissen, was ihr Dideldumdei will.

Ehrliche Leute rufen so wenig in den Haufen: ihr seid alle Narren, als: ihr seid alle Kanaillen.

Aber das Menschengeschlecht ist in Sachen, die seinen Tisch ändern könnten, nicht ehrlich, selten ist es der Mensch. In Rücksicht auf die Kraft des Menschengeschlechts für Wahrheit und Recht ist soviel wahr:

Wir sehen alle Tage Leute, die jeden Vorfall des Lebens, der sie nahe berührt, mit offenen ruhigen Sinnen, wie er wirklich ist, ins Auge fassen. Wir sehen aber freilch auch solche, die täglich in den wesentlichsten Angelegenheiten ihres Lebens wie im Rausch handeln und mit zerstreuten Sinnen und mit einem unruhigen zerrütteten Innern beinahe alles, was weiß ist, wirklich für schwarz, und was schwarz ist, wirklich für weiß ansehen. Aber die einen sind so wenig allgemein mit ihrem offnen Kopf als die andern mit ihrem Brett vor der Stirne auf die Welt gekommen.

Wahrheit und Recht ist für unser Geschlecht, insofern es bloß tierisch handelt, bloß physische Kraft ist, freilich gar nichts.

Wahrheit und Recht ist ihm nur etwas, insofern es sich etwas daraus macht, insofern es nicht bloß tierisch handelt, nicht bloß physische Kraft ist. Die Frage, warum mein Geschlecht also im Jammer der Rechtlosigkeit und im Elend innerer Zerrüttung dahin gehe, indessen einzelne Menschen sich zu einer merklichen Höhe bürgerlicher Glückseligkeit und innerer Veredelung erheben, schien mir jetzt sich also aufzulösen: Der Mensch ist rechtlos und zerrüttet, weil er sich aus Wahrheit und Recht nichts macht.

Aber er findet Wahrheit, wenn er Wahrheit sucht.

Er hat ein Recht, wenn er eines will.

Der Mensch ist also durch seinen Willen sehend, aber auch durch seinen Willen blind. Er ist durch seinen Willen frei und durch seinen Willen Sklave. Er ist durch seinen Willen redlich und durch seinen Willen ein Schurke.

...

Erste Darlegung meines wesentlichsten Gesichtspunkts

Es ward mir immer heiterer – der Mensch, oder vielmehr ich selbst stelle mir Wahrheit und Recht wesentlich ungleich vor, wenn ich empfinde, denke und handle, wie der Mensch ohne Zwang und Gewalt immer empfindet, denkt und handelt – oder wenn ich empfinde, denke und handle, wie der Mensch durch die Kunst und den Zwang des bürgerlichen Lebens zu empfinden, zu denken und zu handeln lernt.

Oder endlich, wenn ich empfinde, denke und handle, wie ich soll, wenn ich meine innere Unabhängigkeit von meiner tierischen Begierlichkeit und von meinen gesellschaftlichen Ansprüchen als Fundament meines Urteils über Wahrheit und Recht anerkenne.

Es schien mir heller – Wahrheit und Recht kommen mir in einem ungleichen Licht vor, wenn ich meinen Instinkt – oder wenn ich meine bürgerlichen Anmaßungen – oder wenn ich die Übereinstimmung mit dem Edelsten und Besten, das ich zu erkennen vermag, in mir selbst zum Fundament meines Urteils über Wahrheit und Recht anerkenne. Ich glaubte jetzt, ich müßte den Aufschluß der Widersprüche, die in meiner Natur zu liegen scheinen, in diesem wesentlichen Unterschied der Vorstellungsart von Wahrheit und Recht, deren meine Natur fähig ist, suchen.

Nähere Bestimmung dieses wesentlichen Gesichtspunkts

Ich nahm also an, der Mensch, oder vielmehr ich selbst stelle mir die Welt auf drei verschiedene Arten vor, und deswegen sei die Vorstellung von Wahrheit und Recht in mir selbst im Gefolge dieser dreifachen Gesichtspunkte wesentlich verschieden; ich erschaffe mir durch einen jeden derselben in mir selbst eine für denselben ausschließlich passende Vorstellung von Wahrheit und Recht.

Also habe ich in mir selbst eine tierische Wahrheit, das ist, ich habe in mir selbst eine Kraft, alle Dinge dieser Welt als ein für mich selbst bestehendes Tier anzusehen.

Ich habe eine gesellschaftliche Wahrheit, das ist, ich habe eine Kraft, alle Dinge dieser Welt als ein mit seinen Nebenmenschen in Vertrag und Verkommnis stehendes Geschöpf anzusehen.

Ich habe eine sittliche Wahrheit, das ist, ich habe eine Kraft, alle Dinge dieser Welt unabhängig von meinen tierischen Bedürfnissen und von meinen gesellschaftlichen Verhältnissen gänzlich nur in dem Gesichtspunkt, was selbige zu meiner innern Veredelung beitragen, ins Auge zu fassen.

Also habe ich hinwieder ein tierisches Recht, das ist, es entspringt aus der Art und Weise, wie ich alle Dinge dieser Welt als ein für mich selbst bestehendes Tier ansehe, ein allgemeines, unwillkürliches und einfaches Bedürfnis, auf dieselben, zu Folge dieses Gesichtspunkts, einen tierischen Anspruch zu machen.

Ich habe ein gesellschaftliches Recht, das ist, es entspringt aus der Art und Weise, wie ich alle Dinge dieser Welt als ein in Verkommnissen und Vertrag stehendes Geschöpf ansehe, ein allgemeines, unwillkürliches und einfaches Gefühl, wie ich auf alle diese Dinge, im Gefolg dieses Gesichtspunkts Ansprüche machen darf und Ansprüche machen soll.

Ich habe ein sittliches Recht, das ist, es entspringt aus der Art und Weise, wie ich alle Dinge dieser Welt unabhängig von meinen tierischen Bedürfnissen und gesellschaftlichen Verhältnissen ins Auge fasse, ein allgemeines, unwillkürliches und einfaches Gefühl, daß ich alle diese Dinge gänzlich nur nach dem Maßstab ihres Einflusses auf meine innere Veredelung begehren oder verwerfen soll.

So, wie meine Vorstellungen von Wahrheit und Recht in mir selbst eine Folge meines tierischen Instinkts oder meiner gesellschaftlichen Ansprüche oder meiner sittlichen Kraft sind, also bin ich in mir selbst ein dreifach verschiedenes, ein tierisches, ein gesellschaftliches und ein sittliches Wesen, und eben so finde ich in diesem dreifachen Unterschied meiner selbst gegen mich selbst, gegen andere und gegen alles, was ist, den Grund, warum ich mir bei gewissen Ansprüchen, die ich in mir selbst nähre, vorstelle, sie gründen sich auf ein Naturrecht; bei andern, sie gründen sich auf ein gesellschaftliches, und wieder bei andern, sie gründen sich auf ein sittliches Recht.

Und die Frage: was ist Naturrecht – was ist gesellschaftliches Recht – was ist sittliches Recht? schien mir jetzt nichts anders sagen zu wollen, als: was macht die dreifach verschiedene Vorstellungsart von Wahrheit und Recht, deren meine Natur fähig ist, in jedem Fall aus mir selber?

Was bin ich, wenn die Welt meiner sinnlichen Begierlichkeit ohne Rücksicht auf den gesellschaftlichen Zustand ins Auge fällt?

Was bin ich, wenn die Welt meiner sinnlichen Begierlichkeit mit Rücksicht auf diesen Zustand ins Auge fällt?

Was bin ich, wenn selbige mir bloß in Rücksicht auf meine innere Veredelung ins Auge fällt?

Ich nahm also für wahr an, der erste Zustand sei der Naturstand, der zweite der gesellschaftliche und der dritte der sittliche, und faßte nun den Menschen in diesen dreifachen verschiedenen Gesichtspunkten ins Auge.

Was bin ich im Naturstand?

Die Art, wie die Welt mir, wenn ich mir dieselbe, mitten in der bürgerlichen Gesellschaft lebend als ein vor mich selbst bestehendes Tier, vorstelle, ist gar nicht die nämliche mit derjenigen, wie ich mir dieselbe im wirklichen Naturstand meines Geschlechts vorstellen kann und vorstellen muß.

Naturstand, im wahren Sinn des Worts, ist der höchste Grad tierischer Unverdorbenheit.

Der Mensch in diesem Zustand ist ein reines Kind seines Instinkts, der ihn einfach und harmlos zu jedem Sinnengenuß hinführt.

Voll Wohlwollen liebt er seine Gazelle, seine Marmotte, sein Weib, sein Kind, seinen Hund, sein Pferd, er weiß nicht, was Gott und was Sünde ist, einen Teufel fürchtet er leicht, Licht, Wald und Flur sind ihm heilig, wie sie Gott schuf, die aufgebrochne Erde ist ihm ein Fluch, er wechselt seine Stunden zwischen Schlaf und Sinnengenuß; Trunkenheit des Geistes, Leerheit des Kopfes und das Versinken in taumelndes Träumen ist ihm Wonne des Lebens; er liebt Spiel, Wein, Mädchen und Märchen; den fremden Mann führet er in seine Hütte und frägt ihn, nachdem er gegessen und getrunken, woher er komme und wie es in seinem Land gehe; für den morgenden Tag steht er dir heute nicht vom Stuhl auf, er gibt seine einzige Kuh für gläserne Korallen und das Leben des künftigen Jahres kauft er dir nicht um die Pfeife Tabak, die er im Munde hat.

So lebt er auf der ganzen Erde, wenn er ohne Anstrengung Sinnengenuß und ohne Sorgen Sicherheit findet.

Aber wir nennen ihn doch noch Naturmensch, wenn er seinen Sinnengenuß längst mit Anstrengung und seine Sicherheit längst mit Sorgen erkauft hat. Er wirft jetzt den Wurfspieß, mit dem er den Feind tötet, zur täglichen Übung an die Wand, er achtet seinen Bogen höher als Weib und Kind, wir nennen ihn doch noch Naturmensch.

Jünglinge versammeln sich hinter ihm in Reihen, er führt sie zum Streit an, wir nennen ihn doch noch Naturmensch. Jetzt ist in seinem Busen kein Wohlwollen mehr, sein Weib ist seine Sklavin, der schwächere Mann sein Knecht; wir heißen ihn doch noch Naturmensch.

Wer ihm im Wege steht, den tötet er, wer ihm ausweicht, der muß ihm dienen; wir heißen ihn doch noch Naturmensch.

Er kennt jetzt die unsterblichen Götter, aber er sagt mit den Zyklopen, wir sind besser als sie; wir nennen ihn doch noch Naturmensch.

Die Welt, die ihn umgibt, zittert vor seiner Stirne, sein Wille ist seines Nachbars Gesetz, er behauptet ihn mit Geißel, mit Schwert, mit bindenden Stricken, er jagt das genossene Weib und den erzeugten Sohn aus seiner Höhle; noch nennen wir den Barbaren Naturmensch.

Jetzt ist ihm Berg und Flur nicht mehr heilig, wie sie Gott schuf, die aufgebrochne Erde kein Fluch mehr; soweit er den schwächeren Mann fliehen gemacht, nimmt er die Erde in Anspruch, das heißt: er nimmt sie zuerst ganz und teilt dann, was ihm weder zum Nutzen noch zur Lust dienet, zu Lehn und um Zins aus.

Jetzt nennen wir ihn nicht mehr Naturmensch; wenn der Ochs am Pflug geht und der Mensch um des Zinses willen vor der Sonne aufsteht, so sagen wir: er ist in den gesellschaftlichen Zustand hinübergegangen.

Er geht zwar nicht einzig auf diesem Wege in denselben hinüber; wenn in Asiens fetten Weiden die Stämme der unbefleckten Hirten sich mehren, so marken sie ihre Weiden oft friedlich, bauen den milden Boden zufrieden und einig, werden arm und reich, kennen Eigentum und Recht ohne die Gewaltsverhärtung unserer Zeit; sie gehorchen dem Mann, der die Vorwelt gesehen; oft lehren auch Sänger das träge Geschlecht Arbeit und Fleiß und sich fürchten vor dem heiligen Blut.

Immer enden wir in unsern Begriffen den Naturstand erst da, wo der Zustand unsers Geschlechts in einem hohen Grad verwickelt und mühselig zu werden anfängt.

Bis auf diesen Punkt nennen wir den Menschen in unendlich verschiedenen Abstufungen seines Daseins immer Naturmensch.

Aber wir teilen ihn in diesen Abstufungen in den verdorbenen und unverdorbenen Naturmenschen.

Solange er einfach und harmlos an der Hand des Instinkts leichten Sinnengenuß findet, nennen wir ihn einen unverdorbenen Naturmenschen; wenn er aber diesen Sinnengenuß nicht mehr sorgenlos und leicht findet und dadurch seine Harmlosigkeit und sein tierisches Wohlwollen dahingeht, so heißen wir ihn einen verdorbenen Naturmenschen.

Aber wir setzen die Grenzen der Unverdorbenheit des Naturmenschen zu weit und bestimmen den Anfang seines Verderbens nicht richtig. Wir nennen ihn noch lange Naturmensch, wenn die Art und Weise, wie die Welt seiner tierischen Begierlichkeit ins Auge fällt, schon längst durch Rücksichten auf den gesellschaftlichen Zustand bestimmt sind.

In allen Epochen seines tierischen Verderbens, bis an die Grenzen der gänzlichen Unterjochung seines Instinkts unter anerkannte und ausgesprochene Gesetze des gesellschaftlichen Zustandes, bis an die Grenzen, wo Könige, Gesetze, Schwert und Beruf ihm den Instinkt bis an seine Wurzel auslöschen, bis an die Grenzen, in welchen er der vollendeten Schiefheit und Verhärtung des gesellschaftlichen Zustands unterliegt – nennen wir ihn immer Naturmensch.

Aber worin besteht denn die Unverdorbenheit des Naturmenschen, von was für einem Punkt seines Daseins geht sie aus? Und was ist ihr Wesen? Sie geht unstreitig von der Behaglichkeit aus, die allgemein aus der leichten Befriedigung unserer Wünsche, die ohne Anstrengung, ohne Schmerz, ohne Abhänglichkeit von irgend einer unsichern Sache und von irgend einem unsichern Willen Platz hat, entspringt.

Aber ist ein solcher Zustand unsers Geschlecht denkbar? Lebten die Menschen jemals in gänzlicher Unkunde des Übels – ohne Besorgnisse, ohne Mißtrauen und ohne Abhänglichkeit von irgend einer unsichern Sache, von irgend einem fremden Willen?

Diese Frage ist die nämliche mit derjenigen: Gibt es einen Zeitpunkt, in welchem der Kinderzustand des Menschen ganz rein ist? Das ist, in welchem das Kind ganz ohne Kenntnis des Übels, des Schmerzes, des Hungers, also ganz ohne Leiden, ohne Besorgnisse, ohne Mißtrauen und ohne Abhänglichkeits- und Unsicherheitsgefühl in der Welt lebte?

Allerdings gibt es einen solchen Zustand, es ist der Augenblick, in welchem das Kind auf die Welt kommt.

Aber so wie dieser Augenblick da ist, so ist er vorüber.

Beim ersten weinenden Laut ist der Punkt schon überschritten, von dem die tierische Harmlosigkeit des Kindes eigentlich ausgeht.

Von diesem ersten Laut an entfernt sich das Kind mit jedem Gefühl eines unbefriedigten Bedürfnisses, eines unerfüllten Wunsches, eines jeden Schmerzes immer weiter von diesem Punkt ins Unendliche.

So, wie seine Erfahrungen wachsen, kommt es in Proportionen, die sich immer verdoppeln, von dem Punkt weg, von dem die Reinheit seiner Unschuld eigentlich ausgeht.

Also der Mensch, wie er aus der Hand der Natur kommt, ist er ganz Unschuld, und es scheint unstreitig, die innere Reinheit seiner Natur und die wirkliche Unverdorbenheit derselben geht von dem Punkt dieser Unschuld aus, den wir freilich an ihm nur ahnden, aber nicht kennen. Sie war bei ihm, wie beim Kinde, in dem Augenblick da, da es ganz ohne Kunde des Übels lebte, so wie sie da war, ging sie vorüber, mit der Erkenntnis des ersten Irrtums, der ersten Täuschung war der Punkt schon überschritten, von dem die Unverdorbenheit seiner Natur eigentlich ausgeht.

Von diesem Augenblick an entfernt sich der Mensch wie das Kind mit jedem Irrtum, mit jeder Täuschung immer weiter von diesem Punkt bis ins Unendliche.

So, wie seine Erfahrungen wachsen, so, wie er das vergangene Übel kennt, das zukünftige fürchtet und vom gegenwärtigen leidet, also kommt er in Proportionen, die sich immer verdoppeln, von dem Punkt weg, auf dem die Unverdorbenheit seiner Natur eigentlich ruhet. Unser tierisches Verderben entspringt aus allem dem, was dem guten Zustand unsers tierischen Daseins entgegen steht.

Wir sind aber als Tiermenschen nicht bloß dann verdorben, wenn wir einen Höcker haben und lahm sind, sondern auch, wann wir die Fähigkeit verloren haben, in Sachen, die unser tierisches Wohlsein betreffen, als Tiermenschen richtig zu urteilen, als solche uns kraftvoll und konsequent zu helfen und als solche unsere Tage beruhigt und wonnevoll zu verträumen.

Das tierische Verderben unserer Natur fängt also von dem Punkt an, wo der Takt unserer tierischen Natur, der Instinkt, und die Saite unserer tierischen Harmonie, unser tierisches Wohlwollen, anfängt, in uns kraftlos und unsicher zu werden.

Die Unverdorbenheit meiner tierischen Natur wäre folglich das Befinden meiner selbst in dem Zeitpunkt, in welchem weder mein Instinkt noch mein Wohlwollen in mir angefangen hatten, ihre Kraft zu verlieren.

Ich habe eine Art Bewußtsein des wirklichen Daseins eines solchen Zeitpunkts.

Ich besitze eine Fähigkeit, mich selbst im Genuß der vollen Kraft meines Instinkts und der ganzen Reinheit meines Wohlwollens zu denken, wie ich mich, wenn ich einen Arm oder ein Bein im Mutterleib verloren hätte, dennoch im Besitz dieses Gliedes denken könnte.

Durch diese Fähigkeit erzeuge ich in mir selbst das Bild der Unschuld, die ich verloren, das ist: eine Vorstellung von der Beschaffenheit meiner selbst außer meinem Verderben. Diese Unschuld aber fällt mir in einem gedoppelten Gesichtspunkt ins Auge.

Im ersten, wie ich beschaffen sein würde, wenn der Eindruck des Übels gar nicht auf mich gewirkt hätte.

Im andern, wie ich beschaffen sein würde, wenn der Eindruck des Übels wieder in mir ausgelöscht wäre.

Wenn ich dann mit dem letzten Gesichtspunkt die Kraft verbinde, zu streben nach dem Edelsten, Besten, das ich erkenne und das ich suchen soll, so wird dieses Bild der Unschuld in mir das Ziel der Vollkommenheit, wornach ich strebe, das ist, das Fundament meines sittlichen Zustands.

Aber niemals kann es das Fundament meines gesellschaftlichen Rechts sein.

Es läßt sich an den Punkt, von welchem die Unverdorbenheit des Naturstands eigentlich ausgeht, so wenig ein Begriff eines Rechts anknüpfen, als an denjenigen, von welchem die Harmlosigkeit des Kinderstandes eigentlich ausgeht.

Ohne Bewußtsein des Unrechts kommt der Begriff des Rechts und ohne Leiden des Unrechts das Gefühl des Rechts nicht in meine Seele.

Daher ist jeder Rechtbegriff ein gesellschaftlicher Begriff und jedes Rechtsgefühl ein gesellschaftliches Gefühl, und also der Begriff des Naturrechts, rein genommen, nichts anders als eine Täuschung. Da sich aber das gesellschaftliche Gefühl des Rechts wirklich an die äußersten uns bekannten Grenzen, von denen der Zustand unser selbst, den wir Naturstand heißen, ausgeht, anschließt, so heißen wir jeden Begriff des gesellschaftlichen Rechts, insofern wir ihn als diesen Grenzen nahe stehend anerkennen, ein Naturrecht.

Dieses Naturrecht aber ist nichts anders als eine einfache Folge des Gefühls, daß die Einrichtungen, Verkommnisse und Verträge des gesellschaftlichen Lebens alle auf Regeln und Grundsätzen ruhen sollen, die mit unserer unverdorbenen Natur, das ist, mit uns selbst, insofern das tierische Wohlwollen unserer Natur noch nicht in uns selbst zu Grund gerichtet, übereinstimmend sind.

Wir wollen nämlich, daß der Mittelbegriff zwischen jeder Forderung und jeder Schuldigkeit, das ist, unsere Vorstellung von Recht und Pflicht auf Gründen ruhen, die dem Edelsten, Besten, das wir zu erkennen vermögen, nicht widersprechen. Dieser Wille in uns selbst ist also die Quelle dessen, was wir Naturrecht heißen.

Aber das Naturrecht oder vielmehr die gesellschaftlichen Begriffe, die wir Naturrecht heißen, sind gar nicht die Quelle dieses Willens. Es liegt von diesem Recht im unentwickelten tierischen Menschen bestimmt und allgemein gar nichts als der Trieb zur Selbsterhaltung. Die Art und Weise aber, wie dieser Trieb unser Geschlecht durch seine Erfahrungen zu Gefühlen und Neigungen hinführt, die mit dem, was wir Naturrecht heißen, gänzlich übereinstimmen, ist diese:

Vermöge dieses stärksten aller meiner Triebe empört sich das Innerste meiner Natur gegen alles, von dem ich zu erkennen vermag, daß selbiges mittelbar oder unmittelbar meinem tierischen Wohlstand und meinem tierischen Dasein Gefahr und Nachteil bringen könnte:

Dadurch lerne ich die mich in dieser Welt umgebende Gefahren kennen.

Unzweideutige Erfahrungen überzeugen mich, daß mein Geschlecht im gesellschaftlichen Zustand fähig ist, auf eine solche Art gegen mich zu handeln, wie ich nach dem tierischen Wohlwollen, wovon wenigstens immer noch eine Regung in meiner Brust bleibt, mich nicht fähig glaube, gegen meinen Nebenmenschen handeln zu können:

Dadurch führt meine Selbstsucht mich ganz einfach und notwendig auf den Begriff, es wäre gut, daß keiner von dem andern eine feindselige Handlungsweise zu befahren hätte.

Ich kann nicht anders, wenn ich den getöteten Mann vor meiner Türe sehe, so führt mich meine Selbstsucht bei seinem Anblick selber unwillkürlich und notwendig auf den Gedanken, die Menschen könnten mich töten, wie sie ihn getötet haben. Dieser Gedanke ruft einen zweiten: es wäre gut, daß keiner getötet würde, ich nicht und er nicht. Und dieser, in Verbindung mit dem tierischen Wohlwollen, bringt dann notwendig die Gemütsstimmung hervor, in welcher der Mensch alsdann durch seine Selbstsucht selber das gesellschaftliche Gebot, du sollst nicht töten, erschafft.

Er hebt es aber eben durch diese Selbstsucht augenblicklich wieder auf, sobald es mit den starken Gefühlen seiner wahren oder geglaubten Selbsterhaltung in Streit kommt.

Gewiß ist dieses Gebot, so wenig als jeder Begriff des von uns so geheißnen Naturrechts, ganz und gar keine Folge eines von den Grundgefühlen unserer tierischen Selbsterhaltung unabhängig und selbstständig in uns liegenden Gefühls von irgend einem Recht.

Der Trieb der Selbsterhaltung ist wesentlich individuell; ohne gesellschaftliche Erfahrungen ist er von dem Gefühl der Teilnehmung, so wie von dem Begriff von Recht und Unrecht gänzlich entblößt, *er wird aber teilnehmend, insofern gesellschaftliche Erfahrungen ihn durch Vereinigung der Gefühle unserer Selbstsucht und unsers Wohlwollens teilnehmend machen.* Der Begriff eines Naturrechts kommt also offenbar als eine Folge von Gefahren zum Vorschein, von denen beunruhiget wir den Mangel eines Rechts in der Welt, zugleich aber auch eine Kraft in uns selbst zu erkennen vermögen, ein solches durch unsern Willen zu erschaffen.

Eben dieses ist auch vom gesellschaftlichen Vertrag wahr. Ursprünglich liegt von demselben in uns selbst nichts als eine Kraft, zu empfinden, daß kein solcher Vertrag in der Natur ist, daß wir aber eine Kraft besitzen, einen solchen durch unsern Willen in die Natur hineinzubringen.

Das Gefühl des Unrechtleidens oder vielmehr die Erfahrungen meiner gekränkten tierischen Selbstsucht sind der Boden, aus dem der Begriff des Rechts in uns emporkeimt, derwegen ist die individuelle Beschaffenheit dieses Gefühls oder vielmehr das individuelle Benehmen der Menschen bei dieser Erfahrung für seine Wahrheits- und Rechtsempfänglichkeit entscheidend.

Wenn die Eindrücke des Unrechtleidens sich in meinem Innersten mit Wohlwollen und mit einem Bestreben nach Vollkommenheit verbinden, so erzeugen sie in mir reine Begriffe von Wahrheit und Recht, ich kann dann nicht anders, ich biete meinem Geschlecht freundlich die Hände.

Wenn dieses aber nicht ist, wenn mein Gefühl beim Unrechtleiden in meinem Innersten ohne Wohlwollen tobet und mit keinem Streben nach innerer Veredelung verbunden ist, so erzeugt mein leisestes Ahnden, daß mir Unrecht geschehen könnte, jede Greueltat, deren meine Natur fähig ist.

Der tierische, so wie der gesellschaftliche Mensch erlaubt sich alles Unrecht, damit ihm nicht Unrecht geschehen könne.

Auch die Repräsentation der Gesellschaft, die Regierung, tut das nämliche, sie ist im Augenblick gewaltsam und grausam, wenn sie fürchtet, Unrecht zu leiden.

Die gesellschaftliche Bildung als solche schützt das Innere meines Wesens nicht vor den einfachen Folgen meiner tierischen Selbstsucht.

Nur als sittliches Wesen vermag ich mich selbst durch meinen Willen dahin zu erheben, lieber Unrecht zu leiden als Unrecht zu tun.

Als tierisches Wesen verhärtet mich die entfernteste Ahndung des Unrechtleidens.

Als solches verwildere ich beim wirklichen Unrechtleiden; als sittliches Wesen werde ich durch die Ahndung und durch das Leiden des Unrechts weise und sanft.

Was bin ich im gesellschaftlichen Zustand?

Der gesellschaftliche Zustand bestehet wesentlich in Einschränkungen des Naturstandes.

Aber der Mensch schränkt die Wonne dieses Standes nicht ein, bis er muß, und er muß es nicht, bis er in diesem Stand tief verdorben und sein tierisches Wohlwollen in demselben dahin ist.

Er tritt also, in seinen Grundlagen verhärtet, als ein verdorbener Naturmensch in den gesellschaftlichen Zustand.

Er hat auch beim Übergang in denselben den bestimmten Zweck, die Folgen, die sein tierisches Verderben auf seine tierische Glückseligkeit hat, zu mildern und sich durch die Schranken dieses Zustands sicher zu stellen, die Bedürfnisse seiner tierischen Natur sich leichter, sicherer, befriedigender zu verschaffen, als er selbige bei der Vorstellungsart, die ihm in diesem Zustand möglich ist, sich in der Freiheit des Naturlebens verschaffen könnte.

Auch braucht der Mensch im gesellschaftlichen Zustand zur Erreichung seines Zwecks keine andren Mittel als diejenigen, die er im Naturstand zur Befriedigung seines Instinkts auch gebraucht hat, tierische Kraft.

Aber diese Kraft ist durch sein tierisches Verderben, schon ehe er in diesen Zustand getreten, geschwächt, und die Maßregeln der gesellschaftlichen Ordnung sind nichts weniger als dazu gemacht, diese Kraft wieder herzustellen, im Gegenteil, sie zernichten in ihrem Wesen die harmlose Behaglichkeit des Naturstandes, sie zerstören die Sorglosigkeit seines Allrechts, sie binden unser Dasein an einen schwerfälligen Verdienst und an ein mühseliges Leben, selbst indem sie unsere Genüsse vervielfältigen, erhöhen sie unsere Lasten und erheben Ungleichheiten, die wir im Naturstand kaum achten, zu den bittersten Gefühlen. Das alles hat auf den Zweck, um deswillen der Mensch in die bürgerliche Gesellschaft tritt, den entscheidenden Einfluß, daß er denselben durch diesen Schritt nicht erhält.

Einfacher Genuß ist das Teil des Naturstandes.

Hoffen und Harren ist das Teil des gesellschaftlichen Lebens. Es kann nicht anders sein, die ganze Stellung des gesellschaftlichen Lebens ruhet auf Vorstellungen von Sachen, die im Grund eigentlich nicht da sind, das ist, sie ist Repräsentation. Eigentum, Erwerb, Beruf, Obrigkeit, Gesetze sind alles künstliche Mittel, meine tierische Natur beim Mangel tierischer Freiheit dennoch zu befriedigen.

Eigentum ist Repräsentation meiner Naturkraft zu meiner Erhaltung. Gesetz, Obrigkeit Repräsentation meiner Naturkraft zu meiner Beschützung.

Was dem Wilden seine Keule, das ist dem Schneider seine Nadel, dem Schreiber seine Feder, dem Kaufmann seine Kniffe, dem Bauer seine Herde, dem Edelmann sein Land, dem König seine Krone.

Aber welch ein Unterschied zwischen dem tierischen Genuß, wenn ich sorgenlos zwischen ewigen Gewürzen lebe, und wenn ich um ein halbes Prozent mit einem Juden keife oder meinem Amtmann hundert Bauern für das künftige Jahr für einige hundert Gulden höher versteigere.

Welch ein Unterschied zwischen dem Genuß, wenn ich froh und stark jeden Tag sicher mein Wild finde und sorgenlos durch Berg und Tal reite, einen Mann zu jagen, der einen Mantel hat, den ich brauchen kann, und aller Last der Jahrskonto, der Danksagungsadressen und selber der Rathausstellen und der ehrbaren Reinlichkeit! Der Naturmensch weiß nicht, was er durch diesen Übergang verliert, dieser Schritt ist für ihn vollends die Wirkung einer Täuschung.

Er sucht tierischen Genuß und verliert in dieser Rücksicht unendlich.

Die Unbehaglichkeit, die er flieht, wird das Fundament des Lebens, in das er sich stürzt. Er will die Wonne des verlornen Naturlebens wieder herstellen, dafür wird der eine ein Schneider, der andre gelehrt, einer treibt dafür Esel über den Berg, ein anderer Bauern in den Wald, einer putzt dafür dem andern den Bart, einer sucht diese Wonne mit dem Kopfe, ein anderer mit dem Herzen, einer mit Künsten gegen den Kopf, ein anderer mit Künsten gegen das Herz. Schon in diesem Unterschied liegen unsägliche Quellen der Unbehaglichkeit unsers Geschlechts. Der Gelehrte hat von dem Scheitel bis zu den Füßen einen schwerfälligen Leib, der Schmied einen Arm, der stärker ist als seine beiden Füße, der Schneider wackelt, wenn er geht, und der Bauer hat einen Schritt wie ein Ochs.

Ob der Mensch will oder ob er nicht will, er ist im Joch des gesellschaftlichen Lebens gezwungen, das Glied am Leib und die Kraft der Seele, auf die ihm sein Brot und sein Haarpuder im gesellschaftlichen Zustand angewiesen sind, vorzugsweise und zum Nachteil aller seiner übrigen Glieder und Kräfte zu gebrauchen.

Das geht so weit, daß viele Regenten sich auf solche Fundamente Register machen lassen, aus welchen zu ersehen, was für Subjekte aus ihren Untertanen als vorzüglich gute Ohren, als vorzüglich gute Mundstücke, als vorzüglich gute Schreibmaschinen, als vorzüglich gute Blasbälge usw. zu gebrauchen sind.

Zwar ist dann freilich auch gar oft so ein Brauchstück einer solchen Duodezmenschlichkeit an seinen übrigen Organen ganz lahm, dieses aber achtet man im gewöhnlichen Dienstleben unsers alternden Weltteils denn weiter auch gar nicht. Diese Nichtachtung kann freilich auch Folgen auf die Grundkräfte unserer Natur haben, indem wir gezwungen werden, aus unserer Nase, aus unserm Mund, unsern Ohren und wohl auch aus unserm Hammer, aus unserm Ellenstab, aus unsern Wappen und aus unserer Krone alles in allem zu machen.

Die allgemeine Schiefheit der Menschen in allen bürgerlichen Verhältnissen und ihre allgemeine Verhärtung im gesellschaftlichen Zustand ist eine Folge der innern Verstümmelung der Naturkräfte unsers Geschlechts in diesem Stand.

Aus ihr entspringen besondere Gefühle des esprit du corps in allen Verhältnissen: die Patriziergefühle, die Adeligengefühle, die Staatsmannsgefühle und mit ihnen alle Arten bürgerlicher Anmaßungen, mit welchen der Mensch seine tierische Stellung im gesellschaftlichen Zustand wie der Tiger seine Höhle beschützt.

Und was haben sich Könige schon gegen Menschen erlaubt, die etwa behaupten: sie dürfen nur am Morgen nüchtern über das Gut und Blut ihrer Untertanen absprechen, oder diese seien ihnen nur in Sachen, die nicht wider Gott, wider das Menschengeschlecht und wider das Vaterland sind, Gehorsam schuldig. – Alles ist gleich – die Menschlichkeit des Königs ist hier nicht mehr und nicht weniger als die Menschlichkeit des Schneiders.

Der Vorsatz, die Ansprüche meiner tierischen Natur im gesellschaftlichen Zustand durch jede Kraft, die ich in meine Hand bringe, und durch jedes Raffinement, dessen meine Arglist fähig ist, gegen jedermänniglich zu behaupten, ruhet auf dem allgemeinen Zweck, um dessen willen der Mensch in die bürgerliche Gesellschaft tritt, und diesem Zweck ist jeder getreu, ich, der Schneider, der König und alle, ein jeder nach seiner Lage und nach seiner Kraft.

Je größer diese Kraft, je größer ist auch der Reiz meiner tierischen

Selbstsucht zu gewaltsamer Beschützung meiner tierischen Anmaßung. Daher die Übel des gesellschaftlichen Zustands immer in dem Grad steigen, als unverhältnismäßige tierische Kräfte in demselben freien Spielraum finden.

Mein Geschlecht ist allgemein nur bei einem gewissen Maß physischer Kräfte fähig, nicht Barbar, und nur bei einem gewissen Maß gesellschaftlicher Kräfte, nicht Tyrann zu werden, das ist, sein wahres Verhältnis gegen seine Mitmenschen nicht zu verkennen.

Es ist schon an sich selbst wahr, daß das Wesen des gesellschaftlichen Zustands das tierische Wohlwollen meiner Natur in mir schwächt, wann dann noch zu diesem allgemeinen Grundübel dieses Zustands ein großes Übergewicht gesellschaftlicher Kräfte mitten in diesem Zustand einen ungezähmten Spielraum findet, wer kann die menschliche Natur kennen und glauben, daß es in der Welt anders aussehen sollte, als es wirklich darin aussieht?

Der gesellschaftliche Zustand ist in seinem Wesen eine Fortsetzung des Kriegs aller gegen alle, der im Verderben des Naturstandes anfängt und im gesellschaftlichen nur die Form ändert, aber um deswillen nicht mit weniger Leidenschaft geführt wird, im Gegenteil, der Mensch führt ihn in diesem Zustand mit der ganzen Schiefheit und Härte seiner verstümmelten und unbefriedigten Natur.

Der gesellschaftliche Mensch als solcher sitzt auf dem Blut seines Instinkts und auf dem Grabe seines Wohlwollens wie ein Mörder auf dem Blut seines Erschlagenen; sei er gewesen, wer er wolle, der Leichnam des Getöteten hat für ihn keinen Wert mehr; er zählt auf ihm seinen gefundenen Beutel.

Also sorgt der gesellschaftliche Held auf dem Leichnam des Instinkts für das gesellschaftliche Wohl und berechnet auf dem Grab des tierischen Wohlwollens die Finanzen des Staats.

Dieser Heldensinn des gesellschaftlichen Lebens muß es hassen, wenn nur noch ein Schatten dieses Wohlwollens in den Fundamenten der bürgerlichen Einrichtungen spukt.

Er bauet die ganze Ordnung der Welt auf psychologische Mittel, Wohlwollen und Zutrauen im Gang der Geschäfte außer Einfluß zu setzen. Und wenn man konsequent ist und den Grundsatz von der Schädlichkeit des Wohlwollens und Zutrauens in den öffentlichen Angelegenheiten eben so gegen die Macht als wahr annimmt, wie man sie gegen das Volk als wahr erkennt, so ist man vollkommen in der Ordnung.

Die Regel gründet sich auf das unausweichliche Verderben, das der gesellschaftliche Zustand über unsere tierische Natur verhängt.

Aber sie ist Volkswahrheit wie Regierungswahrheit, sie lebt im Gefühl der beherrschten Menge wie im Gefühl der herrschenden Edlen. Deswegen ist der dieser Regel entgegengesetzte Grundsatz: das Volk muß Zutrauen haben, ohne Zutrauen kann keine Regierung bestehn, nur mit großer Einschränkung wahr und kann auch nicht umgekehrt werden, es läßt sich offenbar nicht behaupten, die Regierung muß Zutrauen haben, ohne Zutrauen kann keine Regierung bestehen. Es ist bei einer gut organisierten Regierung sicher gar nicht wesentlich, daß das Volk zum Personale der Regierung Zutrauen habe, aber das ist für die Erreichung des gesellschaftlichen Zwecks allgemein wesentlich, daß das Volk zu dem Gesetz Zutrauen haben könne, das zwischen ihm und diesem Personale, um sein Recht gegen dasselbe zu sichern, da stehet oder wenigstens da stehen sollte.

Aber die Selbstsucht der Menschen am Platz sucht natürlich immer alles auf, was ihre Lage gemächlicher, einträglicher und einflußvoller machen kann. Die allgemeine Seligpreisung dieses Zutrauens in unsern Tagen ist eigentlich nichts anders als ein Verkleisterungsmittel des wesentlichen Übels unsers hinfälligen Zustandes und ein Bonmot der Selbstsucht unserer comme il faut Klubisten, das gegen Vernunft und Erfahrung eben so wie gegen die ersten Fundamente des gesellschaftlichen Rechts gleich streitet, es ist nichts anders als eine Folge des Versinkens der gesellschaftlichen Menschheit in den Sumpf der Rechtlosigkeit. Es kommt aber aus diesem elenden Erschleichen gerade soviel heraus, als wenn ein Vater seine Kinder testamentlich dahin anweisen dürfte, von ihrem lieben ältesten Bruder ohne weitere Untersuchung und ohne weiteres Recht als ihr Erbteil soviel anzunehmen, als dieser ihnen herauszugeben sich in seinem Gewissen verpflichtet finden würde, mit dem Zusatz, er werde nach seiner erprobten Redlichkeit nicht ermangeln, hierin gegen sie also zu handeln, wie er es vor Gott seinem Richter und vor seinem verstorbenen Vater, der hierüber mit ihm bestimmte Abrede getroffen, werde verantworten können.

Das Personale der edelmütigsten Regierung steht in seinem Naturgefühl dem Volke nicht näher als liebe Geschwister einem ältesten sonst redlichen Bruder.

Als Privattugend sind Zutrauen und Wohlwollen ewig der liebliche Schatten der Unschuld, die wir verloren.

Aber mein Geschlecht als solches kann nichts weniger als auf Unschuld Ansprüche machen, und wenn es im gesellschaftlichen Zustand umwölkt von ihrem Schatten einhergeht, so wandelt es in den Labyrinthen des Trugs, mit denen der Boden der gesellschaftlichen Erde bedeckt ist.

Es ist unstreitig, Zutrauen und Wohlwollen ist eine Inkonsequenz gegen das Wesen des gesellschaftlichen Zustands, und wenn die Sicherheit irgend einer bürgerlichen Einrichtung darauf gebauet wird, so wird die menschliche Tugend eine öffentliche Narrheit.

Freilich ist es wahr, wenn das Volk rechtlos ist, so ist das heitere Denken über diesen Gegenstand ihm und der öffentlichen Ruhe gefährlich. Wenn es aber nicht rechtlos ist, sondern ein Recht hat und Formen des Rechts, die es schützen, so darf es denn auch über diesen Punkt heiter denken. Das gesellschaftliche Recht sichert den Fortschritt der menschlichen Veredelung eben so allgemein, als ihn Rechtlosigkeit allgemein stille stellt. Daher nimmt immer in dem Grad, als die Rechtlosigkeit in einem Lande groß ist, auch die sittliche Abstumpfung zu.

Ein rechtloses Volk muß durch die Loslassung der Arglist und des Geizes und durch alle Verirrungen des Drucks und des Schimmers, des Genusses und des Mangels, der Freundlichkeit und des Schreckens, der Empfindsamkeit und der Unempfindlichkeit zur Dummheit zurückgezäumt und dahin gebracht werden, selber zu empfinden, wie elend es wäre, wenn es so, wie es ist, ein Recht hätte.

...

Unsere Väter verstunden es kaum, ihr bestes Recht zur Schau zu tragen, wie jetzt ein gemeiner Sekretär das schreiendeste Unrecht seiner Stelle als ihr hohes Recht und ihre große Gnade zur Schau zu tragen Fertigkeit hat.

Aber diese Sekretärs- Kalendermacher- und Schriftstellerfertigkeiten, insofern sie also die Wahrheit und das Recht der leidenden Menge mit einem Nebel umhüllen und das Unrecht der Gewalt in ein trügendes, schimmerndes Licht setzen, und die Nationen verblenden gegen sich selbst, sind alles Folgen der traurigen Wahrheit, daß die Verwirrung unserer alternden Staatskünste das Wesen unsers guten menschlichen Daseins verschlungen habe, und Sittlichkeit, häusliche Kraft und gesetzliches Recht allgemein dem glänzenden Elend der öffentlichen Staatsscheinordnung unterliegen müssen.

Sie sind alle Folgen der hieraus entstehenden bürgerlichen Entmannung aller Stände, der Aufhebung des Gleichgewichts aller innern Kräfte des Staats, sie sind Folgen der traurigen Wahrheit, daß wir nur öffentliche Menschen geworden sind und keine Privatmenschen mehr sein können.

Durch sie haben wir den süßen Namen Vaterland verloren und sind Staatsbürger geworden. Durch sie haben wir die gemäßigte Stimmung des obrigkeitlichen Ansehens verloren und ihr die kitzelnden Anmaßungen der Souveränitätsrechte unterschieben gelernt; durch sie ist der Heldensinn des Kabinettsgeistes, der dem letzten Nachfolger Ludwig XIV. sein Schicksal bereitete, bis in die Ratsstuben der reichsstädtischen Ehrbarkeit gedrungen und hat den Mann am Platz auch in Verfassungen, die mit der französischen Monarchie gar keine Ähnlichkeit haben, dahin gebracht, mit der ganzen Staatskunst ihrer Kabinettskrümmungen und ihrer Kabinettsgewalttätigkeiten regieren zu wollen und die Individuen im Staat bloß als Kopf, Nummer, Gewehr, kurz als ein totes Verhältnis eines nur als Masse existierenden Wesens anzusehen.

...

Das gesellschaftliche Recht macht Treue und Wahrheit zur gegenseitigen Pflicht aller gesellschaftlich vereinigten Menschen. Der Heldensinn der französischen Staatskünste meint freilich auch, alles sei ihm Treue und Wahrheit schuldig, er aber niemand. Das gesellschaftliche Recht weiß, daß aller Menschen Augen sehen, aller Menschen Ohren hören und aller Menschen Köpfe denken sollen nach ihrer Kraft und nach ihrer Notdurft. Das gesellschaftliche Unrecht hingegen meint, seine Augen sehen für alle, seine Ohren hören für alle und sein Schädel denke für alle.

Das gesellschaftliche Recht gründet die Selbstständigkeit des Staats auf die Selbstständigkeit des Bürgers und den Reichtum des Staats auf den sichern Wohlstand der Individuen. Aber die gesetzlose Gewalt gründet die Selbstständigkeit des Staats auf den willenlosen Gehorsam eines rechtlosen Volks und den Nationalreichtum auf die Leichtigkeit der Eingriffe in die Tasche der Bürger.

Ein solcher Reichtum aber ist dann auch hors de loi, und eine solche Selbstständigkeit hors de foi.

Das gesellschaftliche Recht kennt kein Ganzes als in den Individuen und keine gesellschaftliche Vollkommenheit des Ganzen, die auf das gesellschaftliche Verderben der Individuen gegründet ist.

Aber auf dem Schleichwege der Usurpation wittert man überall Gräber und fürchtet, wenn von der gesellschaftlichen Selbstständigkeit der Individuen die Rede ist, nichts so sehr als einen offenen Rat.

Das gesellschaftliche Recht kennt die Schwäche und das Verderben der Grundkräfte unserer tierischen Natur im gesellschaftlichen Zustand und schont denselben, wie ein Mensch seine Eingeweide, wenn er weiß, daß sie krank sind. Aber das gesellschaftliche Unrecht weiß nichts von dieser Schonung, es ist ihm gar nichts daran gelegen, daß die Eingeweide des Volks gesund seien. Im Gegenteil, es fürchtet das Mark in den Gebeinen des Mannes und findet im Geruch der Verwesung des Volks die Sicherheit ihres Diensts.

Das gesellschaftliche Recht erkennt in der Macht den Mittelpunkt aller physischen, das ist, aller tierischen Kraft, folglich auch aller tierischen Leidenschaft, und gibt deswegen die heiligen Worte: Schuldig oder unschuldig so wenig als das Gut und das Blut des Volks in die Hand ihrer ungezähmten und unbeschränkten Willkür, es erkennt den Anspruch der Macht an willkürliche Gewalt als eine unzweideutige und psychologisch notwendige Folge des freien Spiels ihres Tiersinns und unterwirft das Recht des Volks in keinem Fall der Selbstsucht und dem Selbstbetrug ihres Verderbens. Der allgemeine Grund des gesellschaftlichen Zustands und vorzüglich der individuellen Gefühle meines Geschlechts im Besitz unverhältnismäßiger gesellschaftlicher Kräfte fordern diese Vorsicht unumgänglich.

...

Der Mensch ist beim vollen Leben der tierischen Grundgefühle seiner Natur unfähig, gesellschaftlich gut, das ist, gesellschaftlich rechtmäßig zu regieren.

Er wird es nur durch die Kraft der Gesetze, die ihn im Besitz unverhältnismäßiger gesellschaftlicher Kräfte in die Schranken des gesellschaftlichen Rechts hinein nötigen.

Das Bedürfnis dieser Einschränkung ist im gesellschaftlichen Zustand um so wesentlicher, da die Ansprüche auf den Besitzstand in demselben im Innersten unserer Natur durch eben die Gefühle belebt werden, die die Ansprüche des einfachen Tierrechts und der einfachen Tierkraft im Verderben des Naturstandes beleben.

Allenthalben spricht der Mensch im bürgerlichen Leben das Monopolium der Harmlosigkeit an. Lebe er in der sorglosen Kraft des Löwen oder als ein um seine Nahrung bekümmerter Wolf, oder habe er vor Alter und vor Gram den Wolf und den Tiger abgeleget und geruhe jetzt, sich als ein geladener Esel durch die Welt zu schleppen, in allen Fällen spricht er für sich selbst ein Recht an, das wie das Bild der Ewigkeit von ihm selbst ausgeht und in ihn selbst zurückkehrt.

Der Mensch gehet, entweder durch tierische Unbehilflichkeit gezwungen oder durch den Besitz überwiegender Kräfte gereizt, freiwillig in den gesellschaftlichen Zustand hinüber.

Im ersten Fall erscheint er in demselben furchtsam, kriechend, hinterlistig und niederträchtig.

Im andern Fall kalt, anmaßlich, mit Gewalt gelüstend, und, wo diese Widerstand findet, trotzend, blutdürstig und grausam.

Dennoch erscheinet er mitten in aller dieser Verschiedenheit, welche die zwei Grundquellen des gesellschaftlichen Zustandes über ihn verhängen, in demselben wesentlich als das nämliche Geschöpf, welches er im einfachen ersten Verderben des Naturstandes schon anfing zu werden.

...

Der Mensch als Geschlecht ist nur tierisch und als tierisch sich immer gleich.

Deswegen ist auch die Selbstständigkeit, auf die der Mensch im gesellschaftlichen Leben Ansprüche macht, allgemein mit der ganzen Lebhaftigkeit seiner tierischen Naturgefühle belebt.

Das gesellschaftliche Recht sondert zwar freilich die Ansprüche meiner tierischen Natur von denjenigen meiner gesellschaftlichen Rechtlichkeit: aber meine Natur sondert sie nicht, und so, wie die Kraft der Gesetzgebung meine Natur nicht bändigt, so verschlingt unsere tierische Selbstsucht allenthalben unsere gesellschaftliche Rechtlichkeit und führt uns mit starker Hand dahin, in allen Verhältnissen den Begriff unserer bürgerlichen Selbstständigkeit an die selbstsüchtigen Gefühle unserer besondern Lagen anzuketten.

Dadurch aber verengen wir unser Herz gegen alle wirkliche gesellschaftliche Wahrheit und gegen alles wirkliche Gesellschaftsrecht und werfen mitten unter den rasendsten Ansprüchen an die ausschweifendsten gesellschaftlichen Genüsse das Fundament des gesellschaftlichen Rechts, die gesetzliche Selbstständigkeit des Bürgers, allgemein als ein nichtiges Zeug weg.

Sie ist uns mit dieser Stimmung allgemein für jeden Sinnengenuß feil; der Arme gibt sie für sein Brot, der Reiche für Spielwerk, das noch weniger als Brot wert ist. Der Mann am Platz verhandelt sie in seinem Stimmengewerb, der Pfaff opfert sie seiner Kutte, und im Streit der Macht und des Rechts hilft das Volk immer der erstern gegen das letztere und schlägt für wenige Kreuzer des Tags im Dienst der Macht den rechtlichen Mann im Lande tot, sobald diese nur pfeift oder trompetet.

Naturfreiheit und gesellschaftliches Recht sind in unserm Geschlecht ewig im Kampf.

Der Aufrührer und der König, der Edelmann und der Jud, der Patrizier und der Leibeigene streben alle nach den Monopolien der Naturfreiheit für sich und gegen alle andern.

Daher ruhet das gesellschaftliche Recht und mit ihm die bürgerliche Selbstständigkeit wesentlich auf einer die individuellen Ansprüche unserer tierischen Natur allgemein hemmenden Anordnung der Berufsbildung des bürgerlichen Menschen – diese aber auf der Kunst, die innersten Gefühle meiner tierischen Natur zu Gunsten des gesellschaftlichen Rechts und der gesellschaftlichen Ordnung umzustimmen und zu verstümmeln.

Die Kunst dieser Verstümmlung aber ruhet ganz auf den Gesetzen meiner tierischen Täuschung.

Der Tiersinn meiner Natur muß es nicht ahnden, daß du ihn schwächst, er muß glauben, du gebest ihm, was du ihm nur läßt, er muß nicht wissen, was du ihm nimmst, er muß dir nicht zuschreiben, was du ihn leiden machst, er muß das selber wünschen, wozu du ihn hinlenkst, und das, was du ihm zur andern Natur machest, kaum von dem unterscheiden, was in seiner ersten schon da war.

Anstrengung, Lebensordnung, das schlichte Wandeln im ewig gleichen Berufspfad muß ihm werden, was ihm sein Instinkt war.

Er muß es nicht ausstehen können, il faut qu'il se desole, wenn er außer dem Gleis seiner bürgerlichen Beschränkung wandelt.

Jeder Lebensgenuß muß in seiner getäuschten Vorstellung am Verdienst hangen wie die Blüte am Baum, und er muß gewohnt werden, den ganzen Sommer seines Lebens ruhig auf die Früchte seiner Arbeit zu warten, wie der Bauer seinen Sommer über auf das Reifen seiner Früchte wartet.

So, und nicht anders machst du den Menschen zum Bürger. Es ist nicht leicht, die blutende Wunde, die du seinem Tiersinn beibringest, muß beinahe heil sein, ehe er weiß, was links oder rechts ist; wartest du, bis alle Gefühle seiner tierischen Selbstsucht und seines Trotzes in vollem Leben da stehen, mit dieser Täuschung, so hast du den einzigen sichern Zeitpunkt dieser Täuschung ungenützt vorbeigehen lassen und mußt dann unter Martern und Qualen zum Tode bringen, was du mit einem leichten Hauch hättest auslöschen können.

Und wenn du dann nach den Gesetzen deiner sittlichen Natur zu diesem Ziel kommen willst, so wirst du dieses nicht anders als mit unendlicher Mühe höchst unsicher erreichen.

Tausendmal werden dich Mißmut und Not zu den Gesetzen deiner tierischen Natur zurücklenken, aber nur selten wird es nicht zu spät sein.

Diese Verstümmelung beim Menschen, der zum vollen Leben seiner tierischen Kraft gereifet, ist beinahe nicht mehr möglich, ohne daß sie ein Gift in seinem Innersten erzeuge, das selten anders als mit dem Tode seiner Menschlichkeit endet.

Vollendest du sie aber durch eine weise menschliche Täuschung, ehe der Mensch weiß, was links oder rechts ist, so bauet dann die Kraft seiner tierischen Natur selber ihr Werk auf das Fundament deiner vollendeten Kunst.

Die Grundwahrheit der tierischen Natur, das ist, die Ansprüche meiner unverstümmelten tierischen Kraft, verschwinden dann im Menschen, soweit du ihm tierische Vorstellungen, die dieser Grundwahrheit seiner Natur entgegen stehen, unterschoben hast. Dann geht der Mensch im Joch des bürgerlichen Lebens einher, ohne die Wonne des Naturstandes gekannt zu haben, und ist durch seine Täuschung befriedigt und im Stande, sich selber mitten durch alle Beschwerlichkeiten des bürgerlichen Lebens einen ihn befriedigenden Ersatz des nicht gekannten und nicht genossenen Naturstandes zu verschaffen und die bildende Kraft des gesellschaftlichen Zustandes mit allen ihren Vorteilen zu genießen, ohne durch das Bewußtsein des verlornen Naturstandes und seiner Reize sich immerwährend gequält und unglücklich zu fühlen. Sein Verstand ist gebildet; er erkennt in demselben einen sicherern Führer seines Lebens als seinen Instinkt, jedes Werk seiner Hände machet ihm Freude, was ihn schwer dünkt, befriedigt ihn höher, seine Lasten sind Segen für die, so er liebt; die Ruhe seines Alters ist sicher; sein Wille wirkt über sein Grab.

Er schließt sein Eigentum mit einem Riegel, und die Welt hat kein Recht gegen diesen Riegel.

Aber du hast ihn getäuscht.

Was kannst du dafür, daß du ihn verstümmeln mußtest? Solltest du ihn durch deine Verstümmelung rasend machen, damit er nicht getäuscht werde?

Oder solltest du ihn gar nicht verstümmeln?

Könnte er da sein und leben im gesellschaftlichen Zustand ohne diese Verstümmelung?

Es ist nicht möglich, es bleibt keine Frage übrig als diese: muß sie nach den Gesetzen meiner tierischen oder nach denjenigen meiner sittlichen Natur erzielet werden?

Erzielet muß sie sein, oder der Mensch wird kein gesellschaftliches Geschöpf und lebt in der bürgerlichen Gesellschaft als ein elender, verdorbener, unbrauchbarer Naturmensch.

Aber wird der Mensch durch die Folgen dieser Verstümmelung vollendet? Wird er durch die Folgen seiner bürgerlichen Bildung und seines gesellschaftlichen Rechts in seinem Innersten beruhiget? Befriedigt auch der beste gesellschaftliche Zustand mein Geschlecht zuverlässig?

…

Der gesellschaftliche Zustand weckt in jedem Verhältnis Bedürfnisse, die er nicht befriedigt, und Neigungen, die er wieder erstickt.

Er löset das Fundament meiner tierischen Harmlosigkeit, die Harmonie meiner tierischen Kräfte, in meinem Innersten auf und untergräbt dadurch das Fundament meiner tierischen Glückseligkeit in seinem Wesen. Ich gäbe Reichtum und Ehre, könnte ich diese tierische Harmonie und das Wohlwollen meiner selbst wieder herstellen.

Ich kann es nicht. – Der Staat gehet zu Grunde, wenn es das ist, und ich gehe zu Grunde, wenn es mangelt. Freiheit! Freiheit! auch du bist ein Kind dieser geopferten Harmonie meiner tierischen Kräfte, auch du ruhest auf tiefem Verderben meiner Natur und auf dem ganzen Verlust meines Instinkts und meines Wohlwollens.

Wärest du rein auf Erden[2], lebte man deinen Grundsätzen ganz konse-

[2] Auch der reinste gesellschaftliche Freiheitsbegriff, insofern er nur gesellschaftlich ist, ist bloß an sich ein Regulativ meines tierischen Verderbens und ruhet als solcher ganz auf dem Egoismus dieses Verderbens. Sein Recht ist aber an sich nichts weniger als reines Recht, und seine Mittel an sich selbst sind und müssen, wie die Mittel der Macht, insofern bloße tierische Gewalttätigkeit sein.

Auch wirst du sie nie anders finden, das aber ändert ihren bürgerlichen Wert nicht, der gesellschaftliche Zustand ist in seinem Wesen ein Gewaltszustand, und die Gewalt des gesellschaftlichen Rechts ist bei allem seinem Verderben und bei allem seinem Nachstehen hinter der gewaltlosen Moralität dennoch unendlich mehr wert als die Gewalt der Rechtlosigkeit.

Indessen ist es gleich wahr: ein konsequentes Freiheitsregiment und ein konsequentes Despotenregiment grenzen in den Gewaltsmitteln aneinander.

quent, du wärest erschrecklich, ich würde mich vor dir fürchten wie vor einem Gespenst. Aber wo du auch bist, da bist du nirgends rein auf Erden, nirgends in deinen Grundsätzen ganz konsequent. Alle Folgen der bürgerlichen Freiheit beleben das tierische Wohlwollen wieder, auf dessen Grabstätte ihre Mutter, das gesellschaftliche Recht, gebauet ist.

Allenthalben kommst du zu deinem Verderben mit allen Reizen des Wohlwollens belebt zum Vorschein. Allenthalben wirst du durch eben die Vorstellungen belebt, durch welche das sittliche Recht, das dem Wesen deiner Härte den Tod droht, in mir erzeugt wird. Es ist meine Be-

Darum aber erscheint die bürgerliche Freiheit auf Erden nie rein – ich sage noch mehr: Freiheit, bloß gesellschaftlich kalkuliert, ist für unser Geschlecht ein unmöglicher Zustand, auch erschien sie auf Erden noch nie in aller Blöße ihrer innern Wahrheit.

Wie sie wirklich in der Welt erscheinet, ist sie wie alle wirklichen Formen der gesellschaftlichen Ordnung nirgends ein Werk eines reinen Kalküls, sondern immer ein Resultat des Gemisches meiner tierischen, gesellschaftlichen und sittlichen Zwecke, nur ein Werk des Zufalls, und die bürgerliche Freiheit, wie sie wirklich in der Welt ist, also diejenige, von der ich allein rede, ist wie alle wirklichen Formen der gesellschaftlichen Ordnung nirgends ein Werk der reinen Vernunft, sondern allenthalben ein Werk des Zufalls und meistenteils die Wirkung von Augenblicken, die das freie Spiel der individuellen Gelüste der Menge gegen die individuellen Anmaßungen derer, die vor der Freiheitsepoche Meister im Lande waren, begünstigen.

Der Royalism, der Aristokratism und der Demokratism sind deswegen in ihrem Ursprung sowohl als in ihren Wirkungen auf die Gemütsstimmung und inneren Endzwecke der Gewalthaber eine und eben dieselbe Sache.

Allenthalben lenken sie die Inhaber der Macht dahin, ihre individuellen Ansprüche an die Freiheit des Naturlebens so hoch zu spannen als möglich und den schwächern Mann im Lande zu zwingen, zu ihren Gunsten eben diesen Ansprüchen zu entsagen. Der innere Zweck des Royalism ist also Naturfreiheit des Königs, seiner Familie und seines Dienstpersonales.

Der innere Zweck der Aristokratie ist Naturfreiheit der Senatoren, ihrer Familien und ihres Dienstpersonales.

Der innere Zweck der Demokratie ist Naturfreiheit der Menge und ihres Dienstpersonales, der Demagogen. Volksfreiheit, wie sie in der Welt wirklich zum Vorschein kommt, ist immer eine Folge der Volksherrschaft des Demokratism, dieser aber als Grundlage der Freiheit nichts anders als augenblickliche Belebung der aufgeschreckten Volkskraft gegen die Ansprüche der Macht.

Demokratism ist als Regierungsform nicht Freiheit, sondern Regierungsform, und wird daher bei den Teilhabern der öffentlichen Macht mit eben den Gefühlen belebt, die dem reinen Recht des Menschengeschlechts auf den Thronen, in den Rathäusern, in den Klöstern und selber in den Fabrikstuben allenthalben in den Weg stehen.

stimmung, daß ich mich auf dem Punkt meiner gesellschaftlichen Ausbildung so wenig vollendet glaube als auf demjenigen des bloßen Sinnengenusses.

Die Lücke, die meine gesellschaftliche Verstümmelung in meine tierische Natur hineingebracht hat, fordert gebietend eine Ausfüllung, und hier ist es, wo sich die gesellschaftliche Kraft meiner Natur an die sittliche anschließt.

Die Folgen, die die Gefühle des tierischen Übergewichts über meine Nebenmenschen auf das Verderben meiner gesellschaftlichen Rechtlichkeit haben, sind im Demokratism, im Royalism und im Aristokratism die nämliche Sache.

Allenthalben endet der physische Gewalthaber, sein Name heiße, wie er wolle, seine Maßregeln zur Beschützung seiner individuellen Ansprüche, wenn er diese in Gefahr glaubt, mit dem Schreckensystem und mildert sein Schreckensystem wieder durch Inkonsequenzen gegen seine Grundsätze.

Die von Gott befreiten Staaten erliegen unter dieser menschlichen Schwäche wie die von Gott in seinem ewigen Rat zur Regierung der Völker bestimmten Fürstensöhne und -töchter.

Jede Regierungsform stehet, vermöge ihres Wesens, immer schwankend zwischen den selbstsüchtigen Ansprüchen unserer tierischen Natur und der Reinheit der öffentlichen Bedürfnisse und des öffentlichen Willens.

Alle Regierungen taugen deswegen immer nur in soweit etwas, als sie dem reinen Willen des öffentlichen Bedürfnisses ein sicheres Übergewicht über die tierischen Ansprüche der Macht, in wessen Hand sie sich auch immer befinden mag, verschaffen.

Auch wird die Freiheit, oder, welches eben soviel ist, der wirkliche Genuß des gesellschaftlichen Rechts, dem Menschengeschlecht nur durch die Kraft von Gesetzen, die den Privategoismus der Gewalthaber in jedem Staat mit Weisheit und Kraft im Zaum zu halten im Stand sind, versichert.

Die Möglichkeit, dieses zu tun, oder, welches eben soviel ist, das physische Übergewicht des gesellschaftlichen Rechts gegen die physische Kraft gesellschaftlich unrechtmäßiger Ansprüche, wird freilich fast immer nur im öffentlichen Getümmel erzeugt.

Es ist nicht anders möglich, die tierische Kraft des gesellschaftlichen Unrechts weicht dem gesellschaftlichen Recht nie, bis sie muß, das ist, bis sie tierisch dazu gezwungen wird.

Also ist die Geburtsstunde der Freiheit auf der ganzen Erde Mord und Gewalt.

Aber solange diese dauert, ist die Freiheit freilich noch nicht da.

So wie sie wirklich da ist, erscheint sie immer als die erste Feindin der bürgerlichen Verwirrung, unter welcher sie erzeugt worden. Aber eben so erscheint sie, wie sie wirklich ist, als eine erklärte Feindin der vermummten List und der trügenden Ansprüche der sich so heißenden väterlichen Gewalt, mit denen der Tiersinn der Macht immer die ersten Schritte seiner wesentlichen unväterlichen Ansprüche umhüllet.

Die höchste Zierde meines tierischen Daseins, die Reinheit meines Instinkts, und das auf demselben ruhende tierische Wohlwollen muß dahin gehn, um der höchsten Würde meiner Natur, dem freien menschlichen Willen und der auf demselben ruhenden sittlichen Kraft meiner Natur, Platz zu machen.

Der Mensch muß auf den Trümmern seines Instinkts durch die Anstrengung seiner verdorbenen Tierkraft die Erfahrungen sammeln, die ihn von dem Irrtum und dem Unwert seiner tierischen Natur allgemein überzeugen und dadurch zur Anerkennung des sittlichen Rechts hinführen.

In diesem Zustand, von beiden Seiten gedrängt, ein unbefriedigtes Opfer meiner Selbstsucht und meiner Schwäche, entspringt in meinem Innersten ein neues Bedürfnis, dessen Befriedigung mich zur Anerkennung der Pflicht hinführt, alles Verderben meiner tierischen Natur und meiner gesellschaftlichen Verhärtung in mir selbst auszulöschen und zu vertilgen.

...

Was bin ich im sittlichen Zustande?

Ich besitze eine Kraft in mir selbst, alle Dinge dieser Welt mir selbst, unabhängig von meiner tierischen Begierlichkeit und von meinen gesellschaftlichen Verhältnissen, gänzlich nur im Gesichtspunkt, was sie zu meiner inneren Veredelung beitragen, vorzustellen und dieselbe nur in diesem Gesichtspunkte zu verlangen oder zu verwerfen. Diese Kraft ist im Innersten meiner Natur selbstständig, ihr Wesen ist auf keine Weise eine Folge irgend einer andern Kraft meiner Natur.

Sie ist, weil ich bin, und ich bin, weil sie ist.

Sie entspringt aus dem mir wesentlich einwohnenden Gefühl: ich vervollkommne mich selbst, wenn ich mir das, was ich soll, zum Gesetze dessen mache, was ich will.

Meine tierische Natur kennt diese Kraft nicht. Als tierisches Geschöpf vermag ich in mir selbst nichts gegen mein eigenes tierisches Wesen, als solches kann ich mir nicht vorstellen, daß ich mich durch irgend etwas auf Gefahr meines tierischen Wohlstandes und meiner tierischen Selbsterhaltung vervollkommnen könne.

Als gesellschaftliches Geschöpf kann ich dieses eben so wenig.

Das gesellschaftliche Zugrundgehen als Volk ist das Schrecklichste, wogegen ich mich gesellschaftlich stemme, wie das tierische Zugrundgehen meiner Individualität das Schrecklichste ist, wogegen ich mich tierisch empöre.

Der Mensch bedarf der Sittlichkeit als gesellschaftliches Geschöpf so wenig, als er selbiger als tierisches Wesen fähig ist.

Wir können im gesellschaftlichen Zustand ganz füglich ohne Sittlichkeit untereinander leben, einander Gutes tun, einander willfahren, Recht und Gerechtigkeit untereinander handhaben, ohne alle Sittlichkeit.

Die Sittlichkeit ist ganz individuell, sie bestehet nicht unter zweien.

Kein Mensch kann für mich fühlen, ich bin.

Kein Mensch kann für mich fühlen, ich bin sittlich.

Wir müssen gesellschaftlich ganz ohne Glauben an gegenseitige Sittlichkeit untereinander leben, aber mitten durch diesen Unglauben bildet sich ihr Bedürfnis in meinem Innersten und erhebt mich zu dem Gefühl, daß es in meiner Hand ist, mich selbst zu einem edlern Geschöpf zu machen, als Natur und Geschlecht mich als bloß tierisches und gesellschaftliches Geschöpf zu machen im Stande sind.

Sinnengenuß, gesellschaftliches Recht und Sittlichkeit scheinen sich gegen einander zu verhalten wie Kinderjahre, Jünglingsjahre und Männeralter. Als Kind bin ich meiner tierischen Unverdorbenheit am meisten nahe, aber eben darum auch am meisten tierisch.

Die Zwecke dieses Zustandes sind alle einfach, Sinnengenuß ist mein Alles, aber ich vergehe durch den Irrtum meiner Lust wie durch die Wahrheit meines Schmerzes.

Ich muß deswegen einer Kraft entgegen streben, durch die ich die Übel beides, meiner Lust und meines Schmerzes, in meine Hand zu bringen vermag, und ich suche diese Kraft in dem Mittelzustand zwischen meiner Kinderlust, meinem Mannsrecht, in meinem Lehrlingsstand.

In diesem Stande verliere ich allen Reiz meiner Kindertage und genieße eben so wenig die Freiheit und das Recht meines Mannesalters. Der Mann, dem mich mein Vater anvertraut, zwingt mich mit seinem Meisterrecht, dem Recht meiner Natur für einen Zweck zu entsagen, um den sich meine Selbstsucht im Grunde weniger bekümmert, als um den gegenwärtigen Augenblick. In meiner jetzigen Lage ist kein Recht.

Ich bin jetzt ein Geschöpf des Verkommnisses und des Vertrages, ich muß alles in dem Bezug des Verhältnisses gegen meinen Meister ins Auge fassen.

Die Hoffnung meines künftigen Genusses von etwas, das man vielleicht aus mir macht und vielleicht auch nicht, diese Hoffnung muß in diesem Zeitpunkt der Ersatz der Freiheit und des Rechts sein, das ich in demselben beiderseits vermisse.

Es ist aber nicht möglich, daß der Traum dieser Hoffnung meine tierische Natur wirklich befriedigen kann: Es strebt daher ein jeder Lehrling mit seiner ganzen Kraft, einer Lage los zu werden, die ihn vielmehr zu seiner Bestimmung als zu seinem Zwecke hinführt.

Das Glück und die Sicherheit meines künftigen Lebens hängt aber ganz von der gegenseitigen Wahrheit und gegenseitigen Treue in diesem Verhältnis ab, und dieses fordert von meiner Seite standhafte Entsagung meiner Naturfreiheit und festen Gehorsam gegen alle Einschränkungen meiner Lehrlingsjahre.

Indessen geht diese Zeit wirklich vorüber, der Zustand meines Verkommnisses hat ein Ende wie der des bloßen Sinnengenusses.

Nun wirklich Meister, sehe ich jetzt alle Dinge in dem Gesichtspunkt ihres Einflusses auf mich selbst und auf den ganzen Zweck meines Lebens an, und es ist offenbar, Freiheit, Selbstständigkeit und eigenes Recht ist für mein Dasein das ausschließende Eigentum dieses Zeitpunkts.

Die zwei vorhergehenden Arten, alle Dinge dieser Welt anzusehen, sind augenscheinlich Folgen meiner Unwissenheit, meiner Kraftlosigkeit und eines bestimmten Mangels an Selbstständigkeit und eigenem Recht, sie gründen sich also in ihrem Wesen auf Schein und nicht auf Wahrheit, auf Mangel von Recht und nicht auf Recht, und dennoch ist es wahr, daß ich nur durch den Traum ihrer Täuschung und durch das Joch ihrer Rechtlosigkeit zu meiner jetzigen Meisterwahrheit und zu meinem jetzigen Meisterrecht zu gelangen vermochte.

Ohne die Täuschung meiner Kinderjahre und ohne die Rechtlosigkeit meiner Lehrlingsjahre mangelte mir der Drang der Anstrengung und die Kraft der Treue, ohne die der Mensch zu keiner Selbstständigkeit in der Wahrheit und in dem Recht sich zu erheben vermag.

Um zu diesen beiden Grundkräften meiner gesellschaftlichen und meiner sittlichen Ausbildung zu gelangen, mußte ich notwendig die Täuschung meiner Unwissenheit und die Hemmung meiner Rechtlosigkeit in diesem Zeitpunkt für Wahrheit und Recht ansehen, sonst lebte ich jetzt ungebildet und verwirrt, nicht Mann, nicht Kind, nicht Lehrling, nicht Meister, ich stürbe dahin wie eine Frucht, die der Wind in ihrer zarten Blüte verletzt.

Da aber Zwang und Täuschung dieses Unglück in mir verhütet, so ist auch wahr, daß die Eindrücke der Täuschung und der Rechtlosigkeit meiner Kinder- und Lehrlingsjahre nicht in mir verschwinden bis an mein Grab, deswegen auch meine Meisterwahrheit nie unabhängig von dieser Täuschung, folglich nie reine Wahrheit sein kann.

Alles, was von dem dreifachen Verhältnis des Kindes, des Lehrlings und des Mannes wahr ist, das ist es auch von den Verhältnissen meiner tierischen, meiner gesellschaftlichen und meiner sittlichen Natur. In meinem tierischen Zustande fasse ich eben so alle Dinge nach dem einfachen Eindruck des Sinnengenusses ins Auge, ich vergehe wieder durch den Irrtum meiner Lust wie durch die Wahrheit meines Schmerzes, ich muß wieder einer Kraft entgegen streben, durch die ich die Übel beider, meiner Lust und meines Schmerzes, in meine Hand zu bringen vermag, ich finde diese Kraft wieder in einem Mittelzustand zwischen meinem tierischen und meinem sittlichen Dasein, im gesellschaftlichen Zustande. Ich verliere in demselben wieder allen Reiz meiner tierischen Freiheit und genieße darin eben so wenig die ganze Kraft der vollendeten Selbstständigkeit, deren meine sittliche Natur fähig ist.

Ich bin jetzt ein Geschöpf des Verkommnisses.

Der Staat, in den mich mein Schicksal hinein geworfen, zwingt mich mit seinem Meisterrecht, dem Recht meiner Natur für einen Zweck zu entsagen, um den sich meine Selbstsucht ebenfalls weniger bekümmert als um den gegenwärtigen Augenblick.

Indessen hängt alle Sicherheit und alles Glück meines Lebens an der gegenseitigen Wahrheit und an der gegenseitigen Treue in dem Verhältnis zwischen mir und dem Staat ab, und dieser fordert von meiner Seite standhafte Entsagung meiner Naturfreiheit und feste Unterwerfung unter alle Beschränkungen meiner bürgerlichen Verhältnisse.

Es sind auch hier, wie in den Lehrlingsjahren, täuschende Hoffnungen von Dingen, zu denen ich vielleicht zu gelangen vermag und vielleicht nicht, was mir in diesem Zustand Ersatz meines Naturrechts und meiner Naturfreiheit sein sollte.

Ich lebe daher wieder wesentlich unbefriediget in demselben und sehne mich, von einer Lage los zu werden, in der Recht und Gesetz mich, wie ein harter Meister den Lehrling, mehr zu meiner Bestimmung als zu meinem Zweck hinführt.

Aber ich soll derselben so wenig loswerden als jener, bis ich in ihrem Erdulden zu einer höhern Selbstständigkeit gereifet – bis ich durch die Erfahrungen derselben von dem Trug und dem Unwert des tierischen Verderbens, auf welchem der gesellschaftliche Zustand ruhet, ganz überzeugt, dahin gelange, alle Dinge dieser Welt im Gesichtspunkte ihres Einflusses auf meine innere Veredelung ins Auge zu fassen.

Wenn ich aber den Sinnengenuß meiner tierischen Natur und das Joch meines gesellschaftlichen Zustandes für täuschend und unecht angesehen hätte, ehe ich durch ihre Erfahrungen zur Anerkennung des sittlichen Rechts gereifet wäre, so lebte ich wieder ungebildet und verwirrt, nicht Bürger, nicht Wilder, nicht glücklich, nicht sittlich, weder durch Sinnengenuß noch durch Weisheit befriedigt. Wenn aber Zwang und Täuschung dieses Unglück in mir verhütet, so ist hinwieder gleich wahr, daß ihre Eindrücke nicht in mir verschwinden bis in mein Grab, daß ich also so lange nicht rein sittlich, das ist, ganz unabhängig von meiner tierischen Natur und von meinen gesellschaftlichen Verhältnissen zu empfinden, zu denken und zu handeln vermag.

Reine Sittlichkeit streitet gegen die Wahrheit meiner Natur, in welcher die tierischen, die gesellschaftlichen und die sittlichen Kräfte nicht getrennt, sondern innigst mit einander verwoben erscheinen.

So, wie ich die Folgen nicht tragen könnte, die es auf mich haben würde, wenn ich alle Dinge dieser Welt bloß als ein für mich selbst bestehendes

Tier oder bloß als ein in bürgerlichen Verhältnissen stehendes Wesen ins Auge fassen würde, eben so wenig könnte ich die Folgen tragen, die es auf mich haben müßte, wenn ich selbige einzig und ausschließend in dem Gesichtspunkt, was sie zu meiner innern Veredlung beitragen und von meiner tierischen Natur und von meinen gesellschaftlichen Verhältnissen unabhängend ins Auge fassen wollte.

Ein solches Ins-Auge-fassen würde mich reizen, beides, die tierische und die gesellschaftliche Kraft meiner Natur so wie alle Formen des gesellschaftlichen Zustandes zu vernachlässigen und so das Fundament des Mittelstandes zu untergraben, durch dessen Drang und Erfahrungen ich allein zur Anerkennung der wahren und das Ganze meiner Natur und meiner Verhältnisse umfassenden und vervollkommnenden Sittlichkeit zu gelangen vermag. Der Anspruch an eine ganz reine Sittlichkeit würde mich dahin bringen, mich der verlornen Unschuld meiner Natur näher zu glauben, als ich im Verderben des gesellschaftlichen Zustandes ihr nahe sein kann; sie würde mich mitten in den Leiden und den Hemmungen meines tierischen Verderbens dennoch in den Traum der Unkunde des Übels einwiegen und zu aller Sorglosigkeit des Lebens hinlenken.

Sorget nicht für euer Leben, würde mich eine solche Sittlichkeit lehren, noch was ihr essen und trinken wollet.

Sie würde die Bande des Eigentums wegwerfen: verkaufe, was du hast. –

Die Bande des Bluts würde vor ihren Augen verschwinden: Weib, was gehest du mich an? – Wer sind meine Brüder und meine Schwestern? Sie würde ihr Recht nur in der Kraft der Unschuld suchen: Habe ich unrecht geredet? – Sie würde unser ganzes Dasein an diese Unschuld anketten: Wenn ihr nicht werdet wie diese Kinder. –

Sie würde auf die Menschennatur bauen als auf einen Felsen: Seid gerecht, würde sie sagen, und die Menschen werden es nicht ausstehen können, ungerecht zu sein, wenn sie sehen werden eure guten Werke. –

Sie würde gegen das Unrecht keine tierische Gewalt versuchen: Stecke dein Schwert in die Scheide. – Sie würde in Knechtsgestalt einher gehen: Die Füchse haben Gruben, und die Vögel haben Nester, aber sie fände nichts, wohin sie mit Sicherheit und Recht ihr Haupt hinlegen könnte. –

Ganze Reinheit der Sittlichkeit muß notwendig auf den Punkt hinführen, von dem sie ausgeht, und dieser ist offenbar meine Unschuld, das ist, ich selbst ohne Kunde des Übels, des Lasters und der Gefahr.

Tierisches Wohlwollen, sorgenlose Ruhe, Abscheu vor dem Blut, Glauben an das Lächeln der Menschen, diese Merkmale der Unverdorbenheit meiner Natur sind auch die ersten Kennzeichen, an denen ich die Beschaffenheit meines Geistes, von welcher meine Sittlichkeit ausgeht, wie in ihrer Knospe, ehe sie noch ihre Blüte entfaltet, zu erkennen vermag. Und wenn ich dann diese Beschaffenheit meines Geistes wieder bis an die äußersten Grenzen meiner sittlichen Vollendung verfolge, so finde ich auf den äußersten Punkten, auf denen ich die Vollendung der gereiften Früchte der Sittlichkeit zu erkennen vermag, eben diese Heiterkeit einer unumwölkten Stirne, eben diesen Frieden der Seele, eben diesen Abscheu vor dem Blut und eben diese Neigung zum Glauben an das Lächeln der Menschen. Aber in der Mitte zwischen meiner tierischen Unschuld und meiner sittlichen Vollendung stehet eine Welt, die weder die Unschuld der unentwickelten Knospe noch diejenige ihrer gereiften Früchte zu ertragen vermag.

Ein Geschlecht, das eben so unvermögend ist, in der Unschuld seiner tierischen Natur sich zu beruhigen, als in vollendeter sittlicher Reinheit auf Erden zu leben.

...

Meine Sittlichkeit ist eigentlich nichts anders als die Art und Weise, wie ich den reinen Willen, mich zu veredeln, oder in der gemeinen Sprache, Recht zu tun, an das bestimmte Maß meiner Erkenntnis und an den bestimmten Zustand meiner Verhältnisse ankette und als Vater, als Sohn, als Obrigkeit, als Untertan, als freier Mann, als Sklav mir reine und aufrichtige Mühe gebe, in allen diesen Verhältnissen nicht sowohl meinen eigenen Nutzen und meine eigene Befriedigung als den Nutzen und die Befriedigung aller derjenigen zu suchen, denen ich nach meiner Überzeugung sowohl Obsorge, Pflege, Schutz und Recht, als auch Gehorsam, Treue, Dankbarkeit und Ergebenheit schuldig bin. Je näher die Natur mein tierisches Dasein an einen sittlichen Gegenstand ankettet, von je mehrern Punkten mich sein tierisches Wohl wie sein tierisches Weh berührt, jemehr finde ich in demselben Reize, Beweggründe und Mittel zur Sittlichkeit.

Jemehr die Natur mein tierisches Dasein von einem sittlichen Gegenstand entfernt, je weniger solche Reize, Beweggründe und Mittel zur Sittlichkeit finde ich in demselben.

Daher die gesellschaftlichen Pflichten meine Sittlichkeit immer in dem Grad begünstigen, als sie von Gegenständen herrühren, die meiner Individualität tierisch nahe stehen.

Und hinwieder reizen die gesellschaftlichen Pflichten meine Natur immer in dem Grad zur Unsittlichkeit, als die Beweggründe zu denselben von Gegenständen herrühren, die von meiner Individualität tierisch entfernt stehen.

Rein sittlich sind für mich nur diejenigen Beweggründe zur Pflicht, die meiner Individualität ganz eigen sind.

Jeder Beweggrund zur Pflicht, den ich mit andern teile, ist es nicht, er hat im Gegenteil in so weit für mich immer Reize zur Unsittlichkeit, das ist, zur Unaufmerksamkeit auf den Trug meiner tierischen Natur und das Unrecht meiner gesellschaftlichen Verhärtung in seinem Wesen.

Je größer die Zahl derer ist, mit denen ich meine Pflicht teile, je stärker und vielfältiger sind die Reize zur Unsittlichkeit, die mit dieser Pflicht verbunden sind.

Hinwieder, je weiter die Gegenstände, von denen sich meine Pflicht herschreibt, von meiner Individualität entfernt stehen, desto stärker wirken die Reize zur Unsittlichkeit, die damit verbunden sind, auf meine Natur.

Alles, was ich als Glied eines Korps, einer Gemeinde – noch mehr, was ich als Glied einer Innung, einer Faktion zu fordern habe, das entmenschlichet mich immer mehr oder weniger.[3]

…

Die tierische Näherung sittlicher Gegenstände und die Vereinigung der Gefühle meiner Selbstsucht und meines Wohlwollens, zu welcher diese Näherung den gesellschaftlichen Menschen hinlenkt, macht mich zwar an sich nicht sittlich; ich werde gänzlich nur durch mich selbst, durch meine eigene Kraft sittlich.

Diese Harmonie meiner Selbstsucht mit meinem Wohlwollen ist an sich selbst nichts anders als eine sinnliche tierische Einlenkung zu der Gemütsstimmung, in welcher die Sittlichkeit, das ist, das Übergewicht meines gereinigten und erhöhten Wohlwollens über meine Selbstsucht, meiner Natur möglich wird.

Die Religion ist die höchste meiner Natur mögliche Kraft dieser Einlenkung, aber auch das Äußerste, was sie zur Begünstigung der Harmonie meiner Selbstsucht und meines Wohlwollens als solche zu tun vermag, macht den gesellschaftlichen Menschen als solchen an sich selbst nicht sittlich.

So wenig als alles, was der Staat zur Erhaltung des Gleichgewichts seiner Selbstsucht und seines Wohlwollens versucht – vermag den gesellschaftlichen Menschen als solchen sittlich zu machen.

Das Gleichgewicht des Wohlwollens und der Selbstsucht ist im gesellschaftlichen Zustand nicht einmal möglich. Das, was wir in demselben dieses Gleichgewicht heißen, ist in seinem Wesen Einlenkung und Näherung zu der Gemütsstimmung, die dieses Gleichgewicht wesentlich aufhebt, indem sie gänzlich auf dem Übergewicht des Wohlwollens über der Selbstsucht ruhet.

Auch wird mein Geschlecht immer nur durch dieses Übergewicht sittlich, indem ich durch die Freiheit meines Willens die Grundlage der Harmonie meiner tierischen Natur selber aufhebe und mich selbst mit allen Ansprüchen meiner tierischen Selbstsucht der Freiheit meines Willens und seines gereinigten Wohlwollens unterwerfe. So lange dieses nicht gesche-

[3] Entmenschlichet, ich sollte sagen entsittlichet, da aber dieses Wort ganz ungewöhnlich ist, bediene ich mich des andern und will damit sagen, es verhärtet mich gegen das Wesen meiner wirklichen Menschlichkeit, meiner sittlichen Veredlung.

hen, so nähern und trennen sich Naturansprüche und Sittlichkeit in mir selbst gegenseitig durch das schwankende Übergewicht meiner Selbstsucht und meines Wohlwollens.

Daher sind auch häusliche und bürgerliche Pflichten, die offenbar auf den Fundamenten meiner tierischen Selbstsucht ruhen, in soweit keine sittlichen Pflichten.

Sie können als solche geradezu meiner Sittlichkeit entgegen stehen und mich in meinem Innersten gegen alles Gefühl meiner wahren Veredlung verhärten, auch tun sie dieses immer, sobald sie meine Selbstsucht zum Nachteil der Freiheit meines Willens und seines Wohlwollens nähren und stärken.

Das Wesen des gesellschaftlichen Zustandes hebt die Harmonie meiner tierischen Natur ganz auf, daher ist das Rechtsgefühl, das diesem Zustand als solchen zum Grund liegt, allgemein selbstsüchtig, mißtrauisch und gewaltsam und erzeugt als solches notwendig eine Gemütsstimmung beim gesellschaftlichen Menschen, die derjenigen, die seiner sittlichen Veredlung zum Grund liegen muß, geradezu entgegen stehet; daher ist die Zwischenkunft einer weisen, nicht bloß in den Schranken der tierischen Kraftwirkung stehen bleibenden, sondern höher und nach der innern Veredlung unsrer Natur hinstrebenden Gesetzgebung im gesellschaftlichen Zustande wesentlich notwendig, um das gänzliche Unterliegen meiner Natur unter mein tierisches Kraftgefühl und unter meine tierische Trägheit in diesem Zustande zu verhüten und mir mitten in seinem Verderben dennoch eine Gemütsstimmung zu erhalten, die mir wesentlich notwendig ist, um durch diesen Zustand meiner wirklichen Veredlung entgegen streben zu können.

Jemehr daher eine Gesetzgebung in einem Lande die Bande des Bluts und die wohlwollenden Verhältnisse aller sich nahe stehenden Menschen verbindet und aller physischen Gewalt das Übergewicht über das Recht erschweret, jemehr sie den Einfluß aller Staatshärte auf die Trennung sich nahe stehender Menschen vermindert und jemehr die Begriffe der Zeit, die Ruhe der Umstände und die Mäßigung der öffentlichen Bedürfnisse eine Staatsverwaltung anspruchslos machen, destomehr wird die Gemütsstimmung der Bürger, die ihrer innern Veredlung wesentlich ist, in einem Lande begünstigt. Im Gegenteil, je anspruchsvoller der Staat ist, je mehr er durch den Geist der Zeit und die Gewalt der Umstände genötigt ist, die Bande des Bluts und die wohlwollenden Verhältnisse aller sich nahe stehenden Menschen zu trennen und den Bürger mit der ganzen Härte seiner Kraft fühlen zu machen, daß er um des Staats und nicht um seiner selbst willen in der Welt ist und daß sein Recht gegen die Ansprüche irgend einer Art von Gewalthabern ohnmächtig ist, desto mehr wird die Gemütsstimmung der Bürger, die ihrer innern Veredlung wesentlich ist, durch die Staatsverwaltung untergraben.

Die Nationalsittlichkeit ist daher immer eine Folge der mehr oder mindern gesetzgeberischen Weisheit, die Gewalt dem Recht und die Selbstsucht dem Wohlwollen unterzuordnen.

Hinwieder ist die Nationalunsittlichkeit immer eine Folge der gesetzgeberischen Verirrung, diesen Gesichtspunkt im Regieren der Bürger aus den Augen zu setzen, Kraft und Begierde in ihrer Mitte ein ungleiches Spiel treiben zu lassen und Zutrauen und Wohlwollen sowohl durch die Erschöpfung einer allzu gehemmten als durch die Leichtfertigkeiten einer allzu privilegierten Selbstsucht verschwinden zu machen.

Nach gleichen Gesichtspunkten wirkt die Pflicht, die ich mir bloß durch mein Urteil, durch meine Meinung, durch meine Grundsätze auflege, auf die Entwicklung der ersten Grundlagen meiner Sittlichkeit nicht auf die nämliche Weise wie diejenige, die mir durch den Eindruck von Gegenständen, die meiner Individualität sinnlich und tierisch nahe stehen, ans Herz geht.

Alles, was ich als Demokrat, als Aristokrat, kurz als Teilnehmer irgend eines gesellschaftlichen Grundsatzes für meine Pflicht achte, befördert meine Sittlichkeit nicht in dem Grad als das, was ich mir im Gefolg eines mir tierisch nahestehenden sittlichen Gegenstandes als meine Pflicht vorstelle. Selbst die Vorstellung meiner Vaterpflicht begünstigt die sinnlichen Grundlagen meiner Sittlichkeit nicht in dem Grad wie das Lächeln oder die Tränen meines mir nahe stehenden Kindes, eben so begünstigt die Teilnahme an Vaterlandsnot und Vaterlandsfreuden die Grundlage meiner Sittlichkeit mehr als irgend eine Vorstellung von meiner Vaterlandspflicht sie begünstigen könnte, keine auch noch so reinen Regierungsgrundsätze bewahren das menschliche Herz vor der gesellschaftlichen Verhärtung, wenn es nicht durch das sinnliche Nahestehen reiner gesellschaftlicher Freuden und drückender gesellschaftlicher Leiden menschlich erhalten wird.

Die gesellschaftlichen Pflichten begünstigen meine Sittlichkeit immer vorzüglich in dem Grad, als die Beweggründe zu denselben nicht bloß als Folge des Rechts und der Gewalt der gesellschaftlichen Verhältnisse, nicht bloß als König – Korporal – Schulze usw. – sondern vielmehr als Folge der einfachen wohlwollenden Verhältnisse meiner Natur als Mensch – der für mich nicht Korporal, nicht Schulz und nicht König, sondern Mensch ist – auf mich wirken.

…

Das Wesen meines Buchs

Wenn ich nun zurückschlage und mich frage, wo bin ich an dem Faden, an dem ich den Gang der Natur in der Entwicklung des Menschengeschlechts verfolgte, endlich hingekommen, so finde ich in folgenden Sätzen das wesentliche Resultat meiner Nachforschungen. Meine Natur vermag es nicht, auf dem Punkt des bloßen Sinnengenusses stehen zu bleiben, ich muß vermöge meines Wesens diesen Sinnengenuß zum Mittel meines Strebens und der Zwecke, worauf dieses Streben ruhet, machen.

Daraus entstehen Verhältnisse, die ohne dieses Streben nicht in der Natur wären, die ich aber durch dasselbe, und also durch meinen Willen, in die Natur hinein bringe.

So wie dieses geschehen, höre ich auf, das einfache Wesen zu sein, das ich aus der Hand der Natur in die Welt kam.

Ich kann nicht mehr als dieses einfache Wesen empfinden, denken und handeln.

Ich muß jetzt übereinstimmend sowohl mit den Verhältnissen handeln, die ich selbst in die Welt hineingebracht habe, als auch mit mir, in sofern ich mich durch diese Verhältnisse verändert habe. Ich werde selbst Welt – und die Welt wird durch mich Welt – ich, ungesondert von ihr, bin ein Werk der Welt – sie, ungesondert von mir, ist mein Werk.

Aber ich habe eine Kraft in mir, mich von der Welt und die Welt von mir zu sondern, durch diese Kraft werde ich ein Werk meiner selbst. Ich fühle mich also auf eine dreifache Art in der Welt.

I. Als Werk der Natur

Als solches bin ich ein Werk der Notwendigkeit, das gleiche tierische Wesen, das nach Jahrtausenden kein Haar auf seinem Haupt und keine, auch die leiseste Neigung seines Wesens in sich selbst auszulöschen vermöchte. Als solches lenkt mich die Natur, ohne Kunde der Verhältnisse, die ich selber erschaffen, als lebte ich im schuldlosen tierischen Zustande, mit dem Gesetz ihrer Allmacht zum Sinnengenuß hin wie den Adler zum Aas, das Schwein in die Pfütze, den Ochsen auf die Triften, die Ziege auf den Felsen und den Hasen unter die Staude.

II. Als Werk meines Geschlechts, als Werk der Welt

Als solches bin ich ein Tropfen, der von der Spitze der Alpen in einen Bach fällt.

Unsichtbar, ein nichtiges Wesen, falle ich belastet mit dem Staub seines Mooses von meinem Felsen, glänze bald in silbernen Strahlen der Sonne, fließe bald im Dunkel der Höhlen, stehe hier im reinen Wasser der Seen, dort im Kot der Sümpfe gleich still, falle aus Sümpfen und Seen dann wieder ins Treiben der Flüsse und schwimme in der Gewalt ihrer Wogen bald hell, bald trüb, bald sanftwallend, bald wirbelsprudelnd, bald zwischen reinen Gefilden, bald zwischen stinkenden Stätten, bald zwischen gräßlichen

Ufern dahin, bis ich in den ewigen Meeren des Todes meine Auflösung finde.

III. Als Werk meiner selbst

Als solches grabe ich mich selbst in mich selbst; ein unveränderliches Werk – keine Welle spült mich von meinem Felsen, und keine Zeit löscht die Spur meines Werks aus, das ich als sittliches Wesen in mir selber vollende.

Wenn brennende Klüfte den Moder der Meere trocknen und aus ihren Tiefen Berge auftürmen, so graben sie also die vergängliche Schnecke und den faulenden Fisch in die werdenden Steine, keine Welle spült jetzt die ewigen Tiere weg, und keine Zeit löscht ihre Spur in dem festen Stein aus.

Also bin ich ein Werk der Natur,
ein Werk meines Geschlechts
und ein Werk meiner selbst.

Diese drei Verschiedenheiten meiner selbst sind aber nichts anders als einfache und notwendige Folgen der drei verschiedenen Arten, alle Dinge dieser Welt anzusehen, deren meine Natur fähig ist.

Als Werk der Natur stelle ich mir die Welt als ein für mich selbst bestehendes Tier vor.

Als Werk meines Geschlechts stelle ich mir dieselbe als ein mit meinem Mitmenschen in Verbindung und Vertrag stehendes Geschöpf vor.

Als Werk meiner selbst stelle ich mir dieselbe unabhängig von meiner Selbstsucht meiner tierischen Natur und meiner gesellschaftlichen Verhältnisse gänzlich nur in dem Gesichtspunkt ihres Einflusses auf meine innere Veredlung vor.

Ich habe daher als Werk der Natur eine tierische,
als Werk des Geschlechts eine gesellschaftliche
und als Werk meiner selbst eine sittliche Vorstellung von Wahrheit und Recht.

Mein Instinkt macht mich zum Werk der Natur,
der gesellschaftliche Zustand zum Werk meines Geschlechts
und mein Gewissen zum Werk meiner selbst.

Als Werk der Natur sträube ich mich gegen das Werk meines Geschlechts und gegen das Werk meiner selbst, das ist, ich habe als solches kein Gewissen und erkenne als solches kein Recht.

Als Werk meiner selbst erhebe ich mich selbst über den Irrtum und das Unrecht meiner selbst, insofern ich ein Werk der Natur und ein Werk des Geschlechts bin, das ist, ich erkenne durch die Kraft meines Gewissens das Unrecht meiner tierischen Natur und meiner gesellschaftlichen Verhärtung. Als Werk des Geschlechts stehe ich schwankend und von beiden Seiten gedrängt zwischen dem Werk meiner Natur und dem Werk meiner selbst, das ist, im gesellschaftlichen Zustand als solchen mangelt mir sowohl die Reinheit meines tierischen Wohlwollens als diejenige meines unverhärteten Gewissens.

Durch das Werk meiner Natur bin ich physische Kraft, Tier.

Durch das Werk meines Geschlechts bin ich gesellschaftliche Kraft, Geschicklichkeit.

Durch das Werk meiner selbst bin ich sittliche Kraft, Tugend.

Als reines Werk der Natur, als tierisches Geschöpf, bin ich in meinem unverdorbenen Zustand ein friedliches, gutmütiges und wohlwollendes Wesen. Meine Kraft steht in diesem Zustande mit meiner Begierde im Gleichgewicht, ich lebe in demselben in völliger Harmonie mit mir selbst.

Mein Wohlwollen ist mit meiner Selbstsucht innigst vereinigt, ich kenne in diesem Zustand selbst die Schwächen meiner Natur nicht.

Aber ich finde mein Geschlecht nirgend in diesem Zustande, das erste Leiden eines Übels von meinesgleichen hebt ihn auf. Ich finde es allenthalben tierisch verdorben und mißtrauisch, gewaltsam und nur in soweit wohlwollend, als es sich durch dieses Wohlwollen in der Befriedigung seiner Begierden, die mit seiner Kraft nicht mehr in Harmonie stehen, nicht zurückgesetzt glaubt.

Als das Werk des Geschlechts, als gesellschaftlicher Mensch, als Bürger lebe ich in vollkommener Anerkennung des Mißverhältnisses meiner tierischen Kraft mit meiner tierischen Begierde, folglich ohne Harmonie meiner Selbstsucht mit meiner Begierde, aber ich will durch eben diesen Zustand die Harmonie in mir selbst wieder herstellen.

Die ganze Kunst desselben ist ein beständiges Streben nach diesem Zweck, aber freilich ein mit tausendfältigen Fehlgriffen gebrandmarktes Streben.

Nur als Werk meiner selbst vermag ich die Harmonie meiner selbst mit mir selbst wieder herzustellen. Ich erkenne als solches, daß kein tierisches Gleichgewicht zwischen meiner Kraft und meiner Begierde in mir selbst, wie ich wirklich bin, haltbar ist, daß meine Selbstsucht und mein Wohlwollen im gesellschaftlichen Menschen wesentlich nicht harmonisch existieren kann, daß ich in diesem Zustand aufhören müsse, selbstsüchtig unwohlwollend, und wohlwollend unselbstsüchtig existieren zu können.

Also komme ich als Werk meiner selbst durch meinen Willen dahin, auf den Ruinen der zertrümmerten tierischen Harmonie meiner selbst das Wohlwollen meiner Natur auf die Unterjochung meiner Selbstsucht unter meine sittliche Kraft zu gründen und also mitten im Verderben eines Zustandes, der meine Selbstsucht wesentlich verhärtet, mich selbst dennoch wieder zu dem friedlichen, gutmütigen und wohlwollenden Geschöpf zu machen, das ich als Werk der Natur nicht bleiben und als Werk des Geschlechts nicht werden kann.

Ich bin als Werk der Natur als Tier vollendet.

Als Werk meiner selbst strebe ich nach Vollendung.

Als Werk des Geschlechts suche ich mich auf einem Punkt, auf welchem die Vollendung meiner selbst nicht möglich ist, zu beruhigen.

Die Natur hat ihr Werk ganz getan, also tue auch du das deine.

Erkenne dich selbst und baue das Werk deiner Veredlung auf inniges Bewußtsein deiner tierischen Natur, aber auch mit dem vollen Bewußtsein deiner innern Kraft, mitten in den Banden des Fleisches göttlich zu leben.

Wer du auch bist, du wirst auf diesem Wege Mittel finden, deine Natur mit dir selbst in Übereinstimmung zu bringen.

Willst du aber dein Werk nur halb tun, da die Natur das ihre ganz getan hat?

Willst du auf der Zwischenstufe deines tierischen und deines sittlichen Daseins, auf welcher die Vollendung deiner selbst nicht möglich ist, stehen bleiben, so verwundere dich dann nicht, daß du ein Schneider, ein Schuhmacher, ein Scherenschleifer und ein Fürst bleibst und kein Mensch wirst.

Verwundere dich dann nicht, daß dein Leben ein Kampf ist ohne Sieg, und daß du nicht einmal das wirst, was die Natur ohne dein Zutun aus dir gemacht hat, sondern gar viel weniger, ein bürgerlicher Halbmensch.

...

Übereinstimmung meiner wesentlichsten Grundsätze mit den einfachen Gesichtspunkten, die mir beim ersten Ins-Auge-fassen meines Gegenstandes auffielen

Hiermit nähert sich mein Buch seiner Vollendung. Die Widersprüche, die in meiner Natur zu liegen scheinen, finden in der dreifach verschiedenen Art, alle Dinge dieser Welt anzusehen, deren meine Natur fähig ist, allgemein ihren Aufschluß. Sie sind alle in ihrem Wesen einfache und in der Art, wie sie wirklich in mir erscheinen, mehr oder minder verwickelte Folgen dieser innern Verschiedenheit meiner Anschauungsart aller Dinge und der mir im gesellschaftlichen Zustand wesentlich einwohnenden und durch denselben millionenfach genährten und befestigten Neigung, auf der Stufe meiner gesellschaftlichen Ausbildung stehen zu bleiben und mich bei der Art und Weise, wie die Gegenstände dieser Welt im Verderben dieses Zustandes meiner Selbstsucht in die Augen fallen, zu beruhigen. Diese Widersprüche sind nichts anders als das Schwanken meiner selbst zwischen mir selbst als Werk der Natur und als Werk meiner selbst, zwischen meinen tierischen Ansprüchen und dem Recht meines Gewissens.

Der gesellschaftliche Mensch lebt und schwebt als solcher ganz in diesem Schwanken, und die Gewaltsamkeit, mit der die Menschen das Glück und die Ruhe ihres Geschlechts allgemein untergraben, ruhet gänzlich auf der tierischen Neigung, auf dem Punkt der Ausbildung, auf welchem die Vollendung ihres Selbst nicht möglich ist, sich vollendet zu glauben und auf den Stufen dieser gesellschaftlichen Ausbildung stehen zu bleiben.

Der Mensch muß vermöge seiner Natur immer entweder unter diesen Punkt seiner Ausbildung versinken oder sich über denselben erheben, das ist, er muß als Werk des Geschlechts entweder dem Werk seiner Natur unterliegen oder sich über sich selbst als Werk des Geschlechts erheben. Und er rettet sich daher nur dadurch von dem Unglück, mitten im gesellschaftlichen Zustand dem ganzen Verderben seiner tierischen Natur zu unterliegen, wenn er als Werk seines Geschlechts in sich selbst geht und in sich selbst eine Kraft sucht sowohl gegen das Unrecht seiner gesellschaftlichen Verhärtung als gegen den Irrtum seiner tierischen Natur, das ist, er rettet sich im gesellschaftlichen Zustand nur als Werk seiner selbst vom Unterliegen als Werk des Geschlechts unter sich selbst als verdorbenes Werk der Natur. Da er aber als Werk seiner selbst nichts anders ist als sein inneres Urteil von der Wahrheit und dem Wesen seiner selbst, so ist es klar, er rettet sich nur durch eine Gemütsstimmung, die mit derjenigen, auf welcher das Wesen der Religion ruhet, die nämliche ist, von der Gefahr, im gesellschaftlichen Zustand gegen das Verderben seiner tierischen Natur kraftlos zu erscheinen, und findet nur durch eine solche Gemütsstimmung wirkliche Mittel, die Widersprüche, die in seiner Natur zu liegen scheinen, in sich selbst aufzulösen und unwirksam zu machen.

Ich finde mich also wieder vollends auf dem Punkt, auf welchem ich im Abschnitt Religion stand.

„Der Mensch findet in seiner Natur keine Beruhigung, bis er das Recht seiner tierischen Sinnlichkeit in sich selbst verdammt hat gegen sich selbst und gegen sein ganzes Geschlecht.

Aber er scheint die Kraft nicht zu besitzen, diesem Bedürfnis seines Wesens ein Genüge zu leisten.

Die ganze Macht seiner tierischen Natur sträubt sich gegen diesen ihm so schrecklichen Schritt, aber er setzt die Macht seines Willens der Macht seiner Natur entgegen.

Er will einen Gott fürchten, damit er nach dem innersten Urteil seiner selbst für sich selbst recht tun könne.

Er fühlt, was er kann, und macht sich das, was er kann zum Gesetz dessen, was er will. Diesem Gesetz, das er sich selbst gab, unterworfen, unterscheidet er sich vor allen Wesen, die wir kennen.

Ihm allein mangelt die Schuldlosigkeit des Instinkts, durch dessen Genuß das Vieh beruhiget auf dem Punkte steht, den dieser ihm anweist.

Er allein vermag es nicht, auf diesem Punkte stehen zu bleiben, er muß entweder unter denselben versinken oder sich über denselben erheben."

Ich gehe weiter, zu sehen, wie weit die einfachen Gesichtspunkte, die mir beim ersten Anblick meines Gegenstandes ins Auge fielen, mit den wesentlichsten Resultaten meiner Nachforschungen übereinstimmen.

…

Kenntnis und Wissen

Die Quelle der Erkenntnis, an der sich der Mensch mit reinem Wasser labet, ist Unschuld. Aber er lebt im gesellschaftlichen Zustande nichts weniger als in der Unschuld. Das Wissen meiner Natur verwebt sich in diesem Zustand mit dem Wissen meines Geschlechts; darum trinke ich als Werk der Natur im gesellschaftlichen Zustand nach Kenntnissen haschend bald am Gestad wütender Ufer giftigen Schaum, wage mich bald in Untiefen, die ich nicht kenne, bald in den Strom, wo er Gebirge mit sich in den Schlund reißt, schweife ungefesselt von Verhältnissen, deren Recht ich nicht anerkenne, zwar ermüdet von vielerlei Wissen, aber dennoch mitten im Forschen ein Liebhaber des taumelnden Träumens und der Leerheit des Geistes, mit fremdem Wissen belastet, unwissend in den Notwendigkeiten des Lebens, ungeschickt zu jeder Pflicht und unpassend in jedes Verhältnis, durch mein Wissen selber mein eigener Verderber und ein elendes Werk meines Geschlechts an dem Gestade des Irrtums und des Unrechts herum. Freilich als Werk meines Geschlechts ohne meine Schuld.

Beides, das unnatürliche Treiben unsers Wissens durch Akademien, Hörsäle und Schulstuben, und das unnatürliche Hemmen durch Edikte, Verbote, durch Schrecken, durch Ungnaden, vorzüglich aber durch das Lügen instruierende und Wahrheit erstickende Benehmen des guten Tones, und des geist- und weltlichen Diensts, macht das Wissen der Masse des Volkes im alternden Weltteil, bald zu allgemein stinkenden Sümpfen. In ihrem Moor thronet die Guillottine des Wahns, in ihrem Nebel verbergen sich geistliche Menschenfresser, fällst du ihnen in die Hände, sie braten dir dein Herz und skalpieren dir deinen inneren Schädel.

Also bist du als Werk der Natur unwissend. Als Werk des Geschlechts ist es noch eine Frage, ob du dich durch dein Wissen allgemein in dem Grad gesellschaftlich besser setzest, als du dich durch dasselbe tierisch verdirbst. Soviel ist gewiß, tierisch ins Auge gefaßt, ist unter der Sonne kaum ein elenderes Geschöpf als ein lesender studierender Mensch, und gesellschaftlich ins Auge gefaßt, ist er fast immer eine ziemliche Zweideutigkeit. Der Mensch geht als gesellschaftlicher Mensch in seinem Wissen selten einfach und rein von seiner Selbstsorge aus und kettet dasselbe selten an die Bedürfnisse seiner nächsten Verhältnisse, darum unterliegt er mit seinem schweifenden Wissen so allgemein dem Verderben seiner tierischen Natur.

Aber als Werk seiner selbst, das ist, wenn sein Wissen nicht von dem ausgeht, was er gelüstet, sondern von dem, was er soll, kann er durch sein Wissen sich selber veredlen und sein Geschlecht beglücken.

Darum sprach Gott in Eden zu dir: dein Wissen werde ein Werk deiner selbst; es werde nicht ein Werk der sinnlichen weiblichen Schwäche deines tierischen Verderbens und deines irregeführten und irreführenden Schlangengeschlechts.

Erwerb

Als Werk der Natur erkenne ich keinen, tierische Unschuld erwirbt nicht. Als Werk meines Geschlechts nimmt der Erwerb eine ungleiche Richtung, wenn ich den Zweck und das Recht der gesellschaftlichen Vereinigung anerkenne, oder wenn ich ihn nicht anerkenne.

Im ersten Fall geheut der Anspruch auf sein Recht bei mir von einer in mir selbst in gesellschaftlich rechtmäßige Schranken eingelenkten Selbstsorge aus und führt mich innerhalb diesen Schranken zur Befriedigung meiner selbst in meinen nächsten Verhältnissen.

Im andern Fall mache ich auf ein Erwerbsrecht Anspruch, das ganz auf der Freiheit meiner tierischen Selbstsucht ruhet, und erscheine in der bürgerlichen Gesellschaft ohne gesellschaftliche Kraft gegen mich selbst, ohne einen in gesellschaftliche Schranken eingelenkten gesellschaftlichen Willen, den tierischen Gefühlen meiner verdorbenen Natur, das ist, mir selbst als Werk der Natur unterliegend.[4]

Eigentum und Besitzstand

Als Werk der Natur kenne ich keinen, tierische Unschuld besitzt nichts.

Dem Werk der Natur unterliegend suche ich im Besitz des Eigentums mein Recht weiter auszudehnen, als es der Zweck der gesellschaftlichen Vereinigung zu erlauben vermag; es kümmert mich in diesem Zustand meiner selbst gar nichts, die Lasten der mir durch mein Eigentum untergeordneten Menschen ohne Rücksicht auf wesentliche Befriedigung, die den Bewerbern des gesellschaftlichen Eigentums wie den Eigentümern gebührt, zu erhöhen. Es ist mir in diesem Zustand meiner selbst nicht genug, daß die mir untergeordneten Nutznießer meines Eigentums das ursprüngliche Unrecht des Besitzstandes gut und recht sein lassen, ich will

[4] Ich will diese Beschaffenheit meiner selbst, die Schwerfälligkeiten der Wiederholungen zu vermeiden, in den künftigen Abschnitten nur mit den Worten, dem Werk der Natur unterliegend, bezeichnen.

noch, daß sie mir im Gebrauch desselben eben die tierische Freiheit gestatten, durch die das Eigentum in der Welt fast allgemein seinen Ursprung erhalten.

Wenn ich daher, das Recht meines Geschlechts anerkennend, das größere Eigentum mit der Notdurft des kleinern belaste, so belaste ich, dem Werk der Natur unterliegend, des kleinen Eigentum mit den Gelüsten des grössern.

Hinwieder, wenn ich, das Recht meines Geschlechts anerkennend, den Menschen, die keinen Teil an der Welt haben, einen sie befriedigenden Ersatz ihrer Naturrechte zu geben suche, so verweigere ich ihnen, dem Werk der Natur unterliegend, ihr gesellschaftliches Recht.

Als Werk meines Geschlechts und sein Recht anerkennend ist Eigentum und Besitzstand die Grundsäule des gesellschaftlichen Zustandes und der Kräfte, die unser Geschlecht entwickeln und bilden.

Dem Werk der Natur unterliegend ist es aber Pandorens Büchse, aus der alle Übel der Erde entsprungen.

Als Werk meiner selbst erkenne ich den Besitzstand eines jeden, in meiner Hand aber selber ist er soviel als nicht Besitzstand, sondern vielmehr ein Mittel, auch auf Gefahr meines Rechts und meiner Benutzung, mich selbst zu veredlen und mein Geschlecht zu beglücken.

Recht

Das Recht meines Instinkts ist in seinem Wesen nichts anders als ein Gefühl meines tierischen Bedürfnisses und meiner tierischen Kraft, selbiges befriedigen zu können. Das gesellschaftliche Recht ist in seinem Wesen ein Gefühl meiner gesellschaftlichen Bedürfnisse und meiner gesellschaftlichen Kraft, selbige befriedigen zu können. Das Recht der Besitznehmung ist in seinem Wesen eine einfache Folge meines Instinkts ohne Rücksicht auf irgend eine Pflicht.

Eigentum, Gesetz, Kultur, gesellschaftlicher Zustand sind in ihrem Wesen nichts anders als einfache Folgen der Besitznehmung, das ist, des selbstsüchtigen Gebrauchs meiner tierischen Kraft ohne Rücksicht auf Recht oder Pflicht.

Der Besitzstand, und mit ihm der gesellschaftliche Zustand, ruhet also auf dem einfachen tierischen Gefühl, alle Mittel der Selbsterhaltung benutzen zu dürfen, und der tierischen Kraft, alle benutzen zu können.

Daher ist auch der Anspruch an die freie Benutzung der Erde meiner tierischen Natur wesentlich; sie hat als solche keine Kraft in sich selbst, diesen Anspruch für sich selbst oder für ihr Geschlecht jemals zu veräußern.

Das tierische Gefühl des Unrechts einer solchen Veräußerung bleibt daher in uns, so lange wir hungern, dürsten und frieren.

Es hat in den ersten Bedürfnissen unserer Natur so wie in ihren ersten Grundgefühlen seine unaustilgbare Kraft. Also wäre, die Ungleichheit der Güter und alle Folgen der verteilten Erde an sich selbst ein positives Unrecht gegen unsere tierische Natur? Das ist gewiß, aber sollte um deswillen die Erde nicht geteilt sein und die Ungleichheit der Güter nicht statt finden? – Das folgt nicht.

Unsere tierische Natur bewerkstelligt diese Verteilung vermöge eben der Grundgefühle, die uns hernach vermögen, über das zu klagen, was wir selbst getan haben und augenblicklich wieder tun würden, wenn es noch nicht geschehen wäre. Diese Verteilung ist eine unausweichliche Folge unsers tierischen Verderbens, ein Übel, das der Kampf unserer tierischen Kraft und unserer tierischen Ohnmacht vollendet, ehe wir zu wissen vermögen, ob ein Recht in der Welt ist oder ob eines darinnen sein soll. Sie ist eine einfache Folge der Ungleichheit meiner physischen Kraft, die Ohnmacht unserer Natur muß jeder größeren Kraft weichen. Der Mensch muß vermöge dieser Natur notwendig der Kraft des Stärkern, der List des Schlauern und den Hilfsmitteln des Glücklichern unterliegen, und hiemit ist die Erde via facti geteilt.

Indessen ist es immer eine Torheit, daß wir die Noteinrichtungen unsers tierischen Verderbens an sich selbst ein Recht heißen und Begriffe von so geheißenen unveräußerlichen Naturrechten auf das Fundament offenbar rechtloser tierischer Gewalttätigkeiten gründen.

Wir müssen den Besitzstand sicher respektieren, aber nicht darum, weil die ersten Besitznehmer ein Recht hatten, sondern weil der Mensch tierisch und rechtlos Besitz nimmt und Besitz nehmen muß, und weil wir die Folgen dieses tierisch eingelenkten und tierisch vollendeten Naturschritts weder durch ein gesellschaftliches noch durch ein sittliches Recht aufheben können und aufheben wollen.

Gesellschaftlicher Zustand

Als Werk der Natur erkenne ich keinen, tierische Unschuld ist pflichtlos ungefesselt, und unbestimmt, dem Werk der Natur unterliegend, will ich in demselben leben wie im Stande der Wildheit. Ich hasse Gesetz und Recht, das mich einschnürt zu einer Wespengestalt.

Also beschaffen, will ich nicht, daß der gesellschaftliche Zustand, soweit ich darin wirke, anspreche und wandle, ein Recht habe; aber soweit jeder andere darin wirkt, anspricht und wandelt, soweit möchte ich denn freilich gern, daß er einem strengen Recht und einem harten Gesetz unterworfen wäre.

Wenn mein Geschlecht gutmütig und träge meiner tierischen Kraft weicht und sein gesellschaftliches Recht leicht und ohne Mühe in meine

Hände kommt wie die Frösche in den Schnabel des Storchen, so trage ich es, dem Werk der Natur unterliegend, mit mir in den Lüften herum, wohin es mir beliebt, oder verschlinge es mit meinen Lieblingen in meinem Nest.

Ich muß im gesellschaftlichen Zustand, dem Werk der Natur unterliegend, beim Besitz unverhältnismäßiger Kräfte notwendig dahin kommen, das Recht meines Geschlechts nichts zu achten, im Gegenteil, alles das zu untergraben, zu schwächen, zu zernichten und aufzulösen, was immer die von mir gekränkten und mißbrauchten Menschen dahin bringen könnte, in gesetzlicher Selbstständigkeit Sicherheit gegen den Unfug und das Unrecht meiner Ansprüche zu suchen.

Macht

Als Werk der Natur erkenne ich wohl die Gewalt der Macht, aber nicht ihr Recht.

Dem Werk der Natur unterliegend, lasse ich im Besitz der Macht die Frage nicht an mich kommen, was ich dem Volk schuldig sei, ich gebe ihm aus Gnade, was es braucht, sich, in Rechtlosigkeit und Ehrlosigkeit eingewiegt, einen guten Tag zu machen.

Als solche verberge ich mich immer gegen den Anspruch des Volks auf irgend ein Recht entweder hinter mein Militär oder hinter meine Gnadenlügen oder hinter meine Schreckenswahrheit.

Aber das Recht meines Geschlechts anerkennend, weiß ich, daß ich im Besitz der Macht Gesetz und Recht und bindende Stricke gegen den Sirenengesang meines Tiersinns notwendig habe, eben wie das Volk.

Als Werk meines Geschlechts soll ich im Besitz der Macht freilich kein Recht zur Gesetzlosigkeit suchen.

Aber nur als Werk meiner selbst will ich keines suchen.

Ehre

Als Werk der Natur kenne ich die Ehre nicht, tierische Unschuld lebt in einer namenlosen Ehrlosigkeit, aber im tierischen Verderben des gesellschaftlichen Zustandes bringt mich die Neigung zur Ehre dahin, daß ich in meine Haut wie in ein hölzernes Brett schneide, daß ich Nasen und Ohren durchsteche, daß ich die Schleppe meines Kleides höher achte als mich selber und für einen jeden Beinorden und für jeden Kreuzorden das Menschengeschlecht tot schlage.

Als Werk meines Geschlechts und sein Recht anerkennend, gibt sie mir Kraft gegen mich selbst und nährt in mir Gefühle, die mich durch Achtung meiner selbst gegen mich selbst, gegen mein Geschlecht und dadurch zur Anerkennung des sittlichen Rechts hinführen.

Unterwerfung

Als Werk der Natur kenne ich keine; tierische Unschuld und Unterwerfung nebeneinander gehören ins Reich der Träume, wo der Wolf und das Lamm nebeneinander auf einer Wiese weiden.

Dem Werk der Natur unterliegend, sträube ich mich gegen ihr Recht und gegen ihr Unrecht. Das Recht meines Geschlechts anerkennend, sträube ich mich nur gegen ihr Unrecht; ich will nämlich in dieser Beschaffenheit meiner selbst, daß die Unterwerfung gesellschaftlich rechtmäßig sei.

Dem Werk der Natur unterliegend, erkenne ich die Pflicht der Unterwerfung gar nicht.

Das Recht meines Geschlechts anerkennend, soll ich die Pflicht der Unterwerfung anerkennen.

Als Werk meiner selbst will ich sie anerkennen.

Im ersten Fall verwildere ich durch den Zwang der Unterwerfung.

Im andern durch das Unrecht der Unterjochung.

Im dritten erhebe ich mich durch mich selbst über alle Gefahr, durch irgend einen Irrtum und durch irgend ein Unrecht des gesellschaftlichen Zustands in mir zu verwildern.

Im ersten Fall empört sich mein Innerstes darüber, daß meine Lebensgenüsse und Lebensansprüche von irgend einer fremden Kraft abhängen.

Im zweiten, daß selbige ohne gesellschaftliches Recht von einer fremden Kraft abhängen.

Im dritten suche ich, mitten in allem Unrecht der Gesetzlosigkeit mich selbst zu veredlen und meinem Geschlecht nützlich zu sein.

Im ersten Fall greife ich das Recht des Eigentums an. Im zweiten das Unrecht seines Gebrauchs. Im dritten suche ich den Zweck des Eigentums auch mitten im Chaos seines gesetzlosen, ungesellschaftlichen, unrechtmäßigen Gebrauchs mir selbst und meinem Geschlecht durch Weisheit und Mäßigung sicher zu stellen.

Wenn ich im ersten Fall tierische Selbstständigkeit, im zweiten einen befriedigenden Ersatz derselben fordere, so gebe ich mir im dritten mir selbst dieses alles, indem ich den Hungrigen speise, den Gefangenen besuche, und mich nicht fürchte vor denen, die den Leib töten können.

Aber also über das Recht meines Geschlechts durch mich selbst erhaben, vergebe ich dennoch meinem Geschlecht als solchem gar nichts, ich trenne die innere Hoheit meiner Sittlichkeit von allen Verhältnissen, in denen die Menschen gesellschaftlich gegen einander stehen; ich weiß, daß diese Verhältnisse nicht auf Sittlichkeit gegründet sein können; ich weiß, daß, wenn nur zwei Menschen zusammenstehen, um sittlich zu sein, sicher eine Lüge zwischen ihnen den Bund trennt.

Selbst ein sittliches Wesen, erkenne ich dennoch kein Land, keine Stadt, kein Dorf für sittlich und fordere als solches, auch selbst in gesellschaftlichen Verbindungen lebend, dennoch von keinem Dorf, von keinem Land, von keiner Stadt Sittlichkeit als gesellschaftliche Pflicht.

Ich weiß in dieser Beschaffenheit meiner selbst, daß das gesellschaftliche Recht eine bloße Modifikation des tierischen Rechts ist, und halte deswegen Sittlichkeit, Zutrauen, Dankbarkeit usw., in sofern selbige als Werk der Masse oder der Repräsentation der Masse zum Vorschein kommen, für nichts anders als für einen frommen Betrug.

Beherrschung

Als Werk der Natur erkenne ich sie nicht; tierische Unschuld beherrscht nicht.

Dem Werk der Natur unterliegend, finde ich im Besitz der Macht einen unauslöschlichen Reiz, die Menschen, deren Lebensgenießungen von mir abhängen, als bloße Mittel zur Befriedigung meines Tiersinns anzusehen.

In diesem Fall kann es nie mein Wille sein, nach den Grundsätzen eines wirklich gesellschaftlichen Vertrags und dessen Recht selbst unterworfen zu herrschen, so wenig, als den Menschen, die keinen Teil an der Welt haben, mit Beschränkung meiner eigenen großen Kräfte einen befriedigenden Ersatz ihres Naturrechts zu verschaffen. Aber das Recht meines Geschlechts anerkennend und dem Werk meiner Natur nicht unterliegend, setze ich die Grenzen meines gesellschaftlichen Rechts weder bis an die Gewaltsgelüste übergroßer Herrn noch bis an die Erschlaffungsdemütigkeiten überschwacher Kräfte.

Als Werk meiner selbst, als sittliches Wesen, erkenne ich das Recht der Herrschaft nicht für mein Recht, aber brauche seine bestehende Ordnung zur Veredlung meiner selbst und zur Beglückung meines Geschlechts.

Adel

Tierische Unschuld kennt ihn nicht; er ist, wie das Eigentum, ein Werk meines tierischen Verderbens. In sofern er Rechte fordert, die die Lebensgenüsse und den ganzen Zustand der seinem höheren Besitzstand unterworfenen Menschen prekär, ehrlos und rechtlos machen, ist er Werk des Geschlechts, dem Werk der Natur unterliegend, und in soweit gesellschaftlich unrechtmäßig.

Aber innerhalb gesetzlicher Schranken, die verhüten, daß der Zustand der sein Eigentum bearbeitenden Menschen nicht prekär, ehrlos und rechtlos werde, – Werk des Geschlechts und sein Recht anerkennend, – ist er gesellschaftlich rechtmäßig. Ein Edler oder vielmehr ein Territorialeigentümer, der diese Rechtschaffenheit gegen die sein Eigentum bearbeitenden Menschen zeigt, ist ein sittlicher Mann.

Handlung

Als Werk der Natur kenne ich keine; tierische Unschuld handelt nicht.

Der Kaufmann, der die von ihm abhangenden Arbeiter als bloße in seiner Hand befindliche Mittel zur Bearbeitung seiner Fonds ansieht, ist ein Werk des Geschlechts, dem Werk der Natur unterliegend.

Der Kaufmann, der durch den Zwang der Gesetze genötiget wird, seine Arbeiter als selbstständige, einen befriedigenden Ersatz ihrer Naturansprüche mit gleichem Recht fordernde Geschöpfe anzusehen, ist ein Werk des Geschlechts, das dessen Recht anerkennt.

Der Kaufmann, der ohne Zwang der Gesetze sie also ansieht, ist ein sittlicher Mann.

Also ist Handlung mit monopolisch erblichen Rechten gesellschaftlich unrechtmäßig, wie der Adel mit gleichen Ansprüchen.

Handlung mit Gebräuchen, Gewohnheiten und Anmaßungen, welche den Zustand der von ihrem hohen Besitzstand abhängenden Menschen prekär, ehrlos und rechtlos machen, ist in soweit gesellschaftlich unrechtmäßig, wie der Adel mit gleichen Gewohnheiten und Anmaßungen. Handlung innerhalb gesetzlicher Schranken, die dies verhüten, ist gesellschaftlich rechtmäßig wie der Adel innerhalb gleicher Schranken.

Kronrecht

Tierische Unschuld weiß nicht, was dieses Recht ist; die Natur kennt keine Krone.

Der Kamm auf dem Kopf der Schlange ist so wenig eine Krone als der auf dem Kopf eines Hahns.

Als Anspruch auf den unbedingten Gebrauch der Staatskräfte und als Stand der erblichen Willkür ist es ein Werk des Geschlechts, dem Werk der Natur unterliegend und das Recht des Geschlechts nicht anerkennend, und ist in soweit gesellschaftlich unrechtmäßig wie alles, was in diesem Zustand das Recht und den Zweck der gesellschaftlichen Vereinigung gegen sich selbst nicht anerkennet.

Innerhalb solcher Schranken, die vermögend sind, die gesellschaftliche Menschheit vor dem Gebrauch der Staatsmacht gegen das Recht und den Zweck der gesellschaftlichen Vereinigung zu verhüten, ist es gesellschaftlich rechtmäßig wie alles, was die Bande der Gesellschaft unter einander vereiniget und sichert.

Der König, der ohne Zwang der Gesetze das gesellschaftliche Recht gegen sich selber erkennt, dieser König wird angebetet werden, wann er erscheint, aber seine Krondiener werden mit ihm handeln, wie die dreifachen Krondiener mit dem edelmütigen Papst. Vielleicht aber ist es nicht möglich, daß er jemals erscheint, vielleicht ist es nicht möglich, unter der Last der Krone nicht in den Sumpf der Rechtlosigkeit zu versinken.

Gesetzliches Recht

Dem Werk der Natur unterliegend, will ich keines, also beschaffen, will ich Sansculott, standeslos und gesetzlos sein.

Mein Geschlecht wird nur durch den Zwang und die Zucht des Gesetzes zur Anerkennung des Rechts gebracht. Ohne Zwang wird es in allen Verhältnissen des gesellschaftlichen Lebens dem Endzweck der gesellschaftlichen Vereinigung bei jedem Vorteil, den es dadurch erhaschen kann, ungetreu.

Freiheit

Als Werk der Natur mache ich Anspruch auf tierische Freiheit.

Als Werk des Geschlechts auf bürgerliche.

Als Werk meiner selbst auf sittliche.

Der tierische Anspruch an Freiheit ist ursprünglich nicht gewalttätig.

Tierische Unschuld kennt keine Gewalttätigkeit.

Sobald dieser Anspruch gewalttätig ist, ist er eine Folge des tierischen Verderbens, folglich ein Werk des Geschlechts, gesellschaftlich. Als solcher ist er entweder dem Werk der Natur unterliegend, Sansculottism, oder das Recht meines Geschlechts anerkennend, rechtlich.

In beiden Fällen spreche ich die Freiheit mit der ganzen Gewaltsamkeit meiner tierischen Natur an.

Als sittliches Wesen suche ich dem Tierischen dieses Anspruchs in mir selbst diejenigen Grenzen zu setzen, die das Wesen der Sittlichkeit ihm unabänderlich setzt.

Tyrannei ist Naturleben im Besitz der Macht, Sklaverei tierisches Dulden dieses Lebens, Aufruhr tierisches Widerstreben gegen dasselbe.

Dem Werk der Natur unterliegend, bin ich immer entweder Tyrann oder Sklav oder Aufrührer.

Das Recht meines Geschlechts anerkennend, soll ich keines von allen sein.

Als Werk meiner selbst will ich keins von beiden sein.

Im ersten Fall überlasse ich mich im Besitz der Macht den tierischen Reizen der Trägheit, der Gewalttätigkeit, der Windbeutelei und Gedankenlosigkeit, die einfache Folgen des freien Spiels meiner tierischen Selbstsucht sind.

Der Macht selbst unterworfen aber trage ich in diesem Fall das gesellschaftliche Unrecht ihrer tierischen Selbstsucht mit der Gleichgültigkeit meiner tierischen Entkräftung und suche soviel mir möglich, selbst an den Sinnlichkeitsgenüssen ihres Verderbens Teil zu nehmen; oder ich neige mich, wie sie, zur gesetzlosen Gewalttätigkeit hin, suche mit eben so verdorbenem Tiersinn das Unrecht, das sie mir tut, über ihren Kopf zu bringen, und setze zum Dienst meiner sinnlichen Gelüste die Ruhe und das Glück des Landes aufs Spiel, wie sie es darauf gesetzt hat.

Im zweiten Fall soll ich das alles nicht tun, ich soll weder Tyrann noch Sklav noch Aufrührer sein.

Im dritten will ich es nicht tun, als sittliches Wesen will ich weder Tyrann noch Sklav noch Aufrührer sein.

Aufruhr

Er ist ein einfaches Benehmen meiner tierischen Natur beim allgemeinen Fühlen oder auch beim allgemeinen Glauben des öffentlichen Unrechtleidens, Freilassung meines verdorbenen, verwilderten Instinkts beim Naturempfinden der Unerträglichkeit irgend einer gesellschaftlichen Lage.

Also ist auch Tyrannei einfaches Benehmen meiner tierischen Natur beim individuellen Gefühl des Übergewichts meiner tierischen oder gesellschaftlichen Kraft über die tierischen und gesellschaftlichen Kräfte meiner Nebenmenschen; Freilassung meines verdorbenen, verwilderten Instinkts beim Naturempfinden der Möglichkeit, mein tierisches Wohl durch Unterjochung meines Geschlechts zu vergrößern.

Hinwieder ist Sklaverei das schiefe und falsche Benehmen meiner tierischen Entmannung beim Naturempfinden der Erträglichkeit, wohl auch der Behaglichkeit einer gesellschaftlich rechtlosen Lage – die Unterdrückung meines verdorbenen geschwächten Instinkts, beim Fühlen des Mangels physischer Kraft mein tierisches Wohl durch Widersetzung gegen physische Gewalt, unter der ich stehe, zu befördern.

Mit dem Aufruhr ist die Neigung zum Freilassen meines verdorbenen, verwilderten Instinkts wesentlich verbunden.

Diese Neigung aber lebt allgemein im erniedrigten, rechtlosen Menschen, daher steht der Sklav immer an den Grenzen des Aufruhrs. Auch bestehet die Kraft der Tyrannen wesentlich in der Kunst, die Vorstellung von der Unerträglichkeit einer rechtlosen Lage meinem Geschlecht aus seiner Einbildungskraft zu entfernen und ihm dagegen Vorstellungen von Glückseligkeit und sinnlichen Genüssen zu unterschieben.

Nebst Branntwein, Komödienhäusern, Bordells, Feldmusik, unverhältnismäßigen Taxen, Justizverdienst, so auch zweckmäßige Leitung des Bonton und des Dienstglanzes, ist die Anpreisung von den Vorteilen eines blinden Gehorsams das beste Mittel zu diesem Zweck. Wann eine Regierung einer solchen Lobpreisung auch nur ein wenig Ehre antut und den Glauben an die Vorteile der öffentlichen Blindheit der Bürger auch nur mit ein wenig Mäßigung begünstiget, so findet sie immer unzählige Mittel, die Völker ohne Gefahr des Aufruhrs zu ermüden, das ist, durch tierische Übung an die Unterjochung so zu gewöhnen, daß die Gefühle der Unerträglichkeit ihrer Lage bei ihnen nicht rege werden, bis die Kräfte der Selbsterhaltung bei ihnen verschwunden.

In diesem Fall freuen sich dann die Mätressen des Gouvernements über den Aufruhr, er wird dann ein Mittel, die Finanzen der Höflinge wieder herzustellen.

Der Aufruhr ist nie recht

Die Freilassung des verwilderten Instinkts schließt jeden Begriff eines Rechts aus.

Aber es ist gleich wahr, das Volk hat in Masse beim allgemeinen Fühlen des gesellschaftlichen Unrechts nie einen andern Willen als zum Aufruhr und es kann vermöge seiner Natur als Volk, als Masse, in diesem Fall keinen andern haben.

Auch ist es eben um deswillen am Aufruhr höchst selten schuld, das heißt, der Grund, warum das Gefühl der gesellschaftlichen Rechtlichkeit in den Individuen der Masse verschwindet, liegt höchst selten in Umständen und Lagen, an deren Dasein die Individuen als schuldtragende Ursachen können angesehen werden.

Eben so wird es gar oft mit sehr viel Unrecht für den Aufruhr bestraft, das heißt, es wird gar oft für die einfachen Folgen von Lagen und Umständen, in denen der Mensch in Masse keinen andern Willen haben kann als zum Aufruhr, gestraft, als ob diese Umstände nicht da gewesen wären und als ob sie ihrer Natur nach anders auf die Masse des Volks hätten wirken können, als sie wirklich getan haben.

Die Herrenknechte, die den Schlüssel, mit dem man das Volk aufzieht und stille stellet, in den Händen haben, diese sind gewöhnlich allein schuld, wenn es falsch schlägt oder falsch läutet, und diese sind es, die man nach meiner Meinung vor dem Aufruhr vorzüglich im Zaum halten und nach demselben vorzüglich bestrafen sollte.

Aber die Selbstsucht der Macht ist im Fall öffentlicher Gärungen immer auf die Bereitwilligkeit derber und arglistiger Menschen ängstlich aufmerksam und für die armselige Augenblickswirkung trügender Palliative schwachmütig dankbar, sie kommt deswegen auf diesem Wege natürlich immer auch dahin, Menschen, die ich wegen vorzüglichem Einfluß auf die Fundamentalquellen des Aufruhrs und namentlich wegen des Einflusses ihrer Derbheit und ihrer Arglist auf die Auslöschung der rechtlichen Gemütsstimmung der Landeseinwohner vorzüglich bestrafen würde, wegen vorzüglichen Dienstleistungen und Landestreue zu belohnen, ohne jedoch den kitzlichen Punkt, was sie eigentlich Landestreue heißen, gar zu heiter zu machen.

Soviel ist gewiß, alles, was die gesellschaftliche Rechtlichkeit im Volk auslöscht, das ist immer die eigentliche und ursprüngliche Quelle des Aufruhrs.

Wer also in einem jeden Staat die meisten Sachen tut, durch die sich die gesellschaftliche Rechtlichkeit im Volk auslöscht, der ist es auch, der in demselben den Samen des Aufruhrs am meisten aussäet, und ich denke, der ihn am meisten aussäet, ist auch am meisten schuld, wenn er aufgehet.

Eben so, wer Umstände, Lagen in einem Lande einlenkt und beschützt, die dem Rechte des Volks seine reine Kraft nehmen; hinwieder, wer Verhältnisse in einem Lande ewig und allgemein erhalten wissen will, die den redlichen Mann im Lande empören, der bereitet den Aufruhr.

Man muß freilich oft Menschenalter zurückgehen, um den ersten Säemann dieses letzten Übels der Staaten zu entdecken und die erste Quelle zu finden, durch welche ein Volk nach und nach dahin gebracht worden ist, endlich in seiner Lage und in seinem Herzen gleich große Reize zum Aufruhr zu finden und zu der Stimmung zu gelangen, in welcher es dann die Staatsoberhäupter und das Gesetz für Spinnengewebe, das Recht für Betrug, die Ordnung für Unrecht und die Staatsdiener selbst, mittelbar oder unmittelbar, für Diebe an seiner Türe achtet und dahin kommt, die Vorteile von Glück und Ruhe zu mißkennen und sie als ein nichtiges Ding mit dir auf die Karten zu setzen.

Wenn das Volk einmal dahin gebracht ist, so hat denn Wahrheit und Recht keine Wirkung mehr auf dasselbe und kann in dieser Stimmung keine haben.

Wenn du ihm denn schon predigest, es habe kein Recht zum Aufruhr – deine weise, aber für dasselbe zu späte und zur Unzeit kommende Sprüche sind ihm denn ein Galimathias, von dem es nichts versteht und nichts ahndet, als daß du um deiner Sorgen und um deines Unrechts willen ihm leere Worte hinwerfest und hinwerfen müssest.

Die menschliche Natur vermag es nicht anders, sie muß durch Rechtlosigkeit am Ende in diese Stimmung versinken. Wenn du deinem Nachbar sein Haus anzündest, und er dir hernach deine Bäume umhauet, sich wieder ein neues zu bauen, was meinst du, was er dabei denke, wann du ihm zurufst: halt! halt Nachbar! du hast kein Recht zu diesen Bäumen.

Wenn die Macht das Volk rechtlos gemacht hat, so ist kein Gefühl des Rechts mehr in seiner Brust, und in diesem Fall wirkt das Gefühl des Unrechtleidens auf die Individuen desselben als auf Geschöpfe, die den Zaum der Rechtlichkeit nicht mehr in ihrem Munde haben. Die Folgen sind klar, Rechtlosigkeit und Zaumlosigkeit gehen immer gepaaret, und der Zaum des Trugs und des Schreckensystems, den man dem Volk dann anzulegen versucht, ist eine stählerne Kette, die dir am ersten zerspringt, wann du sie am stärksten an dich zu ziehen genötiget bist.

...

Staatsrecht

Ganz ein Werk meines Geschlechts. In seinem Zweck tierisch, in seinen Mitteln vernünftig, ein Geschöpf der Masse ohne den Geist der Individualität und ohne ihre Gefühle, folglich in seinem Wesen ohne Sittlichkeit, dennoch aber dem Recht meines Geschlechts unterworfen; in seinen Folgen Quelle der bürgerlichen Ordnung und in der Hand der Individuen fähig, durch sich selber sich über sich selbst und über das Wesen seiner ursprünglichen Natur zu erheben.

Aber die Gewaltsordnung, die wir nicht einmal Tyrannenrecht nennen können, ist nichts anders als eine Folge des Erliegens des Staatsrechts unter das tierische Verderben der Staatsmänner.

Der Mensch als Bürger kennt die Sittlichkeit nicht, folglich ist sie nie Pflicht des Staatsmanns als eines solchen, aber wenn er durch innere Veredlung seiner Individualität als Mensch seiner Bestimmung näher kommt, so wird er dadurch unfähig, als Staatsmann auf dem Punkt der bloßen tierischen Kraftwirkung, auf der die ganze äußere Form des Staats eigentlich ruhet, beschränkt zu bleiben, er wird als Mensch in sich selbst genötiget, für das Menschengeschlecht mehr zu sein, als er als Staatsmann eigentlich dafür sein soll. Er wird als solcher unwillkürlich durch sich selbst genötiget, seine Staatskunst den Grundsätzen, die ihm als Werk seiner selbst für das Menschengeschlecht die wichtigsten sein müssen, näher zu bringen. Er ist als sittliches Wesen in sich selbst unfähig, das für den Vorteil des Staats zu erkennen, was auf die Zerstörung der ersten Grundsätze der innern Veredlung unserer Natur gebaut ist.

Er ist als solches unfähig, irgend etwas als Nachteil für den Staat anzusehen, was wesentlich geschehen muß, wenn dem Fortschritt der innern Veredlung seines Geschlechts nicht immer und ewig von Staats wegen unübersteigliche Hindernisse in den Weg gelegt werden sollen.

Also ist es gleich wahr, der Staatsmann als solcher kennt keine Sittlichkeit, aber wenn er ein sittlicher Mensch ist, so kann er dennoch in der Verwaltung des Staats nicht innerhalb den Grenzen der gesellschaftlichen Verhärtung stehen bleiben, auf welche der Staat als solcher gegründet ist.

Tierisches Wohlwollen

Reiner Sinnengenuß deiner höchsten tierischen Befriedigung, Gefühl des Einklangs ihrer harmonisch tönenden Saiten, Werk der Natur ewig und unveränderlich, meine Natur selber, in der Wonne ihrer Harmlosigkeit ruhend. Als Werk der Natur verderbt sich dieses Wohlwollen durch den gesellschaftlichen Zustand. Aber in der Kraft dieses Zustandes entkeimt aus der Hülle seines Vergehens das Werk meines Geschlechts, die Liebe. Diese erhebt sich durch Treue zum Werk meiner selbst und entwickelt als solches die mein Wesen in meinem Innersten vollendende Selbstverleugnung.

Liebe

Das Werk meiner Natur, der Einklang ihrer harmonisch tönenden Saiten, mein tierisches Wohlwollen ist beim Sinnengenuß meiner tierischen Befriedigung allgemein.

Die Liebe wählt sich den kleinen Ort, auf den sie scheinen will, alles übrige steht bei ihr im Schatten.

Sie ruhet als Werk meines Geschlechts auf meiner Kraft, dem Augenblick Dauer zu verleihen.

Ohne diese Kraft erstickt sie im Verderben des tierischen Wohlwollens, aus dem sie entkeimt.

Wie ich auch meinen Sohn liebe, wenn mein Leben seiner Wirtschaft schadet, das Band ist zerrissen.

Wie ich auch mein Weib liebe, wenn ihr Leben um meinetwillen mühselig wird, das Band ist zerrissen.

Auch wie du dein Vaterland liebst, wenn dir bürgerliche Geschicklichkeit und bürgerliche Kraft mangelt, so ist kein Band zwischen dir und ihm, das nicht schnell reißt.

Das ist freilich alles ganz anders, wenn die Liebe ein Werk deiner selbst ist, dann weint dein Sohn ob deiner zerrütteten Wirtschaft und dein Weib ob deinem Elend mehr als ob dem ihrigen.

Das Unglück gibt deiner Selbstverleugnung Kraft, und du gewinnst in deiner Liebe durch dein Elend.

Aber die Welt kennt deine Liebe nicht, in sofern sie ein Werk deiner selbst ist, sie will nur durch deine bürgerliche Kraft und deine bürgerliche Geschicklichkeit von deiner Liebe, sie danket dir nur, in sofern du ein Werk des Geschlechts bist, für das Werk deiner Natur, dein tierisches

Wohlwollen: ohne bürgerliche Kraft ist dieses Wohlwollen in der Welt eine Armseligkeit, mit der du dir selbst und andern zur Last fällst; zu glücklich, wenn du die Verachtung der Welt nicht fühlst, bis du ihrer wert bist.

Religion

Als reines Werk der Natur hat mein Geschlecht keine; tierische Unschuld opfert nicht, betet nicht, segnet und fluchet nicht.

Als Werk meiner verdorbenen Natur ist die Religion Irrtum.

Als Werk meines Geschlechts, als Werk des Staats ist sie Betrug.

Nur als Werk meiner selbst ist sie Wahrheit.

Als Werk der Natur in ihrem ersten Verderben ist sie eine Gefährtin meiner Blindheit auf dieser Stufe meines tierischen Daseins, meiner ängstlichen und immer betrogenen Selbstsucht in diesem Zustand.

Als solches ist sie ganz Aberglauben. Ihr Gott ist die Natur selber, in sofern sie schauerlich, unerklärlich und wunderbar vor meinen Augen steht.

Meine Götter und meine Teufel sind in diesem Zustand meiner selbst Bilder der toten und schrecklichen Natur.

Als Werk meines Geschlechts ist sie ratgebend, helfend, kunsterfindend, als solches benutzt sie die Religion der Natur mit allem Verderben ihrer gesellschaftlichen Irrtümer und Ansprüche, dadurch aber wird sie nach den Bedürfnissen, Umständen und Vorteilen eines jeden Staats leicht selbstsüchtig, feindselig, rachgierig, gewalttätig und betrügerisch. Ihre Götter sind alle eifrige Götter und ihre Teufel alle eifrige Teufel.

Je schauerlicher ein Naturgott ist, je größer ist er.

Je eifriger ein Nationalgott ist, je größer ist er.

Als Werk meines Geschlechts ist die Religion Dienerin der Verhältnisse, die ich selber erschaffen, Dienerin des Mittelpunkts dieser Verhältnisse der Staatsmacht. Als solche ist sie Mutter königlicher Mönchsmummereien und mönchischer Königsmummereien, selten Dienerin des gesellschaftlichen Rechts, allgemeine Hebamme des Unrechts der Macht, mit der Glorie des Heiligtums um das Gesicht der Selbstsucht strahlt sie Bann und schwingt sie das Schwert über das Haupt derer, die dem Tiersinn ihrer Offenbarung unbedingten Gehorsam, das ist, göttliche Verehrung, versagen. Sie ist wilde Natur im Treibhaus der Kunst mit dem Zwang der Macht und der Kraft der Heuchelei in ihrer Hand.

Verwerfe ich damit die Religion, in sofern sie ein Werk meines Geschlechts ist?

So wenig, als ich sie als Werk der Natur verwerfe. Als solches ist sie eine unausweichliche Folge meiner tierischen Beschränkung und der Eindrücke, die die Natur auf dieser Stufe meines Daseins auf mich machen muß; ich bin auf dieser Stufe meines Daseins keiner andern Religion fähig.

Eben so wenig bin ich als Werk meines Geschlechts einer wahren Religion fähig.

Aber ich bedarf als Werk der Natur und als Werk des Geschlechts sinnlicher tierischer Beweggründe, Reize und Mittel, um zu der Gemütsstimmung zu gelangen, welche das Wesen der wahren Religion voraussetzt. Als Werk der Natur finde ich diese sinnliche Einlenkung zur Religion in dem Irrtum des Aberglaubens.

Als Werk meines Geschlechts finde ich dieselbe in dem Hofbetrug des Eiferglaubens und der Staatsreligion, die in ihrem Wesen als solche nie keine wahre Religion sein kann.

Also ist auf Irrtum gegründeter Aberglauben und auf Betrug gegründeter Eiferglauben dem Menschengeschlecht in verschiedenen Stufen seines Daseins dennoch wesentlich notwendig.

Sie verleihen beide dem Keim der Sittlichkeit und der wahren Religion allgemein seine erste Nahrung.

Wie der Mensch die Täuschung des Sinnengenusses und den Zwang der Lehrlingsjahre bedarf, also bedarf er auch die Täuschung des Aberglaubens und den Zwang des Eiferglaubens, bis Anstrengung, Treue und Gewalt über sich selbst ihm zur andern Natur geworden, und die gereiften Früchte seiner Sittlichkeit an dem Stamm, an dem sie entkeimten, keine Nahrung mehr finden und keine Nahrung mehr brauchen.

Ich erkenne also die Schonung der Nationalreligion als die Pflicht aller gesellschaftlich vereinigten Menschen, aber ich erkenne zugleich die Grenzen dieser Schonung.

Der Mensch muß die Nationalreligion um der wahren Religion willen schonen.

Er muß das Unrecht des Mittels um der Wichtigkeit des Zwecks willen tragen.

Aber er darf nicht den Zweck zu Grund richten, damit sich das Mittel erhalte.

So, wie ein Meister den Lehrling täuschen darf, damit er ein guter Meister werde, aber nicht, damit er, durch seine Täuschung entkräftet, für sein Leben von dem Meister, der ihn also betrogen, abhänglich werde. Hinwieder, wie der Staat die Naturfreiheit des Bürgers beschränken darf, damit er ihn dadurch gesellschaftlich frei, aber nicht, damit er ihn bürgerlich ehrlos und rechtlos machen könne.

Also darf die Nationalreligion den Menschen durch Zwang oder Täuschung zu der Gemütsstimmung hinlenken, die das Wesen der Religion ist, aber sie darf ihn nicht durch Zwang oder Täuschung von dieser Stimmung ablenken. Der Mensch muß also den Irrtum der Naturreligion und den Betrug der Staatsreligion respektieren, in soweit durch dieselbe diese Gemütsstimmung erzeugt und erhalten wird, er muß sie aber nicht respektieren, in sofern das Gegenteil dadurch erzeugt wird. Die Natur führt den Menschen selber auf diesen Pfad, sie gab ihm eine Kraft, jede Religion in sich selbst zum Werk seiner selbst zu machen.

Kennt er den Irrtum seiner Naturreligion und den Betrug seiner Staatsreligion nicht, so ist er in soweit unfähig, in irgend einer andren Form als in dieser die sinnliche Handbietung zu genießen, die das Gottesdienstliche der Religion dem Menschen in tausend Gestalten gegen die Quelle seiner Sinnlichkeit anbietet.

Kennt er aber den Irrtum des Aberglaubens und den Betrug des Eiferglaubens oder der Staatsreligion und sieht, daß selbige dem Wesen der wahren Religion oder der innern Veredlung seines Geschlechts wirklich im Wege steht, so darf er nicht nur sein Geschlecht auf das Verderben einer solchen Religionsform aufmerksam machen, sondern er ist es noch zu tun schuldig; freilich aber auf eine Weise, die dem Wesen der Religion nicht etwan mehr schadet als der Irrtum, den er dem Volk aufdeckt; indessen ist die Religion, in sofern sie wirkliche und wahre Religion ist, wie die Sittlichkeit gänzlich nur Sache des einzelnen Menschen; ihre Wahrheit geht den Staat eigentlich nichts an, als nur in sofern er schuldig ist, das Recht der Individuen, ihrer Überzeugung auf jedem Fall getreu zu sein, zu beschützen und zu erhalten.

Die Religionsvorkehrungen des Staats sind deswegen an sich selbst und in ihrem Wesen nicht Vorkehrungen des Staats, sondern Vorkehrungen der Individuen, die das Recht, ihrer Überzeugung getreu zu sein, in demselben mit Freiheit ausüben sollen und wollen.

Der rechtliche Staat oder das gesellschaftliche Recht begehrt auch nichts mehr, wohl aber das gesellschaftliche Unrecht, die willkürliche Gewalt. Diese gönnt dem Menschengeschlecht die Freiheit des Gewissens so wenig als die Sicherheit des Brots und des Atems.

Sie kann nicht, sie hat immer ein überwiegendes Interesse dafür, daß das Volk sich niemals von dem Geist der Barbarei entferne, in welchem es ihm allein möglich ist, die tierische Willkür der Macht als das Fundament irgend einer für das Menschengeschlecht schicklichen Regierungsform zu erkennen.

Darum strebt sie auch allenthalben dahin, veralterte Religionsformen lange über die Zeit hinaus zu erhalten, in welcher diese Formen, mit dem ganzen Zustand der Völker harmonisch, wirklich geschickt waren, dieselben dem Wesen der Religion und ihrer innern Veredlung in dem Grad näher zu rücken, als sie selbige jetzo wieder von demselben entfernen.

Aber wenn dieses Näherrücken zur innern Veredlung der Völker von dem Aberglauben und dem Eiferglauben gehindert wird, so wird selbiges durch den Unglauben soviel als ganz unmöglich gemacht.

Dieser ist gänzlicher Mangel des Gefühls, daß die Erkenntnis der Irrtümer meiner tierischen Natur und des Unrechts meiner gesellschaftlichen Verhärtung so wie das Dasein psychologischer Mittel, diese Erkenntnis in mir lebendig zu erhalten, meinem Geschlecht wesentlich notwendig seien.

Er ist tiefes Versinken in sinnliche Gedankenlosigkeit und führt daher das Menschengeschlecht noch weit mehr als der Aberglauben und der Eiferglauben von der Gemütsstimmung ab, die das Wesen der Sittlichkeit und der auf derselben ruhenden innern Veredlung unsers Geschlechts ausmacht. Er ist Sorglosigkeit des Naturstandes mitten in dem verfeinerten Genuß aller gesellschaftlichen Verbrechen.

Es ist daher ganz etwas anders, wenn die tierische Unschuld nicht weiß, was Gott und was Sünde ist, und wenn der gebildete Bürger es ausspricht, es ist kein Gott. Die tierische Unschuld tut um ihrer Religionslosigkeit willen niemand nichts Böses und verliert um ihretwillen weder die Harmlosigkeit noch das Wohlwollen ihrer Natur. Aber der Bürger, der Gott leugnet, erklärt sich dadurch, daß er mitten in der bürgerlichen Gesellschaft die Freiheit seines Instinkts anspreche und diesen als den sichern Führer seines Lebens erkenne, damit aber stellt er jede Kraft, die die innere Veredlung seiner selbst so wie die Sicherheit seiner gesellschaftlichen Ausbildung möglich macht, in sich selbst still.

Ein solcher Unglauben setzt eine Gemütsstimmung voraus, die für alle Empfänglichkeit von Wahrheit und Recht eben das ist, was ein Acker, in den weder Pflug noch Samen gekommen, für die Hoffnung der Ernte, sein Zustand schließt sogar die Möglichkeit derselben ganz aus.

Aberglauben und Eiferglauben sind hingegen in dieser Rücksicht, was ein schlecht bearbeiteter und unordentlich angesäter Acker. Sein Zustand schließt die Möglichkeit der Ernte nicht aus, sie beschränkt nur die Hoffnung derselben.

Ganz anders ist der Fall, wenn der Aberglauben beim Unglauben im Dienste steht und bloß eine Staatsmanipulation zu Gunsten der Macht wider das Volk ist.

Ein solcher Aberglauben ist denn freilich nicht mehr bloß einem schlecht bearbeiteten, er ist einem Acker zu vergleichen, über den der Satan in einer Fürstenstunde Nesseln und Schierling gesäet.

Ein solcher manipulierter Aberglauben ist denn freilich das non plus ultra alles kirchlichen Verderbens.

Die Religion muß die Sache der Sittlichkeit sein, als Sache der Macht ist sie in ihrem Wesen nicht Religion, und das Finanzgeschrei der durch ihre philosophischen Irrtümer und durch ihre politischen Gewalttätigkeiten bankerott gewordenen Staatskünstler, daß wir wieder zu Religiosität zurückgestimmt werden müssen – dieses Finanzgeschrei einer Staatskunst, die, nachdem sie das Menschengeschlecht auf das Äußerste gebracht hat, sich nun auch selber auf diesem Äußersten findet, wird uns, so, wie es ist, weder zur Religion, noch zur Sittlichkeit, noch irgend wohin bringen.

Wir sind durch die Gewaltsamkeit und das Naturleben ihrer Selbstsucht selber aller Empfänglichkeit für ihre Großmütterkünste beraubt worden und wären nun, wenn wir auch wollten, nicht mehr im Stande, an diesem Seil, das sie uns selber verächtlich gemacht haben, für sie forthin zu tanzen und für sie forthin Brot zu verdienen. Ich lenke wieder in meine Bahn. Als Werk der Natur, in ihrer Unschuld, kenne ich Gott nicht.

Als Werk der Natur, in ihrem Verderben, diene ich ihm berauscht von meiner sinnlichen Natur in seiner Furcht und in seinem Dienst.

Als Werk meines Geschlechts eifere ich für das Gesetz meines Gottes wie ein tapferer, aber die Welt nur in seinen Mauern kennender Schildbürger für das Recht seiner Munizipalität.

Als Werk meiner selbst ist meine Religion eben so unberauscht von meiner Sinnlichkeit als frei von jeder Schildbürgerhärte, als solches strebe ich in der vollen Kraft meines sittlichen Wesens nach dem Edelsten, das ich zu erkennen vermag.

Als Werk der Natur oder vielmehr als Werk meines tierischen Verderbens führt mich die Religion zum Beten, zum Singen, zum Opfern, zum Zaubern und zum Fluchen.

Als Werk meines Geschlechts oder meines gesellschaftlichen Verderbens führt sie mich gegen die Ungläubigen in Streit. Als Werk meiner selbst führt sie mich zur innern Veredlung meiner selbst. Die Religion ist mir selbst ein Werk der Natur, ein Werk des Geschlechts und ein Werk meiner selbst, so, wie ich in mir selbst ein Werk der Natur, ein Werk des Geschlechts oder ein Werk meiner selbst bin. Göttlich ist die Religion einem jeden Menschen nur in soweit, als sie in ihm selbst ein Werk seiner selbst ist; – in soweit sie in ihm ein Werk seines tierischen und seines gesellschaftlichen Verderbens, in soweit ist sie nur gottesdienstlich und in soweit mit sinnlichen Neigungen und tierischen Begierden innigst verwoben.

Die beste Religion für das Menschengeschlecht ist daher diejenige, die in ihrem Wesen am meisten göttlich, in ihrer Form aber am wenigsten und doch genugsam gottesdienstlich ist, um meinem Geschlecht in jedem Grad der Kultur, auf dem es stehen mag, dennoch durch ihre Sinnlichkeit Handbietung zu leisten gegen den Tiersinn seiner Natur. Das ist ein aufrichtiges Opfer auf den Altar Jesu Christi, aber ich muß ihm beifügen: Der Irrtum und das Unrecht der Juden und der Griechen mußten der Lehre Jesu Christi vorhergehen, um die Menschen für sie empfänglich zu machen.

Das Christentum ist ganz Sittlichkeit, darum auch ganz die Sache der Individualität des einzelnen Menschen.

Es ist auf keine Weise das Werk meines Geschlechts, auf keine Weise eine Staatsreligion oder ein Staatsmittel zu irgend einem Gewaltszweck.

Wenn es das wäre, so müßte es in Eiferglauben ausarten und blind werden gegen alles Unrecht des Staats und gegen allen Betrug derer, die es für ihren Vorteil achten, die bürgerlichen und religiösen Irrtümer der Völker bis in alle Ewigkeit aufrecht zu erhalten.

Darum haben wir auch noch kein Christentum und werden und sollen als Nationen keins haben. Die Nationalreligionen, die den Fischerring und das Kreuz zu ihrer Staats- und zu ihrer Standesfarbe erwählt haben, diese Christentümer sind nicht die Lehre Jesu. Alles Äußere des Christentums, Hostie, Tauf-, Priesterweihe, Prozessionen, Gelübde sind wie das Kreuz und der Fischerring Folgen der Religion, in sofern sie nur ein Werk der Natur und ein Werk des Geschlechts ist.

Das wirkliche Christentum scheint immer noch durch eben das Unrecht und durch eben die Irrtümer verdrängt zu werden, die ihm bei seinem Ursprung im Wege stunden.

Es scheint, die Welt sei durch die Nationalunchristlichkeiten unserer Nationalchristentümer auf eben den Punkt gekommen, auf den sie durch die Nationalausartung der Juden und Griechen gebracht worden ist, ehe ein Galiläer den Versuch wagen konnte, die Masse der gesellschaftlichen Menschheit bald allgemein aus dem Kreis ihrer gesellschaftlichen Verhältnisse heraus zu führen und mit stoischer Kraft der innern Selbstständigkeit durch Glauben an ihn näher zu bringen. Glauben vermag es. – Aber nun nicht mehr, wir haben keine andere Hoffnung als auf Wahrheit und Recht.

Wahrheit und Recht

Ich hätte also durch alle Abschnitte, in welchen ich den Gang der Natur in der Entwicklung des Menschengeschlechts verfolgte, gefunden, Wahrheit und Recht haben für den Menschen nur in soweit einen wirklichen Wert, als er sich aus Wahrheit und Recht etwas macht.

Beides, Wahrheit und Recht, sind für mein Geschlecht nur Täuschung und Schein, in sofern er bloß tierisch handelt, bloß physische Kraft ist. Der freie menschliche Wille, das ist, die Kraft meiner innern Natur, mich durch eignes Streben von dem Irrtum und dem Unrecht meiner tierischen Natur los zu machen, ist also für den Menschen die einzige Quelle seiner wirklichen Wahrheit und seines wirklichen Rechts.

Als Werk der Natur habe ich diesen reinen Willen gar nicht, weder in meiner tierischen Unschuld noch in meinem tierischen Verderben.

Ich erliege als Werk der Natur in jedem Fall der Gewaltsamkeit meines Instinkts, dessen Wesen der Empfänglichkeit meiner Natur für Wahrheit und Recht geradezu entgegen steht.

Als Werk des Geschlechts habe ich diesen Willen eben so wenig.

Der gesellschaftliche Zustand ist eine bloße Modifikation des Naturstandes.

Bürgerliche Anmaßungen treten in demselben an die Stelle des Instinkts, diese ruhen aber eben wie er auf tierischen Bedürfnissen und tierischen Zwecken, die der Reinheit aller Wahrheit und alles Rechts nicht weniger als er selber entgegen stehen.

Wahrheit und Recht sind daher für mein Geschlecht unzweideutig das ausschließende Eigentum seiner Sittlichkeit.

Aber ich habe als tierisches Wesen eine Kraft in mir selbst, entblößt von aller wirklichen Wahrheit und von allem wirklichen Recht, mir als Wahrheit und als Recht vorzustellen, was meinem tierischen Sinn in der Zwanglosigkeit seiner tierischen Verwilderung und in der Gewaltsamkeit seiner bürgerlichen Verhärtung als Wahrheit und Recht vorkommt.

Zufolge der dreifach verschiedenen Art, mir alle Dinge dieser Welt vorzustellen, welcher meine Natur fähig ist, kann ich nicht anders. Das Faustrecht, der Machiavellism, die willkürliche Gewalt, der Sansculottism und der Terrorism ist mir Wahrheit und Recht, wenn ich mich für nichts anders als für ein tierisches Wesen erkenne und mich und mein Geschlecht bestimmt glaube, auf dieser Stufe meines Daseins stehen zu bleiben.

Das gesellschaftliche Recht ist mir Wahrheit, wenn ich mich selbst als Geschlecht und verbunden mit meinem Geschlecht fähig und bestimmt glaube, das Recht meines Geschlechts, das nicht in meiner Natur liegt, von dem ich aber fühle, daß ich es durch meinen Willen in die Natur hinein bringen könne, wirklich in dasselbige hinein zu bringen.

Das sittliche Recht ist mir Wahrheit, wenn ich mich selbst als Individuum und getrennt von meinem Geschlecht fähig und bestimmt glaube, das Recht meiner selbst, das nicht in meiner Natur liegt, von dem ich aber fühle, daß ich es durch meinen Willen in meine Natur hinein zu bringen vermag, wirklich in dieselbe hinein zu bringen.

Ich kann als Tier oder als Bürger oder als sittlicher Mensch leben, ich kann die Heerstraße der tierischen Verwilderung betreten, ich kann in den Schranken des gesellschaftlichen Rechts bürgerliche Selbstständigkeit behaupten und endlich mich zur Anerkennung alles Irrtums meiner tierischen Natur und alles Unrechts meiner gesellschaftlichen Verhärtung empor heben.

Aber nur im letzten Fall ist Wahrheit und Recht das Teil meines Geschlechts, und es ist hinwieder gänzlich nur durch Sittlichkeit möglich, die Widersprüche, die in meiner Natur zu liegen scheinen, verschwinden zu machen.

Ach, sie verschwinden so selten – Wahrheit und Recht sind so selten das Teil meines Geschlechts, es erhebt sich so selten dahin, die erste zu wollen und das zweite zu verdienen.

Es geht lieber allenthalben irrend und rechtlos dahin, als sich über sich selbst zu einer wirklichen Veredlung seiner Natur zu erheben.

Von den Reizen seiner tierischen Natur hingerissen und von den Genüssen seiner gesellschaftlichen Vorzüge verhärtet – ist es meiner Natur in allen Verhältnissen des Lebens großer tierischer Selbstgenuß, täglich fortzuschwimmen im Meer der Sinnlichkeit und des Selbstbetrugs, der schweifenden Einbildungskraft ihr physisches Übergewicht über die Vernunft ruhig zu lassen und das Unterliegen meiner selbst als Werk des Geschlechts unter mich selbst als Werk der Natur nicht zu ahnden. Mein Geschlecht wiegt sich in allen Lagen gern in diesen Schlaf ein, der in Rücksicht auf Wahrheit und Recht und wirkliche Veredlung sein Tod ist und der sich mir beim ersten Ins-Augfassen meiner Gesichtspunkte also darstellte:

„Voll Wohlwollen liebt er seine Gazelle, seine Marmotte, sein Weib, sein Pferd, seinen Hund, er weiß nicht, was Gott und was Sünde ist, einen Teufel fürchtet er leicht, Wald und Flur ist ihm heilig, wie sie Gott schuf, die aufgebrochene Erde ein Fluch; er wechselt seine Stunden zwischen Schlaf und Sinnengenuß, Trunkenheit des Geistes, Leerheit des Kopfes und das Versinken in taumelndes Träumen ist ihm Wonne des Lebens, er liebt Spiel, Tanz, Wein, Mädchen und Märchen, den fremden Mann führt er in seine Hütte und fragt ihn, nachdem er gegessen und getrunken, woher er komme und wie es in seinem Lande gehe. Für den morgenden Tag steht er dir heute nicht vom Stuhl auf und kauft dir das Leben des künftigen Jahrs nicht mit der Pfeife Tobak, die er im Mund hat."

Und im Bild des Menschen:

„Sein Leichtsinn ist unaussprechlich, wo ihm nichts mangelt, da schläft er, wo er nichts fürchtet, da sonnet er sich, und wo er sich nicht sonnet, da gehet er auf den Raub aus, allenthalben trieft er von dem Blut seines Geschlechts, er schützt seine Höhle wie ein Tiger und tut unter der Sonne, was er will, er kennt kein Recht und keinen Herrn und von der Sünde frägt er, was ist sie?"

Allenthalben sträubt sich mein Geschlecht mit der ganzen Kraft seiner tierischen Grundanlagen dagegen, aus diesem Schlaf zu erwachen.

Noch ist das Bild meiner bürgerlichen Verhärtung gegen Wahrheit und Recht nicht vollendet. Die Gewaltsamkeit, die dem gesellschaftlichen Zustand wesentlich ist, führt den Menschen in diesem Zustand zu einer Verhärtung, zu der er in der Unschuld des Naturlebens und in seinem anmaßungslosen Sinnengenuß nicht hingeführt wird.

Was bei diesem – Schlaf seiner Unschuld ist, das wird beim andern taumelndes Wachen eines berauschten Mannes; der Mensch verficht im gesellschaftlichen Zustand die Ansprüche seiner tierischen Natur mit der ganzen Fieberstärke seines Rausches, und die unschuldige Handlungsweise seines unentwickelten tierischen Zustandes wird durch tierische

Ausbildung im gesellschaftlichen zur Untreue und zum Verbrechen. – Sie kann nicht anders.

Der Egoismus der gesellschaftlichen Kräfte ruhet in seinem Wesen auf innerer Verhärtung gegen das tierische Wohlwollen meiner Natur und führt daher in seinen Folgen unausweichlich zur Untreue am gesellschaftlichen Recht.

Dadurch erscheint er in seinem Wesen als Quelle aller bürgerlichen Verbrechen, und es ist also ganz heiter, wie der Mensch im gesellschaftlichen Zustand durch die Beibehaltung seines Instinkts mit sich selbst nicht bloß in Widerspruch kommt, sondern gänzlich der Härte und Gewaltsamkeit unterliegen muß, mit der er als Naturmensch in diesem Zustand lebend heute Sinnengenuß für sein Recht und morgen sein Recht für Sinnengenuß dahin gibt, heute das Wohlwollen seiner Natur verachtet und morgen sich ihm unbedingt überläßt, mit der er in einem ewigen Wechsel heute Treue fordert und morgen sein Wort bricht, heute Recht und Vertrag für heilig erklärt und morgen sie als unbedeutend und durch seinen Willen kraftlos unter den Tisch wirft. Die Vorstellungen von Recht und Pflicht wirbeln in diesem Zustande nur leidenschaftlich in seiner zerrütteten Einbildungskraft und haben weder in seinem Kopf noch in seinem Herzen einen reinen Gehalt. Ich finde mich hier noch einmal auf dem Punkt wie oben.

„Die Widersprüche, die in meiner Natur zu liegen scheinen, so wie der Mangel von Wahrheit und Recht, dem mein Geschlecht im gesellschaftlichen Zustand als solchem allgemein unterliegt und unterliegen muß, sind beides Folgen meiner sinnlichen tierischen Neigung, auf einem Punkt der Ausbildung, auf dem ich nur ein Werk meines Geschlechts und nicht ein Werk meiner selbst bin, stehen zu bleiben und mich auf diesen Punkt, auf dem die innere Veredlung meiner selbst nicht erzielet werden kann, vollendet zu glauben"; daraus folget nun ganz einfach

Das endliche Resultat meines Buchs

Der Mensch ist nur in soweit fähig, die Widersprüche, die in seiner Natur zu liegen scheinen, in sich selbst aufzuheben und die Folgen derselben, die ihn im gesellschaftlichen Zustand so vielseitig drücken, zu mildern, als er einsieht, daß dieser Zustand selbst seiner innern Veredlung wesentlich entgegen steht, und als er seine Ansprüche als bloße Ansprüche seiner tierischen Natur erkennt und selbige in soweit verdammt gegen sich selbst und gegen sein ganzes Geschlecht.

Der Grundsatz, Menschenwohl und Menschenrecht ruhet ganz auf der Unterordnung meiner tierischen und meiner gesellschaftlichen Ansprüche unter meinem sittlichen Willen, ist bloß eine verschiedene Art, das obige Resultat meines Buchs auszudrücken.

Menschenwohl und Menschenrecht ruhet wesentlich auf der Unterordnung meiner selbst als Werk der Natur und als Werk des Geschlechts unter mich selbst als Werk meiner selbst, auf der Unterordnung meiner selbst als Tier und Bürger unter mich selbst als Mensch.

Menschenwohl und Menschenrecht fordert daher eben so bestimmt die Unterordnung der öffentlichen Willkür, die nichts anders ist als die Vereinigung der tierischen Ansprüche der Masse mit den Privatgelüsten derer, die die physische Kraft, die Ansprüche der Masse geltend zu machen, in ihrer Hand haben, unter die wesentlichen Mittel, mein Geschlecht mitten im Verderben des gesellschaftlichen Zustands für Wahrheit und Recht dennoch empfänglich zu erhalten und es dadurch seiner ursprünglichen Beschaffenheit, das ist, einer friedlichen, gutmütigen und wohlwollenden Gemütsstimmung wieder näher zu bringen.

Ich schließe mein Buch mit diesem Gesichtspunkt. Mein Zweck ist vollendet, ich habe, so viel als ich es zu tun vermochte, in mir selbst erforscht, was der Gang meines Lebens, wie er war, aus mir gemacht hat, und dadurch zu erforschen gesucht, was der Gang des Lebens, wie er ist, aus dem Menschengeschlecht macht. Ich habe, soviel als ich es zu tun vermochte, in mir selbst Aufschluß gesucht, von welchen Fundamenten mein Tun und Lassen und von welchen Gesichtspunkten meine wesentlichsten Meinungen eigentlich ausgehen.

Ich habe, soviel als ich es zu tun vermochte, in mir selbst Aufschluß gesucht, von welchen Fundamenten das Tun und Lassen meines Geschlechts und von welchen Gesichtspunkten seine wesentlichsten Meinungen eigentlich ausgehen.

Männer meines Zeitalters, nehmet diesen Beitrag der Eindrücke, den die letzte Hälfte dieses Jahrhunderts auf die Wahrheitsliebe, auf die Menschenliebe und auf die Freiheitsliebe eines Mannes gemacht hat, dessen Lagen und Umstände auf eine seltene Art zusammen trafen, die Gefühle eines zwanglosen und ungebognen Naturlebens mitten durch eine gehemmte und unbefriedigte Tätigkeit bis an sein nahendes Alter lebhaft zu erhalten, für das auf, was er ist und sein soll.

Und wenn ihr auf gebahnteren Wegen in der Erkenntnis der Wahrheit und des Rechts weiter gekommen seid als ich auf den dornigen Pfaden meines Lebens und in einem gänzlichen Mangel des Gebrauchs aller Zeitmittel der wissenschaftlichen Ausbildung, so gönnet meinem graden Sinn, gönnet meiner Offenheit dennoch eure Aufmerksamkeit und meinem Irrtum eure Widerlegung. Würdiget selbst meine Anmaßung, der Haufe der lebenden Menschen trage die Fundamente meiner Wahrheit und meiner Irrtümer, mit gleichen Gefühlen belebt wie ich, in seinem Busen, würdiget selbst diese Anmaßung, wenn sie unrichtig ist, eurer Widerlegung.

Ich habe den Gang meines Lebens für mein Geschlecht redlich und ernst zu benutzen gesucht, ich werde jede Belehrung redlich und ernst zu benutzen trachten und fasse zum Beschluß die drei Gesichtspunkte: was bin ich als Werk der Natur? was bin ich als Werk meines Geschlechts? was bin ich als Werk meiner selbst? noch einmal ins Auge.

Was bin ich als Werk der Natur?

Ist es wahr, daß ich als solches außer meinem Sinnengenuß weder Wahrheit noch Recht kenne und deswegen in den wesentlichsten Verhältnissen des gesellschaftlichen Zustands als solches als ein elendes, unbrauchbares, verächtliches und verachtetes Geschöpf erscheine, ist es wahr, daß ich als solches in diesem Zustande durch mein Wissen selber zum Schurken, Bettler und Träumer versinke, daß ich im Besitz der Ehre die Menschen, die mich umschwärmen, wie das Licht trauliche Mücken, verbrenne, daß ich im Besitz der Macht den unterworfenen Mann auch rechtlos mache usw.? Das alles ist wahr, ich bin als Werk der Natur physische Kraft, Tier, als solches ein Werk der Notwendigkeit, ewig unveränderlich das gleiche tierische Wesen, das nach Jahrtausenden kein Haar auf seinem Haupt und keine auch die leisesten seiner Triebe auszulöschen vermochte.

Ich bin als Werk der Natur ein reiner, aber ein roher und harter Marmor, tief in den Felsen meiner Tierart eingeschichtet; aber dennoch mit einer Kraft begabt, als Geschlecht und in Verbindung mit ihm und als Individuum außer Verbindung mit ihm mich von meinem Felsen los zu machen und von meinem Geschlecht als Geschlecht und von mir selbst als Individualität bearbeitet zu werden. Meine tierische Natur ist dieser gedoppelten Bearbeitung meiner selbst gleich entgegen. Aber die Welt bliebe eine Wüste ohne die erste und ich selbst das elendeste Geschöpf dieser Wüste ohne die zweite, darum lechzet mein Geschlecht allgemein nach den Genüssen, die Folgen dieser Bearbeitung meiner selbst sind, während meine tierische Natur derselben mit aller ihrer Gewaltsamkeit entgegen strebt.

Ich muß mich als Werk meiner selbst durch mich selbst zu jeder Vollkommenheit erheben, der meine Natur fähig ist.

Ich muß mich als Werk der Welt passend machen für eine jede Ecke der Welt, in die mich mein Los wirft.

Als Werk der Natur passe ich in keine Ecke der Welt, und findet mich die Welt also, ob durch meine Schuld oder durch die Schuld eines andern, das fragt sie mich nicht – genug, findet sie mich also, so zerschlägt sie mich wie der Maurer einen unbrauchbaren Stein mit seinem eisernen Hammer und braucht mich zum Lückenfüller zwischen die schlechtesten Brocken.

Das ist das Schicksal des Naturmenschen im gesellschaftlichen Zustand, es kann ihn in demselben kein besseres treffen.

In den Bau der Welt taugt nur der abgeschliffene Stein.

Was bin ich als Werk meines Geschlechts?

Ist es wahr, daß ich als solches schwankend stehe zwischen dem Werk meiner Natur und dem Werk meiner selbst?

Ist es wahr, daß ich als solches keinen festen Standpunkt finde, weder für meine tierische Befriedigung noch für meine sittliche Veredlung?

Wahr, daß ich, in meinen Grundlagen verhärtet, als ein verdorbener Naturmensch in die bürgerliche Gesellschaft trete?

Daß dieser Zustand ganz auf der Verstümmlung meiner tierischen Natur ruhet und daß mir in diesem Zustand als solchem beides, die Harmonie meiner tierischen Kraft und diejenige meiner sittlichen Veredlung gleich mangelt, daß ich in diesem Duodezzustand meiner selbst meine Menschlichkeit bald meinem Fürfell, bald meiner Nadel, bald meiner Hausfarbe, bald meiner Kutte, bald meiner Krone aufopfere und aufopfern müsse?

Das alles ist wahr, ich vermag so wenig auf dem Punkt meiner gesellschaftlichen Ausbildung stehen zu bleiben als auf demjenigen des bloßen Sinnengenusses. Ich muß im gesellschaftlichen Zustand tief unter die Behaglichkeit des befriedigten tierischen Naturlebens versinken oder mich hoch über das Verderben seiner gesellschaftlichen Verhärtung emporheben.

Ich muß entweder im Verderben der gesellschaftlichen Verhärtung meine Menschlichkeit verlieren oder in demselben auf den Trümmern meines Instinkts die Erfahrungen sammeln, die mich von allem Unrecht seiner Verhärtung überzeugen und auf dieser Bahn zur Anerkennung des sittlichen Rechts hinführen.

Was bin ich als Werk meiner selbst?

Ist es wahr, daß Naturzustand, bürgerliche Bildung und Sittlichkeit sich gegen einander verhalten wie Kinderzustand, Lehrlingsjahre und Männeralter?

Wahr, daß ich ohne den Irrtum meines Sinnengenusses und ohne das Unrecht meiner gesellschaftlichen Ansprüche nicht zu der Gemütsstimmung gelangen würde, die die Sittlichkeit voraussetzt? Ist es wahr, daß Wahrheit und Recht das ausschließende Eigentum dieser Gemütsstimmung sind? Wahr, daß sie ganz ausschließend die Sache des Individuums ist; daß Sittlichkeit unter zweien als Sache dieser zweien nicht zu bestehen vermag; daß der Naturstand sie nicht kennt und der gesellschaftliche nicht auf ihr ruhet? Wahr, daß die tierische Nähe und Ferne sittlicher Gegenstände die bestimmte Natureinlenkung zur wahren Sittlichkeit ist? Wahr, daß die bürgerliche Pflicht als solche mich nicht sittlich machet? Wahr, daß alles, was ich als Zunft, als Masse schuldig bin, in sich selbst Reize zur Unsittlichkeit für mich hat?

Das alles ist wahr!

Die Sittlichkeit ist beim Individuum innigst mit seiner tierischen Natur und seinen gesellschaftlichen Verhältnissen verbunden. In ihrem Wesen aber ruhet sie ganz auf der Freiheit meines Willens, das ist, auf der Beschaffenheit meiner selbst, durch die ich mich selbst in mir selbst unabhängig von meiner tierischen Begierlichkeit fühle.

Als sittliches Wesen wandle ich ausschließend der Vollendung meiner selbst entgegen und werde als solches ausschließend fähig, die Widersprüche, die in meiner Natur zu liegen scheinen, in mir selbst auszulöschen.

Tausende gehen als Werk der Natur im Verderben des Sinnengenuß dahin und wollen nichts mehr.

Zehntausende erliegen unter der Last ihrer Nadel, ihres Hammers, ihrer Elle und ihrer Krone und wollen nichts mehr.

Ich kenne einen Menschen, der mehr wollte, in ihm lag die Wonne der Unschuld und ein Glauben an die Menschen, den wenige Sterbliche kennen, sein Herz war zur Freundschaft geschaffen, Liebe war seine Natur und Treu seine innigste Neigung.

Aber er war kein Werk der Welt, er paßte in keine Ecke derselben.

Und die Welt, die ihn also fand und nicht fragte, ob durch seine Schuld oder durch die eines andern, zerschlug ihn mit ihrem eisernen Hammer wie die Maurer einen unbrauchbaren Stein zum Lückenfüllen zwischen den schlechtesten Brocken.

Noch zerschlagen glaubte er an das Menschengeschlecht mehr als an sich selber, setzte sich einen Zweck vor und lernte unter blutigem Leiden für diesen Zweck, was wenige Sterbliche können.

Allgemein brauchbar konnte er nicht mehr werden, und er wollte es auch nicht; aber für seinen Zweck wurde er es mehr als irgend einer; er erwartete jetzt Gerechtigkeit von dem Geschlecht, das er noch immer harmlos liebte. Er erhielt sie nicht. Leute, die sich zu seinen Richtern aufwarfen ohne ein einziges Verhör, beharrten auf dem Zeugnis, er sei allgemein und unbedingt unbrauchbar.

Das war das Sandkorn auf der stehenden Waage seines Elends.

Er ist nicht mehr, du kennst ihn nicht mehr, was von ihm übrig ist, sind zerrüttete Spuren seines zertretenen Daseins.

Er fiel; so fällt eine Frucht, wenn der Nordwind sie in ihrer Blüte verletzt und nagende Würmer ihre Eingeweide zerfressen, unreif vom Baum.

Wanderer, weihe ihr eine Zähre, sie neigte noch im Fallen ihr Haupt gegen den Stamm, an dessen Ästen sie ihren Sommer durchkrankte, und lispelte dem Horchenden hörbar: „Ich will dennoch auch in meinem Vergehn seine Wurzeln noch stärken.“

Wanderer, schone der liegenden, sich auflösenden Frucht und laß den letzten Staub ihres Vergehens die Wurzeln des Baums noch stärken, an dessen Ästen sie ihren Sommer durchkrankte.

Interpretation

Pestalozzis ›Nachforschungen ...‹: Ein Nachdenken über die Strukturen menschlichen Seins in pragmatischer Absicht

Eine pädagogische Aufklärungsschrift

Pestalozzi beschließt seine ›Nachforschungen‹ mit: „Tausende gehen als Werk der Natur im Verderben des Sinnengenuß dahin und wollen nichts mehr“, d.h.: sie suchen Bedürfnisbefriedigungen und nichts weiter. „Zehntausende erliegen unter der Last ihrer Nadel, ihres Hammers, ihrer Elle und ihrer Krone und wollen nichts mehr“, d.h.: sie begnügen sich mit den beruflich und gesellschaftlich erwarteten Funktionen und erstreben nichts anderes. Aber, sagt Pestalozzi: „Ich kenne einen Menschen, der mehr wollte, in ihm lag die Wonne der Unschuld und ein Glauben an die Menschen, den wenige Sterbliche kennen, sein Herz war zur Freundschaft geschaffen, Liebe war seine Natur und Treu seine innigste Neigung. Aber er war kein Werk der Welt, er paßte in keine Ecke derselben“ (XII, 166/115)*.

Dass Pestalozzi sich hier selber als den gesellschaftlich nicht angepassten Randständigen ansieht, ist offenkundig: Sein Lebenslauf dokumentiert diese Selbstcharakterisierung als Ergebnis seiner Nachforschungen. Und wenn man Autoren zubilligt, dass sie ihre Worte wohl bedacht setzen, so muss man bei Pestalozzi registrieren, dass er keine *allgemeinen* Nachforschungen anstellt, sondern von *„meinen* Nachforschungen“ spricht. Sie haben insofern bekenntnishafte Bedeutung, nämlich wie er sich selbst als individuelles lebensweltgebundenes Glied des Menschengeschlechtes sieht, woraus er allgemein gehaltene Konsequenzen zieht. Die Schrift wird eingeleitet mit Fragen, die er an sich selbst richtet: „Was bin ich, und was ist das Menschengeschlecht? Was hab ich getan und was tut das Menschengeschlecht? Ich will wissen, was der Gang meines Lebens, wie es war, aus mir gemacht hat; ich will wissen, was der Gang des Lebens, wie er ist, aus dem Menschengeschlechte macht“ (XII, S. 6/10). Er will die Grundlagen seiner und der Menschen Lebensentwicklung herausfragen, unabhängig von philosophischen Grundsätzen und vom Aufklärungsdenken seiner Zeit. Und er will die Wahrheit in sich selbst suchen, d.h. „die

* Die Seitenangaben hinter dem Schrägstrich beziehen sich auf den vorangehenden Text.

einfachen Resultate, zu welchen die Erfahrungen meines Lebens mich hingeführt haben“ (XII, S. 7/10). Aber weit verfehlt wäre es, hier eine Autobiographie zu erwarten: denn unter der Hand entwickelt sich Pestalozzis Vorhaben in eine – gerade noch geleugnete – Aufklärungsschrift. Heißt es doch im gleichen Atemzug, dass diese „Nachforschungen einem großen Teil meines Geschlechts einen ihrer Art und Weise, die Sachen dieser Welt anzusehen, nahestehenden Aufschluß über ihre wesentlichsten Angelegenheiten erteilen“ (XII, S. 7/10). Und nicht nur das: Die ›Nachforschungen‹ entpuppen sich als eine pädagogische Aufklärungsschrift, die ausgehend von den „Sachen dieser [Lebens-]Welt“ Hinweise und Orientierungen („Aufschluß“) geben will, was angesichts dieser „Sachen“ und ihrer Auswirkungen Menschen tun sollen als ihre „wesentlichste“ Aufgabe, d.h. einer solchen, die ihr Wesen betrifft. Insofern kann es bei Heinrich Ost auch heißen, dass die ›Nachforschungen‹ „eines der schonungslosesten und erregendsten Werke über ... uns“ sind (1999, S. 104), die der „selbstbewußte Sohn der Aufklärung, der fest auf die Verbesserung der menschlichen Verhältnisse setzte“, geschrieben habe (S. 74).

In Nachforschungen, die man anstellt, wird nicht Forschung in noch unbekannten Bereichen betrieben, sondern in ihnen wird Sachverhalten, die bekannt sind, nachgegangen, um sie näher zu verstehen; es wird über sie nachgedacht, aufgeklärt, es wird Nachdenklichkeit erzeugt – kurz: es wird über sie philosophiert. Aber es wird philosophiert nicht um des Philosophierens selbst willen, sondern bei Pestalozzi um Taten aus diesem Philosophieren hervorgehen zu lassen; das ist der praktische Zweck des pragmatischen Philosophierens, das wir bei Pestalozzi vorfinden. Der Aufklärungsanspruch des Handelns leitet die philosophisch-anthropologischen Erörterungen Pestalozzis, aber kein theoretischer Anspruch leitet sie. „Er hat sich entschieden auf die Seite des Handelns geschlagen“, schreibt Ost (1999, S. 76) und weiter: „Der Mensch als Begriff hat ihn nicht interessiert“ (S. 77). Die ›Nachforschungen‹ stellen insofern ein pragmatisches Philosophieren unter Lebensweltbezug für eine Verbesserung der menschlichen Lebensweltverhältnisse dar, die vom Menschen nicht nur – ihn prägend – vorgefunden werden, sondern die vom Menschen auch selbst hergestellt werden können und sollen: „So viel sahe ich bald, die Umstände machen den Menschen, aber ich sahe eben so bald, der Mensch macht die Umstände, er hat eine Kraft in sich selbst, selbige vielfältig nach seinem Willen zu lenken“ (XII, S. 57/50). Diese knapp formulierte Erkenntnis hat für Pestalozzi eine außerordentliche Bedeutung gehabt; sie stellt eine Umorientierung seines Denkens dar: nämlich weg von Rousseau hin zu Kant, den er selber nicht gelesen hat, geschweige denn gesprochen hat, der ihm aber im Gefolge eines Besuches durch Johann Gottlieb Fichte durch diesen nahe gebracht wurde.

Von Rousseau zu Kant

Was heißt das? Im Sommer 1793 – vier Jahre vor Veröffentlichung der ›Nachforschungen‹ – besuchte der Jenenser Philosoph Johann Gottlieb Fichte zum wiederholten Male Pestalozzi. Fichte war durch die kantische Transzendentalphilosophie, in besonderem Maße durch Kants Ethik beeinflusst worden und hatte sich zum „bedeutendste[n] Vertreter des reinen Kantianismus“ (Reinert/Cornelius S. 30) entwickelt. Die Ethik Kants wurde für Pestalozzi besonders eindrucksvoll, weil ihm als „Leitziel der Menschheit ... das Erreichen der Sittlichkeit“ galt und weil Kant mit seiner Ethik die Achtung und Befolgung des Sittengesetzes, sprich: des kategorischen Imperativs zur alleinigen Pflichtaufgabe moralischen Handelns machte und damit das Prinzip von Sittlichkeit oder Moralität in einem Gesetz festgeschrieben hatte. Für Pestalozzi bedeuteten nun die Gespräche mit Fichte hierüber, eine neue Sichtweise zu gewinnen, um aus dem Problem herauszufinden, das Rousseau in ihm ausgelöst hatte. Welches war das?

Rousseaus Erziehungsroman ›Emile‹, der auf Pestalozzis Denken sich (anfangs) bestimmend auswirkte, ging von dem Grundsatz aus, dass der Mensch, so wie er aus den Händen des Schöpfers komme, gut sei und dass er unter den Einflüssen der Gesellschaft entarte, die gesellschaftlichen Einflüsse, die gesellschaftlichen „Umstände“ ihn zum Bösen hin pervertierten. Der Mensch ist von Natur aus gut und unschuldig (ohne Erbsünde und ohne Erbschuld), es gibt in diesem Ur-Zustand keine Ungleichheit und keine Unmoralität, keine Unfreiheit und keinen Hobbes'schen „Krieg aller gegen alle“. Der Mensch lebt als der „gute Wilde“ (bon sauvage) für sich als Individuum und im guten Einvernehmen mit den anderen als ebensolchen Individuen; er liebt sich selbst, will sich selbst erhalten und will andere nicht leiden sehen. Für Pestalozzi bedeutete das: Selbstliebe, Selbstsorge und Wohlwollen charakterisieren den guten Wilden: er lebt dabei so, dass er nicht in moralische Schuld geraten kann, er lebt in Unschuld, weil das Selbst keine moralische Abhängigkeit kennt. Wohl entstehen gesellschaftliche Verwiesenheiten aufeinander, die allerdings nicht gesetzlich fixiert sind und auch nicht gesetzlich fixiert zu werden brauchen, weil der Einzelne durch seine naturgegebenen Kräfte wie Vernunft und Sprache noch selbstregulierend die Verwiesenheit auf andere gestalten kann.

Ein Bruch mit diesem „Naturzustand“ tritt ein durch das Aufkommen von Machtbestrebungen, Eigentumsdenken, von Selbstsucht als Perversion von Selbstsorge und Selbstliebe, von materiellen Abhängigkeiten, von Geltungssucht, von Arbeitsteiligkeit und vom Gedanken, andere für sich arbeiten zu lassen, von Funktionärstum und von Konkurrenz. Dies ist der

„gesellschaftliche Zustand“, der diametral dem Naturzustand entgegensteht und nichts mit ihm gemein hat. Aus dem guten natürlichen Menschen wird der böse gesellschaftliche Mensch. Rousseau bezeichnet diese Differenz in aller Klarheit, er kann aber nicht erklären, wie der Zustand der Perversion des Naturzustandes entstehen konnte. Er kann zwar sehr anschaulich darstellen, was beispielsweise geschehen ist: „der erste, der einen Zaun um ein Stück Erde zog, und anmaßend sagte: ‘das gehört mir’ und der Menschen fand, die einfältig genug waren, es zu glauben, war der wahre Gründer der bürgerlichen Gesellschaft“ (Zweiter Discours, 1967, S. 87). Aber was zu dieser Handlung führte, das heißt die Bedingung der Möglichkeit einer Perversion des Naturzustandes kann Rousseau nicht erklären. Wohl aber, wie einer solchen Perversion durch Erziehung gegengewirkt werden könne: nämlich durch eine naturgemäße oder negative Erziehung, aus der die gesellschaftlichen Einflüsse völlig herausgehalten werden. Insofern gibt es drei naturbezogene „Lehrmeister“ für Rousseau: die *Natur* selbst, die die Entwicklungsgesetzmäßigkeiten des Menschen vorgibt, die *Menschen*, die diesen Entwicklungsgesetzmäßigkeiten förderlich zu sein haben, und die *Dinge*, die uns die Außenwelt in ihrer Gesetzmäßigkeit erfahrbar machen. Die Natur erweist sich für Rousseau als das absolut gute und wahre Prinzip von Menschheit und Menschlichkeit: Die Natur lügt niemals, „alles was von ihr kommen wird, wird wahr sein“ (Zweiter Discours, 1967, S. 63). Rousseau trennt somit radikal zwischen Naturzustand als gutem, wahrem und Gesellschaftszustand als bösem, falschem Zustand. Es gibt keine Vermittlung zwischen beiden und es gibt keine Erklärung der Möglichkeitsbedingung des Bösen, wie es im Gesellschaftszustand – kulturkritisch gesehen – zutage tritt.

Das nun wird dem Erzieher Pestalozzi und dem Anthropologen Pestalozzi zum Problem: einmal, weil er eine Überwindungsmöglichkeit des Bösen im gesellschaftlichen Zustand bei Rousseau nicht findet und selber auf der Suche danach ist, aber bis in die ›Abendstunde eines Einsiedlers‹ und in ›Lienhard und Gertrud‹ hinein noch keine Lösung gefunden hat. Darüber wurde ihm eines gewiss, was seine erste Distanzierung zu Rousseau veranlasste, obwohl er ihn derart verehrte, dass er sogar seinen Sohn nach ihm Johann Jacob – Jean Jacques – benannte: Der Naturzustand muss in sich selbst schon die Dialektik zwischen Gut und Böse tragen. In ›Lienhard und Gertrud‹ im vierten Band (1787) lässt er dies den Leutnant Glüphi erklären: „Der Mensch … ist von Natur, wenn er sich selbst überlassen wild aufwächst, träg, unwissend, unvorsichtig, unbedachtsam, leichtsinnig, leichtgläubig, furchtsam, und ohne Grenzen gierig, und wird dann noch durch die Gefahren, die seiner Schwäche, und die Hindernisse, die seiner Gierigkeit aufstoßen, krumm, verschlagen, heimtückisch, mißtrauisch, gewaltsam, verwegen, rachgierig und grausam. – Das ist der

Mensch, wie er von Natur, wenn er sich selbst überlassen, wild aufwächst, werden muß; er raubet wie er ißt, und mordet wie er schläft. – Das Recht seiner Natur ist sein Bedürfnis, der Grund seines Rechts ist sein Gelüst, die Gränzen seiner Ansprüche ist seine Trägheit, und die Unmöglichkeit weiters zu gelangen. In diesem Grad ist es wahr, daß der Mensch, so wie er von Natur ist ..., der Gesellschaft nicht nur nichts nütz, sondern ihr im höchsten Grad gefährlich und unerträglich ist" (III, S. 330/331).

Nichts mehr mit der absoluten Gutheit der Natur und nichts mehr mit einem „bon sauvage" wie bei Rousseau, sondern ein negativer, zumindest ein widersprüchlicher Zustand des Menschen, wie es Pestalozzi zehn Jahre später in den ›Nachforschungen‹ bespricht. Man fühlt sich an Kant erinnert, der in seiner ›Vorlesung über Pädagogik‹ von der Rohigkeit des Naturzustandes des Wilden und seiner notwendigen Disziplinierung spricht. Pestalozzi könnte man fiktiv sagen lassen: „Meine Nachforschungen haben mich also dahin gebracht, dass wir uns näher mit dem Naturzustand des Menschen befassen müssen. Und wenn mein Leutnant Glüphi, dem ich meine Stimme in ›Lienhard und Gertrud‹ gegeben habe, Recht hat, dass nämlich die Gesellschaft unter dem Naturzustand leidet, müssen wir uns auch mit dem gesellschaftlichen Zustand befassen, denn auch er ist dann nicht mehr ein absoluter Gegensatz zum Naturzustand, wie bei Rousseau, sondern verwoben mit dem Naturzustand. Und dann könnte es noch einen dritten Zustand geben, der es ermöglichen würde, die Negativität beider Zustände zu begrenzen und die Zustände so zu veredeln, dass ich mit Recht davon ausgehen kann, zu erklären, dass nicht nur die Umstände den Menschen machen, das heißt prägen, sondern dass auch der Mensch die Umstände macht und gestaltet, dass er aktiv, ja selbstaktiv und selbstbestimmend im Handeln ist, dass er autonom und damit sittlich ist resp. sein kann." Hierfür nun, was einen möglichen dritten Zustand angeht, den Pestalozzi in den ›Nachforschungen‹ dann den „sittlichen Zustand" nennt, ist Kant über Fichte für Pestalozzi ausschlaggebend geworden.

Lebenswelterscheinungen in der Analyse

Pestalozzi philosophiert in und mit seinen ›Nachforschungen‹; er philosophiert über die Entwicklung des Menschengeschlechts, was im 18. Jahrhundert ein gängiges Thema war, und er tut dies aus einem Nachdenken über die eigene Entwicklung heraus, und zwar nicht in idealistischer und rein theoretischer Weise, sondern unter Rückbezug auf die Lebenswelten und Gestaltungen des Lebensalltags, die für ihn bestimmend waren. Sie haben für ihn exemplarische Bedeutung für das, was allgemein Gesellschaft ausmacht; insofern kann er von seiner Entwicklung durch seine

Lebenswelten hindurch verallgemeinern auf die Entwicklung der Menschheit hin auf einen Endzustand, der ihr von der Natur als Schöpfernatur (und damit von Gott) auferlegt worden ist. Der Bezug auf Lebenswelten ist für Pestalozzi konstitutiv, weil menschliches Leben sich in ihnen abspielt: sie machen die Lebenswirklichkeit des Menschen aus. Und in ihnen muss nun auch das angelegt sein, was zur Überwindung ihrer negativen Seiten taugen kann, um einen möglichen besseren Zustand der Wirklichkeit, sprich der jeweiligen Lebenswelt, herbeiführen zu können. „Pestalozzi hat zeitlebens durch das Wirkliche nach dem Möglichen gespäht ...", heißt es bei Ost (1999, 47). Das Wirkliche sind die Lebenswelten des Menschen.

Pestalozzi philosophiert in seinen ›Nachforschungen‹ über – wie er sagt – den „Gang der Natur in der Entwicklung des Menschengeschlechts", was gleichbedeutend ist mit seiner schon genannten Erklärung, ihn interessiere der Gang seines Lebens und der Gang des Lebens des Menschengeschlechtes. Nun findet er im Zusammenhang mit der Frage „Was bin ich?" zur Beantwortung einen „Faden" in Form von Feststellungen, die den „Pfad der Natur in jeder Entwicklung des Menschengeschlechts mit Sicherheit nachspüren und ihn von seinem Anfang an bis zu seiner Vollendung verfolgen könnte" (XII, S. 7/11). Diese „Feststellungen" sind nichts anderes als von Pestalozzi festgestellte Erscheinungen der Lebenswelt, die den Einzelnen und die vielen betreffen, aufgrund deren man dem Gang oder Pfad der Natur als einer Art Gesetzlichkeit für die Entwicklung der Menschen und der Menschheit nachspüren kann. Der Gang der Natur in der Entwicklung des einzelnen Menschen ist der Gang seines Lebens und der „Pfad der Natur" seiner Entwicklung und ist zugleich auch – geschichtsphilosophisch gesehen – das Gesetz der Natur und das Gesetz des Lebens in der Entwicklung der Gesamtheit aller möglichen Einzelwesen in Form des Menschengeschlechts oder kurz: des Geschlechts. Die festgestellten Lebensweltserscheinungen bezeichnen quasi Entwicklungsstadien im Durchlaufen des Naturganges oder Lebensganges, die Pestalozzi wie auch jeder andere Mensch schlechthin erfährt. Insofern können sie Geltungsanspruch erheben für die Entwicklung des Menschengeschlechts.

Das menschliche Leben, der Mensch mithin, beginnt seinen Gang der Natur in einem Zustand als animal, als Lebewesen, als Tier, jedoch nicht in der Qualität des Tierseins, nämlich alles für das Leben Notwendige schon in sich fertig entwickelt zu haben. Der Mensch braucht zu seiner Entwicklung Abhilfe für seine Hilflosigkeit, die Pestalozzi „Unbehilflichkeit" nennt. Er braucht aus Selbstsorge heraus *Einsichten* und *Wissen*, und diese führen ihn aus Selbstsorge heraus zum *Erwerb* von Möglichkeiten zur Lebensfristung und zur „Befriedigung meiner selbst in meinen nächsten Verhältnissen". Aus dem Erwerb entstehen *Eigentum* und *Besitzstand* als gesellschaftliche Einrichtungen, die – wenn auch gerechtfertigt – zur

Selbstsucht statt Selbstsorge genutzt werden können und gesellschaftsrechtlich geschützt werden müssen. Es geht um die „Natur der gesellschaftlichen Rechtmäßigkeit des Besitzstands selber" (XII, S. 11/14). Die Nutzung des Besitzstandes muss gesetzlich so geregelt werden, „daß es dem untergeordneten Nutznießer des großen Besitzstands immer möglich bleibt, im gesellschaftlichen Zustand durch diese Nutznießung diejenige Befriedigung zu finden, um deren willen er das bürgerliche Joch beruhigt am Halse trägt" (XII, S. 11/14). Eigentum und Besitzstand fordern den *gesellschaftlichen Zustand*, um einer tierisch gesteuerten Selbstsucht des Menschen künstliche, nämlich gesetzliche Grenzen zu ziehen zum Erhalt einer Verträglichkeit in der Gesellschaft. Nicht der Einzelne als Mensch ist hier von Interesse, sondern das vergesellschaftete Individuum als Bürger. Trotz der bürgerlichen Gesetzlichkeit wenden Inhaber von *Macht* – so „sagen die Erfahrungen aller Zeiten" – alles Mögliche an, um unter Umgehung des Gesellschaftsrechtes „in der bürgerlichen Gesellschaft doch Meister zu sein", verursacht durch die weiterwirkende tierische Natur des Menschen. „Alle Maßregeln der gesellschaftlichen Ordnung sind daher nichts anderes als gesellschaftliche Einrichtungen, diesen Spielraum meiner tierischen Natur zugunsten des gesellschaftlichen Zweckes einzuschränken" (XII, S. 13f./16). Der tierische Wunsch, „doch Meister zu sein", führt zur Macht, die ihre „Tierkraft" „außer allen Schranken des Rechts" ausprobiert (XII, S. 15/17): „Die Macht, als Macht, ist auf der ganzen Erde gesetzlos, und die gesetzlose Macht ist wie das Schlagen der Welle im Sturm, die selber vergeht, indem sie eine andere verschlingt" (XII, S. 18/20). Macht führt zur *Unterwerfung*. Die Unterwerfung des sich Unterwerfenden legitimiert sich aus Selbstsorge und aus einem Dienstwillen heraus, den „Zweck der gesellschaftlichen Vereinigung", die „gesetzliche Sicherstellung der niederen Rechte des untergeordneten Eigentums", „gesicherte und allgemeine Volksbildungsanstalten", Erwerbsschutz der Armen und Verfügungsbeschränkung der Fonds der Reichen sicherzustellen (XII, S. 19/20f.).

Immer wieder erklärt Pestalozzi, wie entscheidend doch der Einfluss der tierischen Natur des Menschen auf den zur Disziplinierung der tierischen Natur eingerichteten und Zivilisierung bewirken wollenden gesellschaftlichen Zustand als vom *gesellschaftlichen Recht* getragener Bürgerzustand sei. Dieser Einfluss der tierischen Natur habe nun ein Zugrunderichten des gesellschaftlichen Zweckes im gesellschaftlichen Zustand zum Ergebnis. Damit zusammenhängend entsteht gesellschaftliches Unrecht: „Der Mensch kann und will als tierisches Geschöpf nicht anders als selbstsüchtig handeln", er sei zur Gesetzlosigkeit geneigt und lebe „als Tyrann und Sklave" seinen tierischen Gefühlen gemäß. Als großes Beispiel dient ihm die unmittelbar erlebte Französische Revolution, sein – des Menschen – Wüten „im öffentlichen Getümmel des Aufruhrs" (XII, S. 23/24).

Von Natur her will der Mensch lieber herrschen als dienen. Seine *Naturfreiheit* als Genuss der Selbständigkeit durch tierische Kraft ist ihm mehr wert als seine in Gesetze fremdbestimmender Art eingebundene *bürgerliche Freiheit.* Naturfreiheit hat ihr natürliches Recht durch das Gefühl des Selbständigkeitsbedürfnisses im Naturzustand, bürgerliche Freiheit hat ihr gesellschaftliches Recht durch das Gefühl des Ersatzbedürfnisses der Naturfreiheit unter gesellschaftlichen Interessen. Das Selbständigkeitsinteresse des Menschen ist Bedürfnis der tierischen Natur des Menschen. *Tyrannei* lebt von der Naturfreiheit der Macht als Unterdrückung des gesellschaftlichen Rechts (XII, S. 26f./28). *Aufruhr* als Gegenaktion gegen Tyrannei lebt in seiner Gesetzlosigkeit und Hinnahme des öffentlichen Unrechts als willkürliche Gewalt von eben derselben tierisch gebundenen Naturfreiheit. Aber auch das *Wohlwollen*, erwachsen aus Behaglichkeit und wohl tuendem wie leichtem Sinnengenuss, gehört zur tierischen Natur und ihrer harmlosen, kein Leid nach sich ziehenden Zufriedenheit. Solange der Mensch zufrieden ist, so lange ist er wohl wollend und tugendhaft, wo Unzufriedenheit und Übel, Leid und Frustrationen aufkommen, wird der Mensch falsch und hart (XII, S. 35/33f.), mit Glüphis Worten: selbstsüchtig und heimtückisch, krumm und verschlagen, gewaltsam, rachgierig und grausam. Der Mensch als ursprünglich wohl wollendes und friedliches Geschöpf verbringt im Zustande der unverdorbenen Natur seine Stunden „zwischen Schlaf und Sinnengenuß". Er ist dabei harmlos und friedlich. Bei Notlagen oder Mängeln genügt jedoch dieses instinkthafte Verhalten nicht mehr: „durch die Not wird das tierische Wohlwollen verdorben" (Barth 1974, S. 37f.; ähnlich Reinert/Cornelius 1984, S. 73).

Liebe als Ergebnis von „heiliger Furcht" und „frommen Gehorsams"

Liebe ist für Pestalozzi eine zentrale lebensweltlich erfahrene Erscheinung für sein philosophierendes Nachforschen. Sie „entkeimt" „der Hülle des tierischen Wohlwollens" und findet zu sich selbst als „Göttersinn einer zuverlässigen Treue" durch „frommen Gehorsam" und „heilige Furcht" (XII, S. 37/35). In der Liebe wird der Geist zum Herrscher über die Natur. Es ist der Kampf einer in der Menschennatur liegenden Kraft gegen „das Recht seiner tierischen Sinnlichkeit", der Mensch verdammt in der Liebe diese tierische Sinnlichkeit „gegen sich selbst und gegen sein ganzes Geschlecht". In der Liebe setzt der Mensch „die Kraft seines Willens der Macht seiner Natur entgegen. Er will einen Gott fürchten, damit er Recht tun könne, ... damit der Tiersinn seiner Natur, den er an sich selber verachtet, ihn nicht länger in seinem Innersten entwürdige. Er fühlt, was er in dieser Rücksicht kann, und macht sich nun das, was er kann, zum Gesetz dessen, was er soll. Diesem Gesetz, das er sich selber gibt, unterworfen, unterscheidet er sich vor allen Wesen, die wir kennen" (XII, S. 39/37).

Unterwirft sich der Mensch diesem selbstgegebenen Gesetz, dann veredelt er sich und seine Handlungen, das heißt, er wird edel in seinen Handlungen. Dass Pestalozzi in diesem Zusammenhang an Goethe denkt und das Gedicht „Edel sei der Mensch, hilfreich und gut" zitiert mit der – dem beigebrachten Zitat entsprechenden – Zeile: „denn das allein unterscheidet ihn vor allen Wesen, die wir kennen" (XII, S. 31/31), macht deutlich, wie das Thema „Veredelung" im gedanklichen Trend der Zeit lag und verdeutlicht zugleich die Gründe für die langjährige Suche nach einer Lösung, die Rousseaus Naturansatz hinter sich ließ. Jetzt hatte er ihre Möglichkeit mit der sittlichen Gesetzgebung Kants gefunden.

Wirkt sich für Pestalozzi in allen bisher erörterten lebensweltlichen Zivilisationserscheinungen (Wissen, Erwerb, Eigentum, Besitzstand, gesellschaftlicher Zustand, Macht, Unterwerfung, gesellschaftliches Recht, Freiheit, Tyrannei, Aufruhr und Wohlwollen) die tierische Natur als ein konstitutives Moment aus, das nicht wegzudenken ist, und erscheint in ihnen der gesellschaftliche Zustand des Menschen und des Menschengeschlechts immer auch als ein verdorbener Naturzustand oder als ein Ersatzzustand für den Naturzustand, und ist der Gang der Natur oder der Gang des Lebens somit immer verbunden mit dem instinkthaften Tiersinn des Menschen und produziert dies letztendlich die ethische Ambivalenz der Zivilisation in den erörterten Erscheinungen (so Delekat 1968, S. 212), so tritt jetzt mit der sittlichen Selbstgesetzgebung ein Bruch im Gang der Natur ein. Der Mensch kann als einziges Lebewesen unter eigener Begründung gegen die Naturbestimmung angehen, ja: er kann sie außer Kraft setzen. Die Frage Pestalozzis, ob es etwa „gar kein sittliches Gesetz in meiner Natur (gebe)" (XII, S. 39/37), kann er nun selber in zunächst vager gedanklicher Anlehnung an Kants Sittengesetz beantworten: Es gibt das sittliche Gesetz in meiner Natur als selber denken könnender Mensch: es ist das Gesetz der Liebe, der Liebe, die der Hülle des tierischen Wohlwollens entspringt, aber eine andere Qualität und einen anderen Geltungsanspruch aufweist als den der tierischen Natur.

Religion als Grundlage der Sittlichkeit

Hierzu bedarf es nun der Religion für Pestalozzi. Und das heißt: es bedarf der Gottesfurcht und des Gottesgehorsams, damit der Mensch sich angesprochen und aufgerufen fühlt, sich selbst zur Liebe als zu einem sittlichen Sollen per selbstgegebenem Gesetz zu bestimmen. Ist für Kant das

Sittengesetz ein „Faktum der Vernunft“, das heißt eine Tatsache, die aus der menschlichen Vernunft resultiert, so ist für Pestalozzi das Sittengesetz ein Faktum der göttlichen Natur des Menschen, der Ebenbildlichkeit Gottes: Der Mensch hat eine Kraft zur Veredelung seines Handelns und damit seiner Lebensumstände, eine Kraft zum sittlichen Handeln, die es ihm ermöglicht, dem „fast apokalyptischen Bild vom Menschen“ (Delekat 1968, S. 199) gegenzuwirken. Diese Kraft ist göttlichen Ursprungs. In seiner ›Geschichte der Pädagogik‹ erklärt Herwig Blankertz hierzu mit Blick auf die Erziehung: „Soweit sie [die Entwicklung des Menschengeschlechts] … das Werk der Menschen ist, sah er [Pestalozzi] das pädagogische Interesse darin, Kräfte zu entwickeln und zu beleben, das Kind fähig zu machen, sich Religion und Glauben anzuvertrauen, um christlich handeln zu können“ (1982, S. 107) und das heißt: um sittlich handeln zu können (denn „das Christentum ist ganz Sittlichkeit“ [XII, S. 157/107]). Der Mensch mit dieser zu belebenden, sprich aufzuklärenden und auszulösenden Kraft zur Veredelung und damit zum sittlichen Handeln ist autonom: er gibt sich selbst durch seinen freien Willen das Gesetz des Sollens. Die Kraft selbst ist eine göttliche Kraft, eine Kraft der göttlichen Natur im gottebenbildhaften Menschen.

Diese Kraft kann der Mensch für Pestalozzi nun – ganz im kantischen Sinne – unter „gedoppeltem Gesichtspunkt“ nutzen: er kann sie zum einen nutzen unter dem Gedanken, was er aufgrund der göttlichen Kraft in ihm soll, oder er kann sie nutzen zum zweiten unter dem Gedanken, „was er gelüstet“. Es ist die kantische Doppelung von Pflicht und Neigung. Hält er sich an die Neigung (an das Gelüsten), dann verleitet ihn die Kraft durch Versprechungen einer ihm nützlichen Belohnung in Form einer Versuchung: „Sie führt ihn auf die Höhe des Tempels, zeigt ihm alle Reiche der Welt und lispelt ihm zu, das alles ist dein, wenn du nur willst.“ Damit ist dann seine tierische Selbstsucht im Spiel, er verhöhnt die Wahrheit und das „Recht seines Geschlechts, er liebt die Trägheit, die Gewalttätigkeit, die Galeeren, die Monopole, die Schikane, den Eigensinn und die gesellschaftliche Kraft des Eigensinns, die willkürliche Gewalt“ (XII, S. 40/38), kurz: alles das, was Glüphi in seiner Negativliste tierisch-natürlicher Eigenschaften verzeichnet hat. Hält der Mensch sich an die „Pflicht“, an das „Sollen“, dann unterwirft er alle diese tierischen Eigenschaften des Menschen, die seinen Lebensalltag und seine Lebenswelt ausmachen, kurz: die Wirklichkeit, der Verachtung. Zugrunde liegt eine „Gemütsstimmung“ als Kraft oder Drang, in der der Mensch „tief fühlend, mit der ganzen Fülle seines Wesens strebend nach dem Besten, Edelsten, das er zu erkennen vermag, nur innere Vollkommenheit sucht und nichts anders“ (XII, S. 40/38).

Diese Kraft bezeichnete Pestalozzi als „Traumkraft“ und setzt sie der

Kraft der tierischen Natur entgegen. Traumkraft des Denkens ist spekulatives Denken, das heißt ein Denken, das die Grenzen der sinnlichen Wahrnehmung überschreitet, empirisches wirklichkeitsbezogenes Denken hinter sich lässt und möglichkeitsbezogenes, visionäres oder traumhaftes Denken eröffnet, um „das Bild eines Gottes, das ihm Kraft gebe gegen den Tiersinn seiner Natur", zu finden. Aus der mit Übeln durchsetzten Wirklichkeit erwächst ein Denken nach besseren Möglichkeiten, ja nach Vervollkommnung und Vollkommenheit, was Topos der Aufklärungszeit war. Weil dieses „Traumdenken" die Wirklichkeit überschreitet und sich in die Transzendenz verlagert, kann es nur ein spekulatives Denken sein. Weil es hinter die Naturwelt zurückfragt und nach einem Gottesverständnis sucht, ist es metaphysisches oder auch religiöses Denken, das an Spekulation gebunden ist oder mit Pestalozzi: an ein „Ahndungsvermögen über die Grenzen alles hier möglichen Wissens" (XII, S. 40/38).

Nun geht es bei diesem Denken aber nicht um den Versuch einer Erkenntnis Gottes für Pestalozzi. Gott erkennen zu wollen wäre Hybris und Humbug für Pestalozzi: er glaubt an Gott als der schöpferischen Urkraft von allem, die man als Urkraft zwar nicht beweisen kann, die sich ihm aber in der Liebe offenbart. Pestalozzi forscht dem „Bild" Gottes als Kraftgeber nach und fragt: Wie kann ich mir Gott vorstellen, der mir die Kraft gegen den Tiersinn meiner Natur gibt, der von mir im Denken und Handeln Prinzipientreue fordert und erwartet, der also fordert, „der Wahrheit um der Wahrheit und dem Recht um des Rechts willen getreu [zu] sein" (XII, S. 40/38)? Es geht ihm in seinem metaphysisch-religiösen Denken also nicht um die Erkenntnis Gottes als einer metaphysischen „Erkenntnis", sondern es geht ihm um die Vorstellung Gottes als Bedingung der Möglichkeit der sittlichen Kraft im Menschen für den Kampf gegen dessen tierische Natur. Es ist ein kantisches transzendentalphilosophisches Denken, das Pestalozzi durch den Transzendentalphilosophen Fichte nahe gebracht wurde. Aber auch das transzendentalphilosophische Denken als solches „reines" Denken interessiert Pestalozzi nicht: Gedanke und Tat, Denken und Handeln gehören ihm zusammen: sie sind ihm eins (vgl. Ost 1999, S. 60); aufklärendes Denken ist ihm immer auch handlungsbezogenes Denken. Ein handlungsbezogenes Nachforschen nach den Bedingungen der Möglichkeit von sittlichem Handeln ist nicht reines transzendentalphilosophisches Denken, sondern ist *transzendentalpragmatisches* Denken. Und das eröffnet dem Pädagogen Pestalozzi auch die Möglichkeit, im Sinne seiner pädagogischen Methode darauf hinzuweisen, dass man die Ausblicke auf die dem Menschen mögliche Sittlichkeit erst dann ins Handeln einbringen sollte, wenn der Mensch dazu in der Lage ist. Die sittliche Selbstgesetzgebung ist eine grundsätzliche Forderung an den Menschen, aber: „Fordre das nicht von ihm, bis ers kann, und denke nicht, daß ers könne, so lange er ein Tier ist", also mit Kant: noch nicht diszipliniert, kultiviert und zivilisiert ist, „und ebenso wenig, daß er anders als tierisch dahin gebracht werden könne, ein Mensch sein zu wollen" (XII, S. 40/38). Der Mensch braucht, so hieß es vorhin, zur „Einlenkung in das Gebiet der Sittlichkeit" Gottesfurcht und Gottesgehorsam als „sinnliche Handbietung", worunter bei Pestalozzi Erziehung verstanden wird. „Ohne der Gottesfurcht sinnliche Handbietung ist Wahrheit und Recht" – und das sind Prinzipien der Sittlichkeit – „meinem Geschlecht nur Täuschung und Schein" (XII, S. 41/38), wie es die Menschen in ihrer gesellschaftlichen Verfasstheit erfahren.

Ich hatte anfangs darauf hingewiesen, dass Pestalozzis Interesse darin liegt, zu einem Verständnis des Menschseins und seiner Entwicklung zu kommen unter den Fragen „Was bin ich?" und „Was ist der Mensch?" sowie unter den Fragen „Wie bin ich zu dem geworden, was ich bin?" und „Wie ist das Menschengeschlecht zu dem geworden, was es ist?". Und drittens will Pestalozzi die Fundamente herausfinden, auf denen sein Tun und Lassen aufruhen, sowie die Gesichtspunkte finden, die Ausgangspunkte seiner wesentlichsten Meinungen sind, was ihn parallel dazu für das Menschengeschlecht interessiert. Er geht bewusst den Weg vom Einzelnen zum Allgemeinen; er geht davon aus, dass seine persönliche Entwicklung und seine Entwicklungsanalyse der Lebensweltstrukturen exemplarisch stehen für die Allgemeinheit der Menschen, für das Menschengeschlecht. Es muss für ihn also Entwicklungsstrukturen geben, die nicht inhaltlich, sondern formaler Art sind, die also nicht wirklichkeitsgebunden oder lebensweltgebunden sind, wohl aber wirklichkeitsbezogen und lebensweltbezogen betrachtet werden können. Pestalozzi kleidet das in die Feststellung von der „inneren Gleichheit der menschlichen Verirrungen": Diese Verirrungen selber sind beim Einzelnen und in der Menschengattungsgeschichte inhaltlich vielfältigster Art, und doch sind sie gleich, nämlich in der Struktur ihrer Entwicklungen, im Formalen (XII, S. 62). Das Rückgrat dieser Struktur ist ihm einmal der Gang der Natur, die einzelnen Etappen (vom Wissen und Erwerb bis hin zum Wohlwollen) sind ihm die Wirbel. Und was den „aufrechten Gang" des Menschen angeht, so gehört dazu zum anderen die Rückbindung menschlichen Denkens und Handelns an etwas Nichtphysisches, wohl aber Metaphysisches, was dem Gang der Natur nicht mehr entspricht: die Rückbindung (lateinisch: religio) an Liebe und Christentum als Geistqualitäten, nicht als Naturqualitäten.

Wahrheit und Recht als Grundprinzipien

Dic Grundlagen seiner ›Nachforschungen‹ und ihre Wahrheit oder besser: Gültigkeit betreffend erklärt Pestalozzi: „Es ist mir ganze Wahrheit, das heißt, es steht meiner Individualität so und nicht anders vor Augen." Es spiegele „die ganze Einseitigkeit" wider als Bericht des „Ganges meines Lebens". Verallgemeinernd fährt Pestalozzi fort: „Mein Bild vom Menschen" – nicht mein Bild von mir – „soll wie mein Buch nichts sein als die Wahrheit, die in mir selbst liegt" und nicht in objektiven Theorien verschlossen ist, die alle gesellschaftlicher Herkunft und gesellschaftlichen Zuschnitts sind und als solche „ein Gewebe von Lügen" wären. Aber was macht die Möglichkeit der Annahme aus, dass in der Lebenswelt nicht nur die gesellschaftlichen Perversionen und Entartungen des Menschlichen zu finden sind, sondern auch das Faktum dessen zu finden ist, dass „einzelne Menschen sich zu einer merklichen Höhe bürgerlichen Wohlstands und sittlicher Veredelung erheben" (XII, S. 57/50)?

„Hier muß ich Licht finden oder der Eindruck, den der Gang meines Lebens auf mich gemacht hat, bleibt bis an mein Grab ein Chaos vor meinen Augen" (XII, S. 57/50). Es ist gleichzeitig die Rückfrage Pestalozzis an die Begrenztheit der Geltung des Ganges der Natur, eine außerordentlich wichtige Rückfrage, wie sich zeigen wird: „Die Natur (setzte mich) mit einer vorzüglichen Kraft auf die Erde, mein tierisches Dasein allenthalben durch mich selbst … sicherstellen zu können. In der Einfachheit dieser ursprünglichen Grundkraft meiner Natur, in meinem Instinkt, liegt das Wesen meines gesunden tierischen Empfindens, Denkens und Handelns. Sobald ich aber mehr sein will oder mehr sein muß, als die Natur allgemein aus meinem Geschlecht gemacht hat, so muß ich mich zum Herrn über den einfachen Führer meines ungekünstelten und ungebildeten Daseins auf Erden emporheben." Und dann: „Die Natur kann das nicht für mich tun" (XII, S. 60/52). Das bedeutet: der Gang der Natur findet an dieser Stelle sein Ende. Oder mit Pestalozzis Worten: „Die Natur hat ihr Werk ganz getan, also tue auch du das deine" (XII, S. 125/87).

Wahrheit und Recht als die genannten Prinzipien der Sittlichkeit existieren für die tierische Natur nicht. Die Auflösung des Widerspruchs, dass die Umstände den Menschen und die Menschen die Umstände machen, zeichnet sich in der Ablösung vom Gang der Natur ab: nicht die Natur macht und gestaltet den Menschen allein, sondern der Mensch selbst ist es, der selbständig und autonom Wahrheit und Recht sucht und Wahrheit und Recht will: „Er findet Wahrheit, wenn er Wahrheit sucht; er hat ein Recht, wenn er eines will. Der Mensch ist also durch seinen Willen sehend, aber auch durch seinen Willen blind. Er ist durch seinen Willen frei und durch seinen Willen Sklave. Er ist durch seinen Willen redlich und durch seinen Willen ein Schurke" (XII, S. 62/54).

Pestalozzis Frage: „Was ist und wodurch wird der Mensch?“ findet somit eine vorläufige Antwort: Der Mensch ist Wesen tierischer Natur als physischer Kraft und er ist Subjekt eines freien Willens; er unterliegt gesellschaftlicher Bildung und subjektiver Bildung: die Umstände machen ihn und er kann willentlich die Umstände gestalten.

Drei Wahrheitsformen – drei Zustandsformen

Wahrheit und Recht: sie tragen für Pestalozzi als Prinzipien der Sittlichkeit für die Vervollkommnung des Menschengeschlechts eine ausschlaggebende Bedeutung. Denn: Wahrheit gründet in Gott und Recht ist Ausdruck für die Legitimität und Moralität menschlichen Denkens und Handelns angesichts der göttlichen Wahrheit.

Als derartige Prinzipien der Sittlichkeit sind sie für die unschuldige, Böses und Gutes nicht kennende tierische Natur nichts; aber andererseits wiederum existieren Wahrheit und Recht für die tierische Natur: Unsere wahren natürlichen Bedürfnisse – heißt es dann – tragen ein natürliches Recht auf ihre Befriedigung in sich – instinktgesteuert und von der Natur aus ohne Zwang und Gewalt. Das entspricht noch Rousseaus Einschätzung der Natur: Die Natur läuft ab entsprechend einer ihr innewohnenden Gesetzmäßigkeit ohne Gewalt und Zwang; sie hat ihre Gesetze, ihr Recht, das keine Ausnahme gestattet: Wer sich in einem Raum mit zerbrochener Fensterscheibe der kalten Zugluft aussetzt, erkältet sich; wer in einer zu frühen Jahreszeit im Freiland Samen steckt und mögliche Frostnächte nicht bedenkt, muss sich mit dem Erfrieren der Keimlinge abfinden. Die Natur hat ihr natürliches Recht, das ihr nicht genommen werden kann.

Wahrheit und Recht sind drittens aber auch gängige Münzen im gesellschaftlichen bürgerlichen Leben: richtiges objektives Können und die Gesetze des bürgerlichen Lebens spiegeln sie wider. Erkenntnisse und Gesetze sind dabei immer interessenabhängig, interessensmäßig auslegbar und interessenstützend. Sie sorgen für die Funktionalität innerhalb einer Gesellschaft unter dem Willen ihrer jeweils Herrschenden, seien es Personen oder Gruppen. Sie sind Herrschaftsstützen ohne Anspruch auf Sittlichkeit. Macht und Tyrannei leben von diesem Verständnis von Wahrheit und Recht.

Neben Wahrheit und Recht als grundlegenden Prinzipien für Sittlichkeit gibt es in einer qualitativen Differenz hierzu demnach Wahrheit und Recht als naturbezogene Kriterien und Wahrheit und Recht als gesellschaftliche Grundlagen.

Mit diesen Feststellungen als Resultate seiner umfangreichen phänomenologischen Vorarbeiten wendet sich Pestalozzi nun der eigentlichen

Absicht seiner ›Nachforschungen‹ zu, nämlich zur Annahme und Begründung von drei Zuständen, in denen der Mensch schlechthin lebt und die für seinen Werdegang wie für den Werdegang des Menschengeschlechtes charakteristisch sind. Pestalozzi stellt sich die Welt oder besser die Lebenswelt, in die der Mensch eingebunden ist, auf drei verschiedene Arten vor, „und deswegen sei die Vorstellung von Wahrheit und Recht in mir selbst im Gefolge dieser dreifachen Gesichtspunkte wesentlich verschieden; ich erschaffe mir durch einen jeden derselben in mir selbst eine für denselben ausschließlich passende Vorstellung von Wahrheit und Recht" (XII, S. 67/54).

Der Mensch lebt zeitlebens immer in drei Wahrheitsformen mit ihren entsprechenden Rechtsformen. Diese haben Erwartungen an ihn und stellen Forderungen an ihn, und er hat die Kräfte, das heißt das Vermögen, diesen Erwartungen und Forderungen auch zu entsprechen. Das sind die tierischen Erwartungen und Forderungen an ihn, das heißt die Erwartungen, die mit der natürlichen Existenz einhergehen und die die Rechte der Natur ihm als Naturwesen gegenüber verkörpern. Es sind die Erwartungen der Gesellschaft an ihn, die sich in Gesetzen, Konventionen, Kontrakten, Verträgen zeigen und von den Menschen der Gesellschaft selbst geschaffen werden um des gesellschaftlichen Miteinanders wegen. Und es sind die Erwartungen der Sittlichkeit, die seine moralische Veredelung in ihrer Befolgung ermöglichen sollen. Das bedeutet die anthropologische Feststellung: Der Mensch ist ein natürliches Wesen, ein gesellschaftliches Wesen und ein sittliches Wesen. Und die zuständigen Kräfte und Vermögen, den jeweiligen Erwartungen nachkommen zu können, sind tierischer Instinkt, gesellschaftliche Disziplinierungsfähigkeit und Zivilisierungsfähigkeit sowie religiös-sittlicher Glaube. Jede dieser Kräfte und Vermögen definiert die Möglichkeitsbedingungen von jeweiligen Zuständen, in denen der Mensch lebt, von Zuständen, die vom Menschen zu meistern sind.

Metaphysisch oder ontologisch könnte man auch von Seinsweisen sprechen: von der natürlichen Seinsweise, der gesellschaftlichen Seinsweise und der sittlichen Seinsweise menschlichen Lebens. Wie im Folgenden noch deutlich werden wird, sind das keine gegeneinander abgeschotteten und absolut begrenzten Weisen, auch keine aufeinander aufbauenden Seinsweisen, die die jeweils vorhergehende Stufe nach Erreichen der ihr folgenden Stufe wie eine Raketenstufe abwerfen lässt. Als Mensch ist man immer eine Dreieinigkeit dieser Seinsstufen oder Seinsweisen, der natürlich gegebenen, der künstlich geschaffenen und der metaphysisch religiös orientierten. Mit der Bezeichnung von Seinsweisen lassen sich auch Pestalozzis Fragen gut verträglich machen, die da lauten: „Was bin ich, wenn die Welt meiner sinnlichen Begierlichkeit ohne Rücksicht auf den gesellschaftlichen Zustand ins Auge fällt? – Was bin ich, wenn die Welt meiner sinnlichen Begierlichkeit mit Rücksicht auf diesen Zustand ins Auge fällt?

– Was bin ich, wenn selbige mir bloß in Rücksicht auf meine innere Veredelung ins Auge fällt?“ (XII, S. 68/55 f.). Was ist also mein jeweiliges Sein und was ist mein menschliches Sein, das die jeweiligen Seinsweisen übergreifend umfasst, mich also nicht als Partikularwesen Mensch ansehen lässt? Bei Pestalozzi wird in diesem Zusammenhang nichts psychologisiert (z. B. Delekat 1968, S. 205 f.; vgl. Stadler 1996, Bd. I, S. 421), denn er philosophiert in und mit seinen Nachforschungen, obwohl er auch entwicklungspsychologischem Denken in die Hand spielt, wenn er von sich ablösenden Zuständen spricht und diese an Kategorien der Entwicklung bindet wie Kindesalter, Jünglingsalter, Mannesalter. Es wird auch nichts pädagogisiert, wenn von den drei Zuständen als denen von Kinderlust, Lehrlingsstand und Meisterjahren gesprochen wird. Derartige Exemplifizierungen der drei Zustände sind dem Volksbuchgedanken geschuldet: So wie ›Lienhard und Gertrud‹ als Volksroman ein Buch für das gemeine Volk sein sollte, so sollten auch die ›Nachforschungen‹ als ein solches Volksbuch angesehen werden. Deshalb nennt Pestalozzi auch in ihrer Veröffentlichung von 1797 nicht seinen Namen als Verfasser, sondern gibt er im Anschluss an den Titel lediglich an: „von dem Verfasser Lienhard und Gertrud“.

Der Naturzustand oder: Die präkonventionelle Seinsweise des Menschen

Die drei Seinsweisen des Menschen (natürliches, gesellschaftliches, sittliches Sein) werden von Pestalozzi in der Regel als drei „Zustände“ bezeichnet. Das Wort Zustand ist ein Verbalabstraktum von „zustehen“: dem Menschen steht ein natürliches, ein gesellschaftliches und ein sittliches Sein zu. „In der Regel“ will heißen, dass es auch Ausnahmen davon gibt: So spricht Pestalozzi statt vom Naturzustand fast immer nur von einem Naturstand, was er nicht mit den anderen beiden Zuständen macht. Er tut dies mit Bedacht: Gesellschaftliches Sein und sittliches Sein sind Konstrukte; sie werden jeweils unter Interessen an den Menschen herangetragen. Der Mensch hat ein Interesse am *gesellschaftlichen Sein*, das von ihm für ihn geschaffen wird und zu dem hin zu erziehen ist; wir nennen das heute Sozialisation und Kulturation oder im Anschluss an Kant Zivilisierung und Kultivierung. Der Mensch hat zudem ein einem inneren moralischen Gefühl entstammendes Interesse am *sittlichen Sein*, das durch besondere Anstrengungen zur Veredelung und Vervollkommnung, die er selbst zu leisten hat, zu bilden ist; wir nennen das heute auch Moralisierung.

Natürliches Sein ist dagegen kein Konstrukt einer zu schaffenden zweiten Natur oder einer zu schaffenden zweiten sozialen und sittlichen Haut.

Natürliches Sein schafft und bildet nicht der Mensch: er hat es als Naturwesen von Anfang an: es ist seine ursprüngliche Haut, es ist seine Ursprungssituation. Der Mensch als Naturwesen „steht" mit seinen Lebenswurzeln in der Natur. Das Verbalsubstantiv zu stehen ist „Stand" und bezeichnet den festen Ort des Menschen, der ihm unabhängig von seinem Wollen oder Nichtwollen, von seinem Einsatz oder Nichteinsatz zukommt oder zusteht. Der Naturzustand wurzelt unabänderlich im Naturstand: Der Naturstand bestimmt den Naturzustand als einen durch die Schöpfung dem Menschen zugewiesenen Ort, den er zeitlebens nicht verändern kann, auch nicht verlassen kann und der für das gesellschaftliche und sittliche Sein positive und negative Grundbedeutung trägt. Die Pestalozzi-Rezeption und Pestalozzi-Interpretation spricht allerdings durchweg aus Gründen der Vereinfachung des Verständnisses der drei Seinsweisen nur vom Naturzustand. Keine der Literaturen zu Pestalozzis ›Nachforschungen‹ spricht diese Differenz an.

„Was bin ich im Naturstand?", fragt also Pestalozzi. Und er beginnt mit einer Definition: „Naturstand, im wahren Sinne des Wortes, ist der höchste Grad tierischer Unverdorbenheit. Der Mensch in diesem Zustand ist ein reines Kind seines Instinktes, der ihn einfach und harmlos zu jedem Sinnengenuß hinführt." Der Naturstand erzeugt einen Zustand, aus dem – wie im weiteren deutlich wird – der Mensch nicht herauskommt. Der Naturzustand zeigt sich dabei in zweierlei Formen, die beide im Naturstand wurzeln: Der Naturstand kann in einem unverdorbenen und einem verdorbenen Zustand in Erscheinung treten.

Verbunden mit dem Aufklärungsgedanken, dass der Mensch die Anlage und aus ihr resultierend die Aufgabe habe, sich aufgrund einer angeborenen Strebenskraft zu vervollkommnen (Perfektibilität) und sich dadurch höher zu entwickeln bis hin zur Veredelung und zum Menschenadel, identifiziert Pestalozzi den Naturstand mit einer „niederen Menschheit" (I, S. 201). Die Grundlage für das Streben sieht er in einer neutralen Strebenskraft im Sinne einer naturgegebenen Energie zum Höher-Fortschreiten, aber auch zur Selbsterhaltung und zur Selbstsorge. Die Natur erborgt sich diese Kraft nicht, sondern sie liefert sie durch sich selbst: sie kann das, weil sie göttlicher Abkunft ist. Der Ort, an dem für Pestalozzi zum ersten Male diese physische Kraft – oder tierische Kraft – auftritt, ist die Wohnstube und sind die häuslichen Verhältnisse, in denen die Kraft des Kindes auf die ihr antwortende Kraft der Mutter trifft. Dieses Wechselspiel erzeugt ein Wohlsein, ein Wohlgefühl und eine Wohlwollenshaltung, die sich überall im Lebewesenbereich finden, wo Bedürfnisse des Kindes, des Schwächeren, des noch nicht für sich selbst Sorgenden eine Befriedigung von den Versorgern erfahren. Es ist physische und psychische Fürsorge und beim Menschen der Urtypus von Verantwortung, wie es Hans Jonas

(1979) sieht. Weil diese Fürsorge ein an Instinkte gebundenes Verhalten im gesamten Lebensbereich ist, nennt Pestalozzi diese Naturkraft „tierisch" und spricht er vom „Tierwesen" Mensch, das heißt vom Menschen als spezieller Art der Gattung Tierwesen. Unter Rückbezug auf die Naturkraft nennt Pestalozzi alles das tierisch, was nicht von der sittlichen Kraft überformt wird, geläutert wird, veredelt und geadelt wird (vgl. Stein 1974, S. 17). Diese Kraft ist nicht als identische Kraft allen Menschen schlechthin gegeben, sondern für Pestalozzi der inneren Natur eines jeden Menschen individuell gegeben, dabei aber „nicht willentlich veränderbar" (vgl. Oelkers 1987, S. 31). Sie unterliegt nicht dem Wollen des Einzelnen, sie zeigt sich als tierisches Vermögen aus dem Naturstand heraus bei jedem einzelnen Menschen in seinem individuellen Naturzustand jeweils anders. Was allen Naturzuständen aufgrund des Naturstandes als Fundament jedoch – formal gesehen – eigen ist, das ist, dass ein Naturzustandshandeln ein nicht bewusstes Handeln ist, mithin auch kein eigentliches verantwortliches Handeln, sondern ein in Reiz-Reaktions-Strukturen eingelagertes Verhalten; es gibt kein Dürfen und kein Sollen, es waltet ein Müssen, denn es ist durch Unfreiheit ausgezeichnet. Aber dieses Müssen erzeugt natürliche Harmonie und Behaglichkeit, Sorglosigkeit und Sicherheit. Es ist der Zustand, in dem das wohlaufgehobene und geborgene Kind sich befindet, das eingebunden in eine harmonische Mutter-Kind-Beziehung instinktgebunden und bedürfnisorientiert zu seiner Zufriedenheit lebt. Insofern nennt Pestalozzi diesen ursprünglichen Naturzustand auch einen „Kinderzustand des Menschen" und fragt, ob es einen Zeitpunkt gibt, in welchem dieser Kinderzustand des Menschen „ganz rein" ist, „ohne Kenntnis des Übels, des Schmerzes, des Hungers, also ganz ohne Leiden, ohne Besorgnisse, ohne Mißtrauen und ohne Abhänglichkeits- und Unsicherheitsgefühl in der Welt" (XII, S. 71/58).

Hier nun liegt der Beginn einer Zweiteilung des Naturstandes in einen unverdorbenen Naturzustand und in einen verdorbenen Naturzustand mit der Folge eines unverdorbenen Naturmenschen und eines verdorbenen Naturmenschen. Unverdorben ist der Naturmensch, wenn sein Verhalten rein dem Instinkt folgt, wenn er dadurch wohl wollend und friedlich sich verhält, Frustrationen nicht als solche auffallen und nicht zu aggressivem Verhalten führen, wenn er quasi in „paradiesischer Unschuld" lebt (Reinert/Cornelius 1984, S. 73), wenn sein Verhalten Harmonie, Behaglichkeit, Unbesorgtheit und Sicherheit widerspiegelt, wenn Selbstliebe und Wohlwollen sich selbst und anderen gegenüber herrschen, wenn Harmlosigkeit (Pestalozzi nennt hierzu: der Mensch liebe Spiel, Wein, Mädchen und Märchen) und Unwissenheit mit der Folge von Naivität und Primitivität herrschen – kurz: wenn der Mensch sich so verhält, „wie er aus der Hand der Natur kommt", „ganz Unschuld" ist: „Es scheint unstreitig, die innere

Reinheit seiner Natur und die wirkliche Unverdorbenheit derselben geht von dem Punkt dieser Unschuld aus, den wir freilich nur ahnden, aber nicht kennen“ (XII, S. 71/58). Und wir können ihn nur ahnen, weil er für Pestalozzi ein Idealzustand ist, der in seiner Idealität nur in dem Augenblick existiert, „in welchem das Kind auf die Welt kommt. Aber so wie dieser Augenblick da ist, so ist er vorüber. Beim ersten weinenden Laut ist der Punkt schon überschritten, von dem die tierische Harmlosigkeit des Kindes ausgeht.“ Alle weitere Entwicklung ist ein sukzessives Entfernen von der idealen Unverdorbenheit. Und mit dem Aufkommen von Gefühlen der Unzulänglichkeit des Instinktes im Naturstand in der Bedürfnisbefriedigung, im Aufkommen von Angst und Sorge, von konkurrenzangetriebener Selbstsucht als Perversion von Selbstliebe, von Machtstreben, Ausnutzen der anderen, Ausbeutung, von Notlagen etc. entsteht und entwickelt sich das Verderben und mit ihm der verdorbene Naturzustand. „Durch die Not wird das tierische Wohlwollen verdorben“ (Barth 1974, S. 37f.) und es entsteht der Kampf aller gegen alle, es entwickelt sich der von Glüphi in ›Lienhard und Gertrud‹ beschriebene bösartige Naturmensch. Doch auch bei allem barbarischen Verhalten ist der Mensch immer noch Naturmensch solange, bis er an eine Grenze gelangt, von der an das Walten der rohen Naturkraft unter Disziplinierung gestellt werden muss. Der Naturzustand endet, wenn die Selbsterhaltung des Einzelnen und des Geschlechtes hochgradig verwickelt und mühselig zu werden beginnen (XII, S. 70/57f.). Dieses Ende lässt erkennen, dass der Naturstand in seinen beiden Formen der Naturzustände ausgereizt ist, was Pestalozzi in die Worte kleidet: „Die Natur hat ihr Werk ganz getan, also tue auch du das deine“ (XII, S. 125/87). Doch bevor die natürlichen Kräfte durch die sittlichen Kräfte abgelöst werden sollen, wird zur Disziplinierung der Verbarbarisierung der natürlichen Kräfte eine „Zwischenstufe“ eingefügt, die von ihrer Wirksamkeit und ihrer Lebensweltbedeutung her den Zustand darstellt, der der einzig konkret vorstellbare und beschreibbare Zustand ist. Es ist der gesellschaftliche Zustand. Wieso der gesellschaftliche Zustand?

Die Umstände der Lebenswelt bedeuten für den Naturmenschen ein allmähliches, bedrohlich werdendes Verderben des Naturzustandes. Das ist noch rousseauisch gedacht: „Die Umstände machen den Menschen.“ Also sind die Umstände zu regeln, zu kontrollieren, in verträglichere Bahnen zu lenken. Dazu bedarf es des Rechtes, das von außen kommen muss, denn der Naturmensch kennt kein inneres Recht, das ihn diszipliniert. Aber – so fragt Pestalozzi – reden wir denn nicht vom Naturrecht? Rein für sich genommen ist der im 18. Jahrhundert gängige Begriff Naturrecht für Pestalozzi – dem Querdenker – „eine Täuschung“, denn die Begriffe des Rechtes und des Rechtsgefühls resultieren aus dem Bewusstsein des Unrechts und aus dem Leiden am Unrecht, das am Rande des Naturzustandes entsteht, dort, wo gefordert wird: wir müssen künstliche Regelungen finden, die die Harmonie, Behaglichkeit etc. wiederherzustellen vermögen. Die Quelle des Rechtsgedankens am Ende und an der Grenze der Kraft des Naturstandes erlauben Pestalozzi den Gedanken: „Wir [heißen] jeden Begriff des gesellschaftlichen Rechts, insofern wir ihn als diesen Grenzen nahestehend anerkennen, ein Naturrecht" (XII, S. 73/60). Das hat für das gesellschaftliche Recht die Folge, dass es mit dem unverdorbenen Naturzustand, das heißt mit dem tierischen Wohlwollen übereinstimmend sein soll. Es soll ein solches tierisches Wohlwollen künstlich ermöglichen. Mithin ist es kein sittliches Recht und kein der Sittlichkeit verpflichtetes Recht, sondern letztlich ein natürliches Recht. Es entsteht aus der Empörung heraus, dass „der stärkste aller meiner Triebe", der „Trieb zur Selbsterhaltung", durch das Innerste meiner Natur in Gefahr gerät. „Der Begriff eines Naturrechtes kommt" – so folgert Pestalozzi – „also offenbar als eine Folge von Gefahren zum Vorschein, von denen beunruhigt wir den Mangel eines Rechts in der Welt, zugleich aber auch eine Kraft in uns selbst zu erkennen vermögen, ein solches durch unseren Willen zu erschaffen" (XII, S. 75/61). Dem Naturstand des Menschen ist damit eine Mächtigkeit eigen, die über seinen eigenen Zustand, das heißt über die Grenze seiner eigenen Zuständigkeit hinausweist, diese überschreitet und in den gesellschaftlichen Zustand zum eigenen Schutz ausgreift. Wie stark, werden wir noch sehen. Doch lässt sich zur natürlich gegebenen Seinsweise, dem Naturstand, dem der gesellschaftliche Zustandsbereich als konventionell zu verstehender Bereich nachfolgt, sagen: Der Naturstand des Menschen ist ein präkonventioneller Bereich menschlichen Seins.

Der gesellschaftliche Zustand oder: Die konventionelle Seinsweise des Menschen

Zur künstlich geschaffenen gesellschaftlichen Seinsweise, dem gesellschaftlichen Zustand, verfasst Pestalozzi ein äußerst umfangreiches Kapitel; hier leiten ihn eine umfassende massive Gesellschaftskritik und Kulturkritik, die immer wieder durch ihre Exemplifikationen und Spezifikationen die Anlässe zu allgemeinen anthropologischen Aussagen zum Menschen als Sozialwesen abgeben.

Johann Gottfried Herder schreibt unmittelbar nach seiner Kenntnisnahme der ›Nachforschungen‹ am 7. Oktober 1797 über diese unter anderem: „Der Zustand der Gesellschaft begehrt ein Recht, ein gemeinsames Recht, zu dem den Menschen ein tausendfaches Elend, Noth und Jammer treiben. Mit unglaublicher Stärke, mit einem furchtbaren Reichthum an

Beweisen zeigt der Vf., dass auch im Zustande der Gesellschaft der Mensch immer ein Thiermensch bleibe, der sich selbst gern Alles ist, der seine Macht, seine Ansprüche zügellos ausdehnet, wenn ihn nicht ein gemeinsames Gesetz bindet und einschränkt, der unter tausend sinnreich erlogenen Formen und Blendwerken jetzt und immer nur seinen Sinnengenuß zu sichern und zu erweitern trachtet. Mit schrecklicher Wahrheit, in Anspielung auf alle Classen und Stände ist dies Gemählde dargestellt, das unsre Zeit, in welcher dieser Kampf nicht etwa nur hie und da von aussen, sondern inwendig in den Herzen fast aller Menschen zum Ausbruch gekommen ist, leider sehr bewähret. Das Elend der 'Rechtlosigkeit im gesellschaftlichen Zustande' schildert der Vf. mit einer Stärke und Vielseitigkeit, wie sie vielleicht kein Schriftsteller, selbst Rousseau nicht, geschildert hat. Er reißt uns die Binde von den Augen und beleuchtet den lieblichen Wahn, 'daß gesellschaftliches Recht und sittliche Tugend Eins sey', mit einer flammenden Fackel" (Herder 1967, S. 292).

Eine derart emphatische Reaktion auf Pestalozzis ›Nachforschungen‹ war und blieb zu Pestalozzis Lebzeiten einmalig: Es gab ansonsten keine Reaktion seiner zeitgenössischen Geistesheroen auf seine Schrift. Pestalozzi wurde von diesen wenig beachtet: denn er war ein „Querdenker", so charakterisiert ihn Oelkers (Oelkers 1987, S. 28). Zudem wies er erhebliche sprachliche Gestaltungsprobleme in seiner schriftstellerischen Arbeit auf, was diese in ihrem Verständnis außerordentlich erschwerte. So bezeichnet ihn Urs P. Meier als „komplizierten Schreiberling" (Meier 1987, S. 74) und Stadler spricht ihm ein „Verfahren von systemloser Systematik" zu und erklärt: „Wohl eignete Denkschärfe auch ihm, doch sie lief ständig Gefahr, sich in Rhetorik aufzulösen" (1996, Bd. I, S. 409, 414); dies ist zutreffend.

Zurück zur Gesellschaftskritik Pestalozzis. Besonders betont werden muss, dass Pestalozzi keine alleinige Gesellschafts- und Kulturkritik seiner Zeit zu liefern vorhatte und auch keine gesellschaftliche Ideologiekritik um ihrer selbst willen in seinem „Volksbuch" den Lesern vorzulegen beabsichtigte. Vielmehr wollte er in philosophischer Absicht den gesellschaftlichen Zustand als menschlichen Lebensweltbereich in seiner immanenten Fremdbestimmungskraft und Manipulationskraft dem Menschen gegenüber aufklären wie auch in seiner Unrecht und Untreue erzeugenden Kraft als Fortführung der tierischen Natur unter zivilisatorischem Vorzeichen darstellen. Ich erwähnte, dass der Naturstand über seine Grenzen hinaus in den gesellschaftlichen Zustand hineinreicht, und wir entsinnen uns, dass bei Pestalozzi der natürlichen Kraft allein die sittliche Kraft gegenübergestellt wird (was die Handlungsbereiche von disziplinierender Erziehung und personaler Bildung in ihrer Dualität widerspiegelt), ohne eine gesellschaftliche Kraft als spezielle dritte eigenwertige Kraft überhaupt zu bedenken. Das bedeutet: Die tierische Natur bleibt auch für den gesellschaftlichen Zustand die Kräfte-Basis, denn Letzterer ist ja zur Beschützung der tierischen Natur überhaupt erst notwendig geworden, was auch durch Pestalozzis Naturrechtsdenken belegt wird. Die gesellschaftliche Kraft ist lediglich eine Abart der natürlichen Kraft.

Was ist nun das Typische am gesellschaftlichen Zustand, der für Pestalozzi letztlich eine pervertierte menschliche Seinsweise ist? Er „besteht wesentlich in Einschränkungen des Naturstandes", um des tierischen Wohlwollens und des Sinnengenusses nicht verlustig zu gehen. Mit dem Übergang in den gesellschaftlichen Zustand verbindet der zutiefst verdorbene Naturmensch den Zweck, „die Folgen, die sein tierisches Verderben auf seine tierische Glückseligkeit hat, zu mildern und sich durch die Schranken dieses Zustandes sicher zu stellen, die Bedürfnisse seiner tierischen Natur sich leichter, sicherer, befriedigender zu verschaffen, als er selbige … sich in der Freiheit des Naturlebens verschaffen könnte" (XII, S. 76/62). In seinem Wesen ist der gesellschaftliche Zustand eine Fortsetzung des Krieges aller gegen alle, der im Verderben des Naturstandes anfängt und im gesellschaftlichen Zustand nur die Form ändert, wobei der Mensch diesen Krieg „in diesem Zustand mit der ganzen Schiefheit und Härte seiner verstümmelten und unbefriedigten Natur [führt]" (XII, S. 79/65).

Der gesellschaftliche Zustand trägt für den Menschen – nach Pestalozzi – eine außerordentlich starke negative Tendenz in sich: in ihm wird der Mensch von einem Konstrukt „Gesellschaft" geleitet und geführt, eingeschränkt und in seiner Kriegführung gegen alle anderen bestätigt und unterstützt. Er regelt durch künstlich geschaffene Verträge und Verhältnisse, „über die der einzelne als ihr Werk nicht verfügt" (Oelkers 1987, S. 31); insofern findet der Mensch sich hier in einer Abhängigkeit analog der im Naturstand. Der Mensch erlangt keine Zufriedenheit durch den gesellschaftlichen Zustand, weil seine ursprünglichen Wünsche durch den gesellschaftlichen Zustand nicht erfüllt werden und nicht erfüllt werden können: der gesellschaftliche Zustand ist darauf nicht geeicht. Frustrationen entstehen daher und führen zur Aggression, zum Krieg. Ist der erfahrbare einfache Genuss „Teil des Naturstandes", so ist lediglich ein unerfülltes „Hoffen und Harren … Teil des gesellschaftlichen Lebens" (XII, S. 77/63). Frustrationen entstehen auch, weil im gesellschaftlichen Zustand das Individuum gegenüber der gesellschaftlichen „Masse" für selbständigkeitsunbedeutsam genommen wird: „Die Kunst unserer Zivilisation faßt das Menschengeschlecht immer unendlich fester und bestimmter in seiner Massengestalt, in seinen Massenbedürfnissen, in seiner Massenkraft und seinem Massenwert ins Auge als in den Bedürfnissen, Eigenschaften, Kräften und im Wert seiner Individualitätserscheinung" (XX, S. 226).

Die „Kunst unserer Zivilisation“ ist gerichtet auf den Zweck, lebenswelttaugliche funktionale, bürgerliche Menschen als Staatsbürger unter bürgerlichem Recht und mit Hilfe gesellschaftlicher oder bürgerlicher (staatsbürgerlicher) Bildung auf Kosten der Individualität zu erzeugen. „Die öffentlichen Angelegenheiten des Menschengeschlechts [werden] allgemein zugunsten der Macht in ein trügendes Licht“ gesetzt, „trügend“, weil es nicht um die Menschen geht, sondern um die Etablierung und Sicherung der Macht, die zum alleinigen Zweck der Zivilisation gerät. Es entsteht für Pestalozzi die „traurige[] Wahrheit, daß wir nur öffentliche Menschen geworden sind und keine Privatmenschen mehr sein können“. Wir sind „Staatsbürger“ geworden und sind als solche „bloß als Kopf, Nummer, Gewehr, kurz als ein totes Verhältnis eines nur als Masse existierenden Wesens anzusehen“ (XII, S. 84/67 f.). Wir werden als Staatsbürger in tierischer Abhängigkeit gehalten ohne sittliches Recht, ohne sittliche Wahrheit, ohne Liebe. Denn die tierische Natur kennt kein sittliches Recht, kennt keine sittliche Wahrheit, kennt keine Liebe, daher sind „Rechtlosigkeit, Wahrheitslosigkeit und Lieblosigkeit das charakteristische Kennzeichen sowie das unfehlbare Resultat aller tierischen Bildung und zwar sowohl der freien im Naturzustand als der künstlichen im Zivilisationsverderben“ (XXIV A, S. 140).

An die Stelle des Instinktes des Naturstandes werden „bürgerliche Anmaßungen“ gesetzt in Form des bürgerlichen Rechts, das tatsächlich aber nur die Machtverhältnisse sanktioniert, und es werden rechtliche Institutionen geschaffen lediglich als Instrumente der Macht und nicht für Sittlichkeit: denn durch Gesetze und Institutionen kann keine Sittlichkeit erzeugt werden (vgl. Hager 1975, S. 29). Die bürgerliche Rechtsordnung respektiert nicht – wie vorgegeben wird – Freiheit und Gleichheit aller Menschen (Hager 1975, S. 29), denn die „bürgerliche Freiheit“ war für Pestalozzi „nichts als Zufallswerk und nicht eine auf Vernunft und Verstand basierende Rechtsordnung“ (Reinert/Cornelius 1984, S. 75). Das von Pestalozzi genannte „Zivilisationsverderben“ ist das Äquivalent zum verdorbenen Naturzustand. Denn „es ist unstreitig, Zutrauen und Wohlwollen ist eine Inkonsequenz gegen das Wesen des gesellschaftlichen Zustands, und wenn die Sicherheit irgendeiner bürgerlichen Einrichtung darauf gebauet wird, so wird die menschliche Tugend eine öffentliche Narrheit“ (XII, S. 81/66). Die Konsequenz für Pestalozzi lautet: „Das gesellschaftliche Recht befriedigt mich nicht, der gesellschaftliche Zustand vollendet mich nicht“ (XII, S. 95), vielmehr verhängt der gesellschaftliche Zustand „über unsere tierische Natur … das unausweichliche Verderben“ (XII, S. 80/65), eben ein „Zivilisationsverderben“.

Pestalozzis Ausweisung der Negativität des gesellschaftlichen Zustandes geht weiter. Er spricht vom „Joch“ des gesellschaftlichen und bürgerlichen

Lebens. Nun ist ein Joch immer etwas, das man abschütteln, das man loswerden will. Ein Joch ist etwas, was zu tragen oder was zu ertragen ist, was zum Tragen existiert: sei es das Geschirr des Ochsen, das dieser über der Stirn oder über dem Nacken trägt, seien es Pfeiler oder Säulen, die einen Bogen (Jochbogen) oder ein Gewölbe tragen, sei es die Schultertrage für Körbe oder Eimer, sei es in übertragenem Sinne die schwere Last, die man zu tragen hat, sei es die Dienstbarkeit oder die Unterwerfung (ins Joch eingespannt sein, unter ein Joch sich beugen). Der Mensch ist im „Joch des gesellschaftlichen Lebens gezwungen, das Glied am Leib und die Kraft der Seele ... vorzugsweise und zum Nachteil aller seiner übrigen Glieder und Kräfte zu gebrauchen", und zwar zum Ausfüllen bestimmter Rollen und Funktionen (XII, S. 78/64), die die Gesellschaft von ihm erwartet und die er aus Gründen seiner Lebensfristung einnehmen muss. Hierzu braucht er nicht das bürgerliche Recht durch Zivilisierung (civis ist im Lateinischen: der Bürger), wohl aber benötigt er eine Ausbildung von speziellen Fähigkeiten durch Kultivierung, die immer eine Art Beschneidung oder Verstümmelung der potenziellen menschlichen Möglichkeiten darstellt, wie sie die tierische Natur nicht kennt. In ihr ist es der der menschlichen Natur zukommende Instinkt, der in Naturfreiheit sich ausdrückt. Im gesellschaftlichen Zustand wird dem Menschen etwas Künstliches auferlegt, damit er künstlich geschaffene Rollen, Funktionen und Berufe in der Gesellschaft ausüben kann. „Anstrengung, Lebensordnung, das schlichte Wandeln im ewig gleichen Berufspfad muß ihm werden, was ihm sein Instinkt war" (XII, S. 93/70). Der Instinkt als Naturstandskraft ist mithin zu begrenzen, und das geschieht mit Blick auf den Berufspfad durch „eine Anordnung der Berufsbildung des bürgerlichen Menschen". Und diese Berufsbildung beruht darauf, „die innersten Gefühle meiner tierischen Natur zu Gunsten des gesellschaftlichen Rechts und der gesellschaftlichen Ordnung umzustimmen und zu verstümmeln" (XII, S. 93/70). Die Berufsbildung lebt statt vom Instinkt vom Verstand: der Mensch, der sie genossen hat, ist damit als vereinseitigter Verstandesmensch verstümmelt: „Sein Verstand ist gebildet; er erkennt in demselben einen sicherern Führer seines Lebens als seinen Instinkt ... Was kannst du dafür, daß du ihn verstümmeln mußtest? ... Oder solltest du ihn gar nicht verstümmeln? Könnte er da sein und leben im gesellschaftlichen Zustand ohne diese Verstümmelung? Es ist nicht möglich, es bleibt keine Frage übrig als diese: muß sie nach den Gesetzen meiner tierischen oder nach denjenigen meiner sittlichen Natur erzielet werden? Erzielet muß sie sein, oder der Mensch wird kein gesellschaftliches Geschöpf und lebt in der bürgerlichen Gesellschaft als ein elender, verdorbener, unbrauchbarer Naturmensch" (XII, S. 94/71 f.). Sie muss erzielt sein, um den Menschen für die Gesellschaft und deren Strukturen und für deren Funktionalität brauchbar zu machen – das erklärt Pestalozzi aus seinen bedrückenden biographischen Erfahrungen gesellschaftsbezogener Art heraus, die ihn sich selbst als „unbrauchbar" titulieren ließen.

Brauchbarkeit, Nützlichkeit, Utilitarismus lassen auf der anderen Seite das Menschliche verkümmern, was von Kant als Folge dieses Zustandes mit der Menschheitsformel des kategorischen Imperativs kritisch beantwortet wird: man solle so handeln, dass man den Menschen nie nur als Mittel gebrauche, sondern immer zugleich auch als Zweck seiner selbst ansehe. Im gesellschaftlichen Zustand wird er jedoch allein als Mittel gesehen. „Die allgemeine Schiefheit der Menschen in allen bürgerlichen Verhältnissen und ihre allgemeine Verhärtung im gesellschaftlichen Zustand ist eine Folge der inneren Verstümmelung der Naturkräfte unseres Geschlechts in diesem Stand" (XII, S. 78/64). Der vergesellschaftete Mensch und der verbürgerlichte Mensch sind amputierte Naturmenschen, das heißt um ihr Selbst und um ihre Individualität geprellte Menschen, die zu Funktionären der Gesellschaft durch gesellschaftliche und bürgerliche Bildung gemacht worden sind, an ihre Lebenswelten gebunden sind und „courante Menschen" (Nietzsche) innerhalb dieser Lebenswelten und für diese geworden sind. Die gesellschaftlichen Umstände haben sie dazu gemacht. Aber neben dieser düsteren Einsicht sah Pestalozzi eben auch, dass der Mensch die Umstände selber macht, er hat eine Kraft in sich selbst, solche Umstände nach seinem Willen auf vielfältige Weise zu lenken. Diese Kraft ist jedoch keine Naturkraft und keine Naturersatzkraft des gesellschaftlichen Zustandes; sie zieht nicht die Folge des Disziplinierens der verdorbenen tierischen Natur und nicht die Folge des Zivilisierens zum bürgerlichen Menschen und nicht die Folge des Kultivierens zum gesellschaftlichen Menschen nach sich. „Es ist meine Bestimmung", so Pestalozzi, „daß ich mich auf dem Punkt meiner gesellschaftlichen Ausbildung so wenig vollendet glaube, als auf demjenigen des bloßen Sinnengenusses: Die Lücke, die meine gesellschaftliche Verstümmelung in meine tierische Natur hineingebracht hat, fordert gebietend eine Ausfüllung, und hier ist es, wo sich die gesellschaftliche Kraft meiner Natur an die sittliche anschließt" (XII, S. 97/74).

Diese Lücke zu schließen bedeutet, eine Kraft zu finden, die den Menschen und das Menschengeschlecht seiner jeweiligen Vollendung nahe bringen kann. Pestalozzi verlässt damit den Bereich des gesellschaftlichen Zustandes, den man auch als konventionellen Bereich bezeichnen kann, und erlaubt sich einen qualitativen Sprung in einen „post-konventionellen Bereich", ganz weg von Rousseaus Anregungen und hin zu Kants praktischer Philosophie.

Der sittliche Zustand oder: Die postkonventionelle Seinsweise des Menschen

Ich hatte auf die Bemerkung von Stadler verwiesen, dass Pestalozzi wohl auch Denkschärfe besitze, die aber immer in Gefahr stehe, sich in Rhetorik zu verflüchtigen (1996, Bd. I, S. 414). Bis zum Überdruss kann jeder, der sich mit Pestalozzis Gedankenentwicklung und Gedankendarstellung in den ›Nachforschungen‹ befasst, diese Erfahrung selber machen. „Wes das Herz voll ist, des geht der Mund über" – diese Redensart trifft auf Pestalozzi voll zu. Nur dass das, wovon Pestalozzi sozusagen der Mund überfließt, der Klarheit seiner Gedanken eher Abbruch tut als sie zu befördern. Pestalozzi denkt so, wie er redet: veranschaulichend, erläuternd, blumig, in ständigen Wiederholungen, assoziativ, nur nicht logisch begrifflich klar (clare et distincte) und nicht auf den Punkt bringend (konzise). Er definiert nicht den gesellschaftlichen Zustand, sondern umschreibt ihn, er legt häufig nicht einmal Wert auf Eindeutigkeit im Ausdruck. Alles das macht die Lektüre mühselig: man ärgert sich streckenweise erheblich. Und wenn Heinrich Ost erklärt, dass man die ›Nachforschungen‹ bis heute „nicht verstanden" habe (Ost 1999, S. 47), dann hat das auch mit der von Pestalozzi offen gehaltenen Mehrdeutigkeit seines Schreibens zu tun. Herder hatte hierzu schon Pestalozzi entsprechende Hinweise gegeben.

Ein Blick zurück auf die Reflexionen zum gesellschaftlichen Zustand belegt diese Schwäche Pestalozzis überdeutlich: hier kann Pestalozzi aus seinen persönlichen, gesellschaftlichen, kulturellen, politischen Lebenswelterfahrungen in immer neuen Anläufen aus immer neuen Anlässen heraus aus dem Vollen schöpfen. Nach Pestalozzis Bekunden ist nun der dem gesellschaftlichen Zustand folgende sittliche Zustand etwas, was in seinen ›Nachforschungen‹ zur Umorientierung oder zur Neuorientierung in seinem Denken beitrug.

Der sittliche Zustand wird jetzt als philosophisch begründeter Zustand oder genauer: als transzendentalphilosophisch begründeter Zustand in sein Denken eingeholt. Damit steht der sittliche Zustand dem konkreten gesellschaftlichen Zustand und dem erahnten Naturzustand als ein transzendentalphilosophisch begründeter Zustand gegenüber, ohne dass Pestalozzi je ein intimes Verständnis von Transzendentalphilosophie entwickelt haben dürfte. Man denke an die Ausführungen zum Verhältnis Pestalozzi/Kant. Der Leser erwartet nun von Pestalozzi, dass er ihm diese neue Erklärungsmöglichkeit des sittlichen Zustandes näher erläutert – und wird in seiner Erwartung enttäuscht, in seiner Einschätzung Pestalozzis dagegen bestätigt: Pestalozzi ist kein Mann der Theorie, theoretische Begründungen interessieren ihn nicht: Er ist Pragmatiker und ihn treibt ein pragmatisches Interesse: den Menschen dahin zu bringen, dass er eine Handlungsfähigkeit erlangt, die es ihm erlaubt, sich selber in und durch seine Handlungen so weit wie möglich menschlich zu vervollkommnen. Es geht dabei um das rechte Tun, darum, das Rechte zu tun, es geht um seine Veredelung durch veredelte Handlungen.

Das „Rechte" ist dabei das Legitime, das moralisch als rechtens Befundene. In der Philosophie Kants läuft das unter der so genannten quaestio juris. Das, was bei Kant daneben als quaestio facti ausgegeben wird, ist die Frage nach dem Tatsächlichen, nach dem tatsächlichen faktischen Recht, das den gesellschaftlichen Zustand definiert. Das faktische Recht, geschriebene und ungeschriebene Gesetze, Ordnungen, Vorschriften etc. sind das Legale. Der Sprung vom Legalen zum Legitimen ist ein qualitativer Sprung: der Sprung von einer realen Weltsituation in eine ideale Weltsituation, oder mit Bezug auf den Menschen: der Sprung vom Menschen in der physischen Welt zum Menschen in einer metaphysischen Welt. Nun ist die metaphysische Welt für den gläubigen Pestalozzi bis in die späten achtziger Jahre immer gleichgesetzt mit der religiösen Welt des gelebten Christentums, nicht des institutionalisierten Christentums. Grundlage der Moralität des Menschen ist dabei die Liebe und seine Liebesfähigkeit, die bei Pestalozzi rückgebunden ist an die Gottesebenbildlichkeit des Menschen. Das klärte für Pestalozzi bisher die Herkunftsfrage der Liebe, nicht aber die Frage, ob Liebe und ob Moralität und ob Sittlichkeit überhaupt sein sollen und ob zu ihnen in pädagogischen Handlungen hingeführt, hinerzogen werden könne oder solle und wenn ja: wie. Pestalozzis phänomenologischer Ansatz war: Liebe wird in der realen Lebenswelt in Form von wohl wollenden Handlungen immer schon vorgefunden. Die Wurzeln von Liebe liegen im unverdorbenen tierischen Wohlwollen und sind gottgeschaffen. Liebe ist dadurch ein gottgegebenes Naturfaktum, das durch die menschlichen Lebensverhältnisse gebrochen werden kann, also durch sie unrein und verdorben werden kann, dennoch aber menschliches Leben prinzipiell leiten soll. Insofern gilt, dass Liebe und Moralität sich bei Pestalozzi in den je eigenen Gewissensentscheidungen der Menschen zeigen, in denen jeweils das Göttliche und Ewige, das in der Menschennatur liegt, belebt zu werden hat. So weit, so gut.

Durch die Kenntnisnahme der Transzendentalphilosophie musste nun aber diese Sicherheit des gläubigen Pestalozzi ins Wanken geraten: Woher weiß ich denn, dass ich in der realen Lebenswelt wirklich Liebe vorfinde, oder ist das, was ich vorfinde, etwas anderes und ich interpretiere es nur für mich als Liebe? Und wenn Pestalozzis Methode derart ist, von der eigenen subjektiven Entwicklung und dem eigenen Menschenverständnis von sich auf das der Gattung zu schließen, kann dann diese subjektive Interpretation von Liebe universal werden? Zudem war es Pestalozzi im

Rahmen seines bisherigen Denkens nicht möglich, eine „klare Antwort auf die Herkunft des Guten und Bösen geben“ zu können (Reinert/Cornelius 1984, S. 63). Mit der Kenntnisnahme Kants zeichnete sich nun für Pestalozzi eine Lösungsmöglichkeit dieser Fragen ab, denn er nahm wahr, dass der Wert einer Handlung – wie Liebe – nicht von außen vorgegeben werden könne, auch nicht von Gott über die verwaltete Kirche dem Menschen auferlegt werden könne, sondern dass es das Subjekt selber ist, das sich unabhängig von seiner natürlichen und gesellschaftlichen Determination den Wert einer Handlung im Handeln selber zuerteilt: Das Subjekt bestimmt sich selbst in Unabhängigkeit von tierischer Kraft und tierisch-gesellschaftlich-bürgerlicher Kraft durch das, was Pestalozzi sittliche Kraft nennt. Pestalozzi setzt das Sittliche, das Moralische, das Legitime „in eine Sphäre außerhalb des Gesellschaftlichen“ (Reinert/Cornelius 1984, S. 65) und auch außerhalb des Natürlichen. Sittlichkeit, Moralität, Legitimität sind nicht von Natur und Gesellschaft abhängig, sie sind eigenständigen subjektiven Ursprungs. Das Gewicht verlagert sich von Fremdbestimmung durch Natur und Gesellschaft auf Selbstbestimmung durch einen freien Willen, den der Mensch aufweise. So schafft der Mensch sich selbst als „Werk seiner selbst“. Oben nannte ich dies einen qualitativen Sprung vom Werk der Natur und Werk der Gesellschaft hin zum Werk seiner selbst.

Pestalozzi erborgt sich dabei nichts von anderen Autoren – so erklärt er –, er lässt sich nicht von fremden Autoritäten leiten: er denkt – so seine Vorstellung – lediglich über die Gedanken anderer nach, er forscht ihnen nach, er grübelt über sie, ob er sie gegebenenfalls nützlich machen könne für sein pragmatisches Interesse. Er ist ein „grübelnder Denker“ (Ost, S. 14) und er ist ein „fühlender Denker“ (Ost 1999, S. 45), ein Denker, der ganz im Sinne eines Gotthold Ephraim Lessing denkt, bei dem es heißt, dass der Mensch zum Handeln und nicht zum Vernünfteln geschaffen worden sei. Da ihm keine Theorie irgendeine Sicherheit geben kann und er für sich selber auch keine theoretischen Möglichkeiten dafür sieht, dass ein bestimmtes Handeln auch als ein moralisch richtiges Handeln auszuweisen sei – denn woher käme eine solche Sicherheit –, muss Pestalozzi als Pragmatiker sich in seinem Handeln wagen und Risiken eingehen. „Sein Temperament braucht das Wagstück des Handelns“ (Ost 1999, S. 20). Das Ergebnis seines systemlosen grübelnden, fühlenden, pragmatischen Denkens liefert denn auch keine Begründung des sittlichen Zustandes – diese erborgt Pestalozzi sich entgegen seiner Einstellung und eigentlich wider Willen von Kant und Fichte –, sondern er stellt ihn dar und zieht aus ihm Konsequenzen für sein pragmatisches Interesse, den Menschen handlungsfähig zu machen, am „Werk seiner selbst“ zu arbeiten.

Der Mensch im sittlichen Zustand ist ein auf sich gestelltes Subjekt mit einer ihm zukommenden eigenen Kraft zur Sittlichkeit, die weder von „tierischer Begierlichkeit“ noch von „gesellschaftlichen Verhältnissen“ abhängig ist. Es ist eine selbständige Kraft im Menschen, die darauf wartet, angesprochen zu werden. Diese Kraft ist an das Subjekt gebunden und das Subjekt ist nur Subjekt, weil diese Kraft existiert. Angesprochen fühlt sich das Subjekt durch ein Gefühl (bei Kant: ein moralisches Gefühl als Faktum der Vernunft), moralisch handeln zu sollen. Und es handelt moralisch, wenn es sich den diversen Zumutungen von Natur und Naturfreiheit und von gesellschaftlichen Interessen glaubt widersetzen zu sollen, weil es sich unter diesen Zumutungen nicht identisch mit sich selbst fühlt, wenn es sich ihnen unterordnet und überlässt. Dieses Gefühl, sich widersetzen zu sollen, greift zurück auf die Kraft, sich auch widersetzen zu können und nein sagen zu können. Und damit greift sie zurück auf die Freiheit des Willens des Subjekts. Es ist seine, des Subjekts Freiheit, ihr Gebrauch ist nur durch es selbst zu bewerkstelligen. Das Subjekt wird dadurch Werk seiner selbst. Von ihrem selbständigen Gebrauch hängt die Sittlichkeit des Subjekts ab, und zwar nur von ihr, was besagt, das Emporsteigen des Menschen zur Sittlichkeit ist an seine Selbstbestimmung zur Freiheit des Willens gebunden, und das ist: Autonomie. Der Mensch im sittlichen Zustand ist autonom; ein auf sich gestelltes Subjekt. Insofern kann Pestalozzi erklären: „Die Sittlichkeit ist ganz individuell, sie bestehet nicht unter zweien“ (XII, S.106/76) oder mehreren.

In zeitgenössischen Überlegungen hieße das: Sittlichkeit im Handeln, veredeltes Handeln lässt sich nicht unter mehreren in einem Diskurs aushandeln, Sittlichkeit ist immer gebunden an das autonome einsame Subjekt des Entscheidens und Handelns; Sittlichkeit lässt sich nicht delegieren auf ein Kollektiv.

Die ganze Pestalozzi'sche Erklärung des sittlichen Zustandes lebt von ihrer Grundlegung in der kantischen praktischen Philosophie, was Bestätigung findet in Pestalozzis Bezug auf das Sittengesetz: „Ich vervollkommne mich selbst, wenn ich mir das, was ich soll, zum Gesetze dessen mache, was ich will“ (XII, S.105/75): Es ist eine Umschreibung des kantischen kategorischen Imperativs „Handle so, daß die Maxime deines Willens jederzeit zugleich als Prinzip einer allgemeinen Gesetzgebung gelten könne.“ Die Sittlichkeit ist immer subjektive Sittlichkeit im Bemühen um Veredelung, mithin ist sie keine allgemeine oder keine reine Sittlichkeit. Denn in dem genannten Bemühen „kettet“ sich das Subjekt an sein natürliches Sein und an sein gesellschaftliches Sein, muss also je am Handlungsfall alle drei Seinsweisen in eigener Situationsanalyse in einen Ausgleich bringen, denn alle drei Seinsweisen oder Zustände erscheinen „innigst miteinander verwoben“ (XII, S.109f./78f. und 112f./80f.). Der Mensch ist nun einmal Naturwesen, das als solches bei Kant der Disziplinierung bedarf, zum anderen Gesellschaftswesen, das bei Kant der Zivilisierung (bürgerliches Recht) und der Kultivierung (Ausbildung von Fertigkeiten und Qualifikationen) bedarf, und letztlich sittliches Wesen, das bei Kant der Moralisierung (der Aufklärung zum Handeln aus Pflicht durch Achtung des Sittengesetzes) bedarf. Das sittliche Subjekt kann also zu keinem Zeitpunkt den Stand reiner allgemeiner Sittlichkeit erreichen, sondern es strebt permanent nach diesem Stand in ständigen stückwerkartigen Versuchen, ihm nahe zu kommen, ohne ihn je erreichen zu können. Es sind Strebensakte in Form einer ständigen Approximation an das allgemeine Sittliche: das reine Gute um des reinen Guten willen zu tun, wobei „rein" heißt: ohne Berücksichtigung empirischer „Beigaben", sei es, um Nutzen aus dem sittlichen Handeln zu ziehen oder um Neigungen und Bedürfnisse, Wünsche und Interessen befriedigen zu können, auch nicht, um sich öffentliche Anerkennung zu verschaffen etc. Pestalozzis Drei-Zustände-Lehre scheint daher kompatibel mit den philosophischen, anthropologischen und pädagogischen Überlegungen Kants vor ihrer Formulierung durch Pestalozzi in den ›Nachforschungen‹.

Auf der Spurensuche nach der Lösungshilfe Kants in Pestalozzis Problem der Selbstverständigung über den sittlichen Zustand und über die Frage nach der Herkunft des Guten und Bösen stößt man auch auf die Verwendung des Begriffes Pflicht in den ›Nachforschungen‹. Pestalozzi trennt zwischen „Beweggründen zur Pflicht, die meiner Individualität ganz eigen sind", die also solche des autonomen sittlichen Subjekts sind und die frei von nichtsubjektiven Zumutungen sind, und solchen Beweggründen, die das Subjekt mit anderen teilt (XII, S.113/80). Zu der letzten Gruppe von Beweggründen rechnet er die häuslichen Pflichten und bürgerlichen Pflichten, die Vaterpflichten und Vaterlandspflichten und gesellschaftliche Pflichten. Gemeint sind Anforderungen an das Subjekt, die dieses für seine Pflicht ansieht und in seinen Handlungen als vorgegebene Verpflichtungen beachtet, während das Subjekt die sittlichen Pflichten als solche autonom gesetzten Pflichten (Pflichten gegen sich selbst) als seine Pflichten vorstellt. Das heißt: Pestalozzi setzt wie Kant Autonomie gegen Heteronomie, Selbstbestimmung gegen Fremdbestimmung, kategorischen Imperativ gegen hypothetischen Imperativ, Handeln aus Pflicht gegen pflichtgemäßes Handeln. Das ganze Kapitel über den sittlichen Zustand und über den Menschen als „Werk seiner selbst" weist so viele Parallelen mit Kants Moralphilosophie und seinen Vorüberlegungen zur Moralisierung des Menschen in pädagogischer Absicht auf, dass man in diesem Kapitel durchweg eine ergebnisorientierte zusammenfassende Rezeption von Kants Überlegungen zur Möglichkeitsbedingung von Moralität finden kann, die Pestalozzi unter seinen ihn leitenden pragmatischen Interessen anstellt. Diesen dritten Zustandsbereich kann man mit Blick auf den genannten qualitativen Sprung getrost auch als postkonventionellen Bereich bezeichnen.

Pädagogische Anmerkungen zur Beschäftigung mit Pestalozzis Anthropologie und ihrer Drei-Zustände-Lehre

Wie wirken sich die ›Nachforschungen‹ über den Menschen mit ihrem Ergebnis der Drei-Zustände-Lehre auf pädagogisch relevante Fragen und Themen aus, wenn es dem Pragmatiker Pestalozzi um eine künftige veredelte Handlungsfähigkeit des Menschen geht?

Erziehung unter sinnlich-tierischer Einlenkung:
Der gängige „courante“ Mensch, der in seine Lebenswelt eingebunden ist und deren Erwartungen erfüllt und keine darüber hinausgehenden Ambitionen hat, ist seit alters und somit auch für Pestalozzis Zeit der Alltagsmensch nicht minder als heute. Die konventionelle gesellschaftliche Seinsweise des Menschen hat den Menschen voll eingefangen. Der Natur entfremdet (denn sie stört) und an der Sittlichkeit desinteressiert (denn sie bringt nichts) hat der Mensch sich dem gesellschaftlichen Zustand verschrieben (denn er ist nützlich). Pestalozzi spricht dabei vom gesellschaftlichen Menschen wie auch von der gesellschaftlichen Menschheit; diese „singt allenthalben ihr altes Lied: mundus vult decipi, ergo decipiatur“ („Die Welt will betrogen werden, also soll sie betrogen werden“). Jede gesellschaftliche Gruppe kennt dabei lediglich ihre Gruppenrechte, aber kein sittliches Recht, und Weisheit besteht nur in der Perfektionierung seines jeweiligen Gruppenrechtes (XII, S. 128). Dagegen bäumt sich für Pestalozzi das moralische Gefühl auf, sprich: die innere sittliche Kraft des Menschen. Und sie bäumt sich dadurch auf, dass der Mensch in Gottesfurcht lebt und seine sittliche Kraft, die eine göttliche Kraft ist infolge der Gottesebenbildlichkeit des Menschen, aus Gottesfurcht heraus in Form eines Gottesgehorsams willentlich anwendet. Sein individueller Wille, den Pestalozzi als autonomen Willen ausgibt, veranlasst den Menschen, sich aufzubäumen. Dieser Wille kann nun aber nicht im Rahmen einer Erziehung zur Sittlichkeit „gemacht“ werden; sittliche Erziehung kann ihn nicht bewirken: er existiert als göttliche Kraft a priori im Menschen. Er kann aber durch sittliche Erziehung ausgelöst werden insoweit, als eine „Gemütsstimmung“ im Menschen erzeugt wird, die ein Streben nach Sittlichkeit auslöst, das dann das Subjekt dazu bringt, nur durch sich selbst, nur durch seine eigene Anstrengung im Handeln sittlich zu werden. Pestalozzi nennt das eine „sinnliche tierische Einlenkung zu der Gemütsstimmung“, das heißt eine Einlenkung, die mit der Furcht vor Gott arbeitet und damit die sittliche Strebenskraft im Menschen freisetzt (XII, S. 118/81).

Das Auslösen des sittlichen Gefühls, das heißt des Gefühls, sich autonom zum sittlichen Handeln bestimmen zu sollen, ist somit gebunden an Religion und die mit ihr gesetzte Gottesfurcht. Das moralische Gefühl ist nicht gebunden an die Vernunft des Menschen als Möglichkeitsbedingung sittlichen Handelns, was bei Kant als Faktum der Vernunft ausgegeben ist. Der Mensch soll Werk seiner selbst sein, weil Gott es von ihm fordert, und der Mensch, der sich das von Gott geforderte Sollen zum Gesetz dessen macht, was er will (XII, S. 105/75), also dann auch Werk seiner selbst werden will, tut dies aus Gottesfurcht in einem Akt individuellen subjektiven Gottesgehorsam. Sittliche Erziehung muss also mit der Methode sinnlicher tierischer Einlenkung arbeiten, um den Menschen moralisch handlungsfähig zu machen.

Pestalozzi und Kohlberg:

Die drei Zustände oder Seinsweisen des Menschen verlangen danach, im pädagogischen Umgang mit dem Menschen voll berücksichtigt zu werden. Was Pestalozzi hier als seine Anthropologie vorlegt, charakterisiert die Bestimmtheit des Menschen durch Natur, durch Gesellschaft und durch Religion und erklärt den Menschen als heteronomes Naturwesen, als heteronomes Gesellschaftswesen und als autonomes Moralwesen. Pestalozzis Veranschaulichung der drei Seinsweisen als „Kinderzustand, Lehrlingsjahre und Männeralter" (XII, S. 165/114) darf dabei nicht als eine lineare Abfolge von Zuständen angesehen werden, also nicht in anthropogenetischer Sicht (Schurr 1972, S. 319). Ebenso wenig die weiteren Veranschaulichungen: „Kinderjahre, Jünglingsjahre, Männeralter" (XII, S. 106/76), „Kinderlust, Lehrlingsstand, Mannsrecht" (XII, S. 107/76), „Kinderjahre, Lehrlingsjahre, Meisterjahre" oder „Kind, Lehrling, Meister" (XII, S. 108/77). Es sind ebenso wenig gegeneinander abgegrenzte, isolierte Entwicklungsphasen wie isolierte Entwicklungsstadien. Es sind Seinsweisen, die potenziell und faktisch nebeneinander bestehen und unterschiedlich aktiviert und gelebt werden im Verhalten und im Handeln. Es sind idealtypische Bezeichnungen der Strukturen menschlicher Seinsweisen für naturgesteuertes, gesellschaftsgesteuertes und subjektiv autonomes Verhalten und Handeln. Das sich voll dem Sinnengenuss widmende dionysische, rauschhafte Handeln in Ekstase ist ein Handeln in Naturfreiheit im Naturstand des Menschen und nicht allein bezogen auf das Kindesalter (Kohlbergs Präkonventionalität). Die Orientierung an gesellschaftlichen Erwartungen oder an personenbezogener Akzeptanz, an der Legalität des Handelns oder an Konventionen wie auch an Recht und Ordnung betrifft nicht nur die Lehrlingsjahre, Jünglingsjahre und den Lehrlingsstand des Menschen, sondern alle Menschen in ihrer Lebensspanne, also auch den Erwachsenen und das Kind, das als „guter Junge oder nettes Mädchen" anerkannt werden will (Kohlbergs Konventionalität). Und die moralische Bewährung des Handelns im sittlichen Zustand gilt nicht nur für den Meister und den Menschen im Erwachsenenalter, im Mannesalter, sondern wiederum auch für die gesamte Lebensspanne: auch das Kind soll moralisch handeln lernen und das heißt autonom handeln lernen wie auch der so genannte Jüngling oder Lehrling. Autonom sittlich handelt also nicht nur der Mensch im Mannesalter (Kohlbergs Postkonventionalität). Die von mir den Zustandsbenennungen beigegebenen Seinsweisenkennzeichnungen verdeutlichen das. Wenn es – nur als Beispiel – von der konventionellen Seinsweise bei Kohlberg heißt, für sie seien Recht und Ordnung absolut verbindlich und auf Grund seiner empirischen Untersuchungen bewege sich die größte Zahl von Menschen im Law-and-order-Zustand, dann deckt sich das beispielsweise mit den Ergebnissen von Pestalozzis ›Nachforschungen‹ zum gesellschaftlichen Zustand. Sosehr der Mensch in zunehmender Aufklärung in den drei Zuständen mit Bewusstheit lebt, so sehr obliegt es ihm, in einer Verantwortungshaltung einen Ausgleich der Widersprüchlichkeit der drei Zustände für sein Handeln je am einzelnen Fall herzustellen.

Aktualität der ›Nachforschungen‹:
Die Aktualität der pestalozzischen Drei-Zustände-Lehre als Strukturtheorie menschlichen Handelns erweist sich in der Möglichkeit, sie beispielsweise parallel setzen zu können mit den Phasen oder Weisen moralischen Urteilens bei Lawrence Kohlberg und sie auch mit den Kohlberg'schen Begriffen charakterisieren zu können. Und so, wie Kohlberg vom Handeln des Menschen auf die diesem Handeln zugrunde liegenden Denkstrukturen rückschließt und das Handeln damit das Denken in den Strukturen moralischen Urteilens konstruieren lässt, er also – wie Piaget – als Konstruktivist anzusehen ist, so ist es auch um Pestalozzi bestellt, jedoch mit einer Erweiterung. Auch Pestalozzi ist – wenn man will – Konstruktivist: aus der subjektiven Betrachtung seines Lebens und seines Handelns konstruiert er unter der Voraussetzung, seine Ergebnisse seien verallgemeinerbar auf das Menschengeschlecht, was er wiederum Handlungsanalysen verdankt, seine Drei-Zustände-Lehre als Denkgebäude menschlicher Seinsweisen: „Ich habe, soviel als ich es zu tun vermochte, in mir selbst erforscht, was der Gang meines Lebens, wie er war, aus mir gemacht hat, und dadurch zu erforschen gesucht, was der Gang des Lebens, wie er ist, aus dem Menschengeschlecht macht. Ich habe, soviel als ich es zu tun vermochte, in mir selbst Aufschluss gesucht, von welchen Fundamenten mein Tun und Lassen und von welchen Gesichtspunkten meine wesentlichsten Meinungen eigentlich ausgehen“ (XII, S.162/112). Nur: Pestalozzi ist pragmatischer Denker. Er betreibt seine „Nachforschungen“

auch mit dem globalen Ziel als Pädagoge, zur Handlungsbefähigung des Menschen angesichts dessen Seinsweisengebundenheit beizutragen. Oelkers Hinweis, dass die ›Nachforschungen‹ die Grundlegung des pestalozzischen Denkens für seine eigentliche Pädagogenkarriere darstellen (Oelkers 1987, S. 36), lässt sich nicht bezweifeln. Und es lässt sich auch nicht bezweifeln, dass die ›Nachforschungen‹ eine pädagogische Aktualität beanspruchen können, weil ihr strukturbezogenes Denken gegenwärtiges Denken trifft, weil ihr pragmatisch orientiertes Nachforschen gegenwärtige Interessenlagen in der Pädagogik trifft, weil ihr Aufklärungsverständnis noch immer Teile gegenwärtigen pädagogischen Denkens trifft und weil sie eine komplexe pädagogische Anthropologie dem Pädagogen an die Hand gibt, die der pädagogischen Theorie und Praxis der Gegenwart unter querdenkerischem, gesellschafts- und kulturkritischem Aspekt wie auch gleichzeitig in ihrer immanenten konstruktiven Handlungsbefähigungsorientierung eine Legitimationsgrundlage abgibt. Auf die Rechtsgrundfrage von Erziehung und Bildung, die durch Pestalozzis Anthropologie angesprochen wird, verweisen Hülshoff (1965) und Schurr (1972). Und was die Zeitgeistaktualität der ›Nachforschungen‹ angeht, das dokumentiert das zum Ausgang dieser Interpretation genommene Zitat aus dem Abschluss der ›Nachforschungen‹. Heinrich Ost fasst sehr schön zusammen, wenn er sagt, dass unter anderem auch die ›Nachforschungen‹ geeignet seien, „auch heute noch die unlösbaren Schwierigkeiten beim Erziehen zu bedenken" (Ost 1999, S. 90).

Originalität der ›Nachforschungen‹:
Kann man den ›Nachforschungen‹ eine pädagogische Aktualität nicht absprechen, so dürfte man ihnen eine Originalität wohl kaum zusprechen. Ungenügen an Gesellschaft und Kultur zu nehmen und darauf aufbauend eine gesellschaftskritische und kulturkritische Schrift in dreijähriger mühseliger Arbeit (XIII, S. 185) zu fertigen, ist nichts, was Originalität beanspruchen kann. Es gab Autoren vor Pestalozzi, die das besser konnten als er: es sei nur an Rousseau und an Gotthold Ephraim Lessing erinnert. Für Originalität spricht auch nicht Pestalozzis Eingeständnis, dass er „auf den dornigen Pfaden meines Lebens und in einem gänzlichen Mangel des Gebrauchs aller Zeitmittel der wissenschaftlichen Ausbildung" zu seinen Erkenntnissen gekommen sei (XII, S. 163/112). Für Originalität spricht auch nicht, dass er ein „unsystematischer Theoretiker", ein „komplizierter Schreiberling", ein „anstößiger Denker", ein „unorthodoxer Gläubiger" oder ein „Sonderling" wie auch ein „ungeschickter Praktiker" war, wie Urs P. Meier Pestalozzi charakterisiert (1987, S. 74f.), auch wenn Pestalozzi es liebte, in Selbstanklagen ob seines Versagertums sich zu ergehen, aber damit auch zu kokettieren verstand. Vielleicht kann man etwas Ori-

ginelles an den ›Nachforschungen‹ darin sehen, dass sie „eines der schonungslosesten und erregendsten Werke über [...] uns" seien (Ost 1999, S.104).

Lebensweltgestaltung und Handlungsfähigkeit:
Vielleicht muss es bei den ›Nachforschungen‹ ja auch gar nicht um Originalität gehen. Diese lässt sich für anderweitige Werke Pestalozzis sicherlich mühelos behaupten: für die ›Abendstunde‹, für ›Lienhard und Gertrud‹, für ›Wie Gertrud ihre Kinder lehrt‹ beispielsweise. Was den Leser – unabhängig von Originalitätszuweisungen – der Gegenwart anspricht, ist der Versuch, aus einer Allround-Kritik der Lebensweltverhältnisse heraus in unermüdlicher Weise deren durchgängig wirksamen und wiederkehrenden Strukturen auszugraben. Dies geschieht bei Pestalozzi nicht nur um des Gedankens willen, in Empörung festzustellen, wie verderbt doch die Lebenswelt sei, in die man eingebunden ist, sondern um einer pädagogisch-pragmatischen Verpflichtung willen, „Ecken" in einer Lebenswelt zu schaffen, in die Menschen passen, die mehr wollen als ein angepasstes Leben zu leben. Es sind Menschen, die sich selbst moralisch oder sittlich engagiert einbringen wollen, um „Liebe" (anderwärts heißt dies im 18. Jahrhundert auch „Freundschaft" oder heute „Menschlichkeit") in die Lebensweltgestaltung einzubringen gemäß der Erkenntnis, dass der Mensch nicht nur durch die Lebenswelt geprägt werde, sondern selber Lebenswelt konstruktiv kritisch gestalten könne, ja – genau dazu für Pestalozzi auch das göttliche Gesetz in sich trage.

Handlungsfähigkeit, Menschenkenntnis und pädagogische Anthropologie:
Um Lebenswelt konstruieren und gestalten zu können, bedarf es eines ausreichend guten Wissens und nicht nur guter Gesinnungen. Das hat Pestalozzi am eigenen Leibe zur Genüge erfahren. Es bedarf auch einer entsprechenden Handlungsfähigkeit sowohl für die Bewältigung alltäglicher Situationen als auch für die Bewältigung von Problemsituationen. Letztere reihten sich für Pestalozzi wie Perlen auf einer Kette auf und ihm fehlte durchweg eine entsprechende Handlungsfähigkeit. Und da die Entstehung von Problemsituationen für Pestalozzi immer mit menschlichen Fehleinschätzungen und dadurch bewirkten Enttäuschungen zu tun hatte, wurde ihm die Gewinnung von Menschenkenntnis eine unabdingbare Aufgabe. Er versuchte sich seit der ›Abendstunde eines Einsiedlers‹ an anthropologischen Überlegungen, die aber erst in Gestalt der ›Nachforschungen‹ den Charakter einer Grundlegung der Anthropologie und den Charakter einer anthropologischen Grundlegung eines Handelns der Hinführung zur Handlungsfähigkeit gewannen. Eine Betrachtung der Ent-

wicklung seines eigenen Lebens machte ihm dies quasi unausweichlich. Im Eildurchlauf liest sich seine Entwicklung für den Pestalozzi-Interessierten wie folgt:

Johann Heinrich Pestalozzi (1746–1827): Schweizer Landsmann, Zürcher Bürger, früher Vaterverlust und von klein an aufgezogen von Mutter und Magd; gute humanistische Schulausbildung, gute philologische Ausbildung am Collegium Carolinum in Zürich, abgebrochenes Rechtsstudium, abgebrochenes Theologiestudium; schwiegerelterlicherseits unerwünscht verheiratet mit einer Tochter aus angesehener Zürcher Familie, die acht Jahre älter als Pestalozzi war; Verlust seines einzigen Kindes Johann Jakob (Hommage an Rousseau) durch Epilepsie; ein ruheloser protestantisch geprägter Geist, zum kritischen Aufklärer sich entwickelnd, dem Handeln verpflichtet, aber: gescheiterte Bauernexistenz, gescheiterte Fabrikherrenexistenz, gescheiterte Kaufmannsexistenz, immer wieder an äußeren Umständen gescheiterte Pädagogenexistenz (Neuhof, Stans, Burgdorf, Münchenbuchsee, am Ende nach 20 guten Jahren auch Ifferten) und trotzdem immer wieder Mut zu neuen Handlungsprojekten aufweisend; Entfremdung mit der Ehefrau; von Gönnern gefördert und von denselben fallen gelassen; ausgenutzt von Freunden, Mitarbeitern und vom Bruder; Spielball politischer Interessen und Entscheidungen; wenig Anerkennung findend für seine literarischen Arbeiten; sprachlich eigenwillig und auf Sprachkorrekturhilfen Dritter angewiesen; mangelhafte wissenschaftliche Qualifikation; gesellschaftlich und politisch geduldet, aber nicht gewünscht und nicht akzeptiert; ein einsames Ende findend im Bewusstsein, an der Lebenswelt und an der Lebensweltgestaltung gescheitert zu sein und unbrauchbar gewesen zu sein, wie er sich selbst bewertete.

Nimmt es wunder, dass ein Mann mit diesen Erfahrungen sich genötigt sieht, den ihn scheitern lassenden Lebensweltstrukturen in ihrer Mächtigkeit nachzugehen und daraus Konsequenzen zu ziehen für eine Ermöglichung von Handlungsfähigkeit auf dem Rücken einer Anthropologie?

Was Pestalozzi mit den ›Nachforschungen‹ für den Pädagogen geschaffen hat, ist in der Tat eine Anthropologie, und zwar eine komplexe pädagogische Anthropologie für einen pädagogischen Umgang, der die Bildung von Handlungsbefähigung sich zur Aufgabe setzte.

Die nicht wahrgenommene Aktualität der ›Nachforschungen‹:

Pestalozzis Nachforschungen sind in der pädagogischen Pestalozzi-Rezeption eine vernachlässigte Größe. Was weiß man – ob Erzieher oder Laie – von Pestalozzi? Man weiß, dass er einen erfolgreichen pädagogischen Volksroman geschrieben hat (›Lienhard und Gertrud‹, vor allem Bd. 1), dass er Armenerzieher war und Erziehungsanstalten für Arme, für Kriegswaisen, für „Straßenkinder“, wie man heute sagen würde, für Verwahrloste einrichtete, dass er Sozialpädagoge war und dass er der geistige Schöpfer der modernen Volksschule wurde durch Verbesserung des Elementarunterrichts und durch einen anschauungsgebundenen Unterricht, dass er der Familienerziehung obersten Stellenwert einräumte („Vaterhaus“ und „Wohnstube“), dass er „Kopf, Herz, Hand“ als Prinzipien für Erziehung setzte und dass Erziehung auf Liebe und Glauben gegründet zu sein habe, dass Gott als nächste Beziehung des Menschen angesehen zu werden habe. Im allgemeinen Verständnis rangiert Pestalozzi unter Volksschulpädagoge und Sozialpädagoge. Sind Grundschulpädagogik und Sozialpädagogik oder Sozialarbeit über Pestalozzi heute hinausgegangen und anderweitig vielfältig fortentwickelt, so kommt den ›Nachforschungen‹ dennoch auch heute noch eine Aktualität zu, wie sie oben angedeutet wurde. Das schlägt sich auch nieder in einiger zeitgenössischer Literatur zu Pestalozzi, die Pestalozzis ›Nachforschungen‹ aufarbeiten wie ein bisher unterrepräsentiertes Forschungsfeld, die aber in der Regel wenig bis nichts beitragen zur Bedeutung seiner Anthropologie für pädagogische Fragen und pädagogische Aufgaben der Gegenwart. So wären beispielsweise Thema und Ergebnis der ›Nachforschungen‹ für die Konzeptualisierung einer pragmatischen handlungsbezogenen Pädagogik, einer Moralerziehung im Gefolge der Entwicklungstheorie moralischer Urteilsfähigkeit oder auch einer pädagogischen Theorie der Bildung von Handlungskompetenz sicherlich ein Gewinn. Die deutsche Allgemeine Pädagogik macht aber auch heute noch einen Bogen um Pestalozzi ebenso wie um Kant, Fichte und Lessing, den Zeitgenossen Pestalozzis. Auffällig ist, dass die gegenwärtige Beschäftigung mit Pestalozzi fast ausschließlich im schweizerischen Bereich stattfindet: Pestalozzi ist nun einmal der schweizerische Nationalpädagoge. Das allerdings hat auch zur Folge, dass aus Pestalozzi eine Art Kultfigur gemacht worden ist und gemacht wird. Wie hieß es bei Heinrich Ost?: „Man hat die 'Nachforschungen' bis heute nicht verstanden“ (1999, S. 47). Die Pädagogik sollte sich um sie bemühen.

Auswahlbibliographie

Ausgewählte Schriften Pestalozzis

Pestalozzi, Johann Heinrich: Sämtliche Werke. Kritische Ausgabe, begründet von A. Buchenau, E. Spranger, H. Stettbacher, Berlin/Leipzig/Zürich 1927–1979, 28 Bände.

Daraus:

Die Abendstunde eines Einsiedlers (1780), Band 1.

Lienhard und Gertrud, 4 Bände (1781–1787), Bände 2–6.

Brief an einen Freund über seinen Aufenthalt in Stane (1799), Band 13.

Wie Gertrud ihre Kinder lehrt (1801), Band 13.

Das ABC der Anschauung (1804), Band 17.

Ansichten, Erfahrungen und Mittel zur Beförderung einer der Menschennatur angemessenen Erziehungsweise (1806), Band 21.

Lenzburger Rede über die Idee der Elementarbildung (1809), Band 22.

An die Unschuld, den Ernst und den Edelmut meines Zeitalters und meines Vaterlandes (1815), Band 24 A.

Der Schwanengesang (1826), Band 28.

Veröffentlichungen über Pestalozzi

Ballauff, Theodor (1957): Vernünftiger Wille und gläubige Liebe – Interpretationen zu Kants und Pestalozzis Werk; Meisenheim am Glan.

Barth, Hans (1954): Pestalozzis Philosophie der Politik; Stuttgart.

Barth, Hans (1974): Pädagogik und Politik und der gefährdete Mensch bei Pestalozzi. In: Gerner, Berthold, S. 25–39.

Blankertz, Herwig (1982): Die Geschichte der Pädagogik – Von der Aufklärung bis zur Gegenwart; Wetzlar.

Borer, Martin (1986): Anthropologische Grundlagen zum Staatsverständnis J. H. Pestalozzis – anhand der ›Nachforschungen‹ und deren Vorstudien; Diss. Zürich.

Buchenau, Arthur (1911): Pestalozzis Sozialphilosophie – Eine Darstellung auf Grund der ›Nachforschungen über den Gang der Natur in der Entwicklung des Menschengeschlechts‹; Leipzig.

Cheng, Horng-Mo (2000): Die Bedeutung des erzieherischen Verhältnisses bei Pestalozzi – insbesondere hinsichtlich der Grundwerte Treue, Liebe und Hingabe; Frankfurt a. M.

Danner, Helmut; Müller, Otto; Müller-Wieland, Marcel; Wehr, Gerhard (1985): Zum Menschen erziehen – Pestalozzi, Steiner, Buber; Frankfurt a. M., Berlin, München.

Delekat, Friedrich (1968): Johann Heinrich Pestalozzi – Mensch, Philosoph, Politiker, Erzieher; Heidelberg.

Dräger, Horst (1989): Pestalozzis Idee von der Einheit der Erziehung – Pädagogik, Andragogik, Politik; Frankfurt a.M., Bern, New York, Paris.

Friedrich, Leonhard (1991): Johann Heinrich Pestalozzi – ein Wegbereiter der Erlebnispädagogik?; Lüneburg.

Gerner, Berthold (Hrsg.) (1974): Pestalozzi – Interpretation zu seiner Anthropologie; München.

Gruntz-Stoll, Johannes (Hrsg.) (1987): Pestalozzis Erbe – Verteidigung gegen seine Verehrer; Bad Heilbrunn.

Hager, Fritz-Peter (1975): Pestalozzi und Rousseau – Pestalozzi als Vollender und als Gegner Rousseaus; Bern und Stuttgart.

Hager, Fritz-Peter; Tröhler, Daniel (Hrsg.) (1996): Pestalozzi – Wirkungsgeschichtliche Aspekte; Bern, Stuttgart, Wien.

Herder, Johann Gottfried (1967): Rezension von ›Meine Nachforschungen über den Gang der Natur in der Entwicklung des Menschengeschlechts‹, von dem Verf. [des Buchs] Lienhard und Gertrud, 1797. In: J. G. Herder, Sämtliche Werke, herausgegeben von Bernhard Suphan, Band XX, S.290–295; Hildesheim.

Hülshoff, Rudolf (1965): Johann Heinrich Pestalozzi; Freiburg.

Jonas, Hans (1979): Das Prinzip Verantwortung; Frankfurt a.M.

Kant, Immanuel (1911): Grundlegung zur Metaphysik der Sitten (1785). In: Akademie-Ausgabe, Band IV, S.385–463; Berlin.

Kiesel, Torsten (2000): „Freiheit“ und/oder „Gehorsam“, das sei hier die Frage? Pestalozzis frühe Bezugnahme auf Rousseau; Regensburg.

Kohlberg, Lawrence (1983): Moral Stages. A Current Formulation and a Response to Critics; Basel.

Kuhlemann, Gerhard (1998): Pestalozzi in unserer Zeit – Literatur und Themen rund um seinen 250. Geburtstag; Hohengehren.

Liedtke, Max (1968): Johann Heinrich Pestalozzi in Selbstzeugnissen und Bilddokumenten; Reinbek.

Liedtke, Max (1987): „Der Mensch muß nicht bleiben, wie er ist“ – Erwartete und unerwartete Wirkungen der Pädagogik Pestalozzis. In: Gruntz-Stoll, Johannes (Hrsg.), S.11–25.

Litt, Theodor (1952): Der lebendige Pestalozzi; Heidelberg.

Meier, Urs P. (1987): Pestalozzis Pädagogik der sehenden Liebe – Zur Dialektik von Engagement und Reflexion im Bildungsgeschehen; Bern und Stuttgart.

Meier, Urs P. (1987): Pestalozzis didaktisches Erbe – Eine Herausforderung an unsere Schule. In: Gruntz-Stoll (Hrsg.), S.73–92.

Müller, Otto (1985): Johann Heinrich Pestalozzi – Die Vermenschlichung der Pädagogik. In: Danner, Helmut u.a. , S.15–32.

Niemeyer, Christian (1998): Klassiker der Sozialpädagogik, Einführung in die Theoriegeschichte einer Wissenschaft; Weinheim und München.

Oelkers, Jürgen (1987): Wie kann der Mensch erzogen werden? Pestalozzis ›Nachforschungen‹ als ein Hauptstück der modernen Pädagogik. In: Gruntz-Stoll, Johannes (Hrsg.), S.27–40.

Oelkers, Jürgen; Osterwalder, Fritz (Hrsg.) (1995): Pestalozzi – Umfeld und Rezeption, Studien zur Historisierung einer Legende; Weinheim und Basel.
Ost, Heinrich (1999): Pestalozzi – der Unbrauchbare; Wien.
Osterwalder, Fritz (1996): Pestalozzi – ein pädagogischer Kult, Pestalozzis Wirkungsgeschichte in der Herausbildung der modernen Pädagogik; Weinheim und Basel.
Reinert, Gerd Bodo; Cornelius, Peter (1984): Johann Heinrich Pestalozzi – Anthropologisches Denken und Handeln – Ein pädagogisches Konzept für unsere Zeit; Düsseldorf.
Rousseau, Jean-Jacques (1967): Preisschriften und Erziehungsplan; Bad Heilbrunn.
Schorer, Franz (1986): Berufliche Bildung – Menschenbildung gestern und heute – Aktuelle Lösungsversuche bei Pestalozzi und Kerschensteiner; Frankfurt a. M., Bern, New York.
Schurr, Johannes (1972): Die pädagogische Relevanz der Gesellschaftskritik in Pestalozzis ›Nachforschungen‹. In: Pädagogische Rundschau 26, S. 314–331.
Soetard, Michel (1987): Johann Heinrich Pestalozzi, Sozialreformer – Erzieher – Schöpfer der modernen Volksschule; Zürich.
Soetard, Michel (1998): Der Naturbegriff der ›Nachforschungen‹: Vorgeschichte und Nachklang im Werke Pestalozzis. In: Tröhler, Daniel (Hrsg), S. 63–76.
Stadler, Peter (1996): Pestalozzi – Geschichtliche Biographie, Band I: Von der alten Ordnung zur Revolution (1746–1797); Zürich.
Stein, Arthur (1974): Pestalozzis Auffassung des Menschen. In: Gerner, Berthold (Hrsg.), S. 11–24.
Tollkötter, Bernhard (1990): Arbeit, Bildung, Gesellschaft – Pädagogische Grundprobleme bei Pestalozzi, Marx und in der Gegenwart; Köln, Wien.
Tröger, Beate (1993): „Ich kenne einen Menschen, der mehr wollte" – Untersuchungen zur Autobiographie Johann Heinrich Pestalozzis; Frankfurt a. M.
Tröhler, Daniel (1988): Philosophie und Pädagogik bei Pestalozzi; Bern und Stuttgart.
Tröhler, Daniel (1998): Genese und Argumentationsstruktur von Pestalozzis ›Nachforschungen‹. In: Tröhler, Daniel (Hrsg.), S. 25–61.
Tröhler, Daniel (Hrsg.) (1998): Pestalozzis ›Nachforschungen‹ I – Textimmanente Studien, 18 neuentdeckte Briefe Pestalozzis; Bern, Stuttgart, Wien.
Zielinski, Martin (1993): Die Bedeutung der Sittlichkeit im Prinzip der Wohnstubenerziehung bei Johann Heinrich Pestalozzi und ihre Rezeption in ausgewählter Darstellung, Diss.; Bonn.